U0718739

本书由陕西师范大学出版基金资助出版

陕西师范大学国家重点学科建设项目

张懋镕　主编

中国古代青铜器整理与研究

戴家湾卷

任雪莉　著

科学出版社
北　京

图书在版编目（CIP）数据

中国古代青铜器整理与研究. 戴家湾卷 / 张懋镕主编；任雪莉著. —北京：科学出版社，2015. 12

ISBN 978-7-03-046613-6

Ⅰ. ①中…　Ⅱ. ①张…②任…　Ⅲ. ①青铜器（考古）-研究-宝鸡市　Ⅳ. ①K876. 414

中国版本图书馆CIP数据核字（2015）第295406号

责任编辑：李　茜　曹　伟 / 责任校对：彭　涛

责任印制：徐晓晨 / 封面设计：北京美光制版有限公司

科学出版社出版

北京东黄城根北街16号

邮政编码：100717

http://www.sciencep.com

北京教图印刷有限公司 印刷

科学出版社发行　各地新华书店经销

*

2015年12月第　一　版　开本：787×1092　1/16

2018年5月第二次印刷　印张：15 1/2

字数：367 000

定价：209.00元

（如有印装质量问题，我社负责调换）

多卷本《中国古代青铜器整理与研究》编写缘起

经过十几年的准备工作，多卷本的《中国古代青铜器整理与研究》即将出版。回顾往事，真是百感交集。

30年前，我的处女作《释“东”及与“东”有关之字》发表，从那时候起，青铜器的学习与研究注定成为我一生的追求。

29年前，我开始师从李学勤先生研习古文字。中国古文字有很多分支，如甲骨文、金文、战国文字、简牍帛书文字。先生告诉我：“你在陕西，陕西有很多青铜器，你就做金文研究吧。”在先生的指导下，我受到严格的学术训练，这令我终生受益。我的硕士学位论文是《周原出土西周有铭青铜器综合研究》。所谓综合研究，就是从青铜器、古文字、历史文献三方面来研究。从此综合研究成为我研究青铜器遵循的准则与方法。

1989年，西北大学文博学院成立新的专业——博物馆专业，大概考虑到我本科学的是考古，于是把我从文献专业调到博物馆专业。除了继续讲古文字，又开了一门新课“青铜器鉴定”。自此之后，我开始系统研习青铜器，包括没有铭文的青铜器。

在长期的教学与研究工作中，我渐渐对中国古代青铜器有了新的认识。

概而言之，中国古代青铜器的研究，自两宋以来，已有一千多年的历史，取得了丰硕的成果。尤其是近百年来的研究，在青铜器的分期、分区系、分国别、分器类诸方面卓有成效，为世人所瞩目。

回顾历史，也毋庸讳言，我认为就青铜器基础性工作而言，其资料的整理还远远不够。且提一个最基本也是最简单的问题：迄今为止究竟有多少件中国古代青铜容器？（尚且没有涉及兵器、工具、车马器、钱币、铜镜等）几万还是十几万，恐怕连一个非常粗略的估计都没有，专家也说不清楚。家底不清，研究对象模糊，研究很难继续深入。由于中国古代青铜器资料十分庞杂，其收集、整理并非易事，所以这一部分的工作非常重要。说到研究，比如青铜器的定名，鼎、鬲、簋等各类器物的分类研究，它们之间的相互关系，各类纹饰的分类研究，纹饰和器物之间的相互关系，各个阶段铭文的特点，器物、纹饰、铭文三者之间的互动关系以及对断代的作用等等，其研究或不够系统，或不够深入，有些方面甚至是空白。

20多年来，我一直在进行这方面的研究工作，写了《西周方座簋研究》《两周青铜盨研究》《西周青铜器断代两系说刍议》《试论中国古代青铜器器类之间的关系》《青铜器自名现象的另类价值》等文章，希望从器类、断代、地域、定名等多个角度和层面对青铜器进行探索。

同时我也十分关注国内外青铜器研究专家的成果，他们的论著是我案头的必备书籍，我经常地反复阅读，受益无穷。

在研究中，我深感个人力量的有限。从1999年招收青铜器方向研究生起，就逐渐形成了一个构想：如果研究生本人没有更好的研究题目，我就请他（她）来作青铜器中的某一部分，整理、研究某一类青铜器，或某一类纹饰，或某一时段的铭文，等等。经过十多年的积累，已经完成了20多篇硕士和博士学位论文。其中分器类的整理与研究完成多半，某一地区、某一时段的铜器的整理与研究正在进行，纹饰与铭文的分类、分时段研究也做了一部分。这些为多卷本《中国古代青铜器整理与研究》的编撰奠定了基础。同时，我注意到其他先生也在指导研究生做类似的学位论文，对我们也很有启发与帮助。

前几年，在编写《青铜器论文索引》的过程中，与北京线装书局的刘聪建先生多有接触。他听了我的上述介绍后，很感兴趣，遂与我商定，在原有研究生论文的基础上，由我主编，各专题作者分别著述，形成一套多卷本《中国古代青铜器整理与研究》。但由于种种原因，在线装书局只出了三卷。如今，在科学出版社的大力支持下，计划得以重新实现，拟在今后的若干年里，陆续完成和出版20卷以上的著作。

写作多卷本《中国古代青铜器整理与研究》的目的拟在全面、系统整理青铜器资料，充分吸取古今中外研究成果的基础上，对青铜器的形制、纹饰、铭文、组合关系等方面作全方位考察和研究，并试图总结出关于中国古代青铜器产生、发展、消亡的基本途径、规律、特点及其原因。这是一个遥远的目标，但我们有信心一步一步地走近它。

由于这套多卷本《中国古代青铜器整理与研究》的作者都是毕业不久的研究生，眼界有限、文字青涩也在所难免。我的指导也很有限，很多问题我也不懂或知之甚少。当时作学位论文时，我希望他（她）们放大胆子去写，因此他（她）们的观点与我也不尽一致。但无论如何，在阅读他（她）们的学位论文时，在与他（她）们的反复讨论、交流中，我也有很多的收获，这是最令人快乐的事情。我将阅读后的感想写出来，作为序言放在书前，就是希望继续与大家讨论，将《中国古代青铜器的整理与研究》延续下去。而随着一本本书稿的出版，这一批年轻的作者也正在走向成熟，这或许是比书稿的出版更有意义的事情。

最后要感谢参加我的研究生学位论文答辩以及审阅论文的诸位先生，并希望今后继续得到你们的批评与帮助。感谢陕西师范大学暨历史文化学院给予的大力支持，感谢科学出版社李茜与曹伟两位编辑的辛勤工作，让我们十几年来的梦想终于得以实现。

乙未年立冬后二日张懋镕写于
陕西师范大学中国青铜文化研究中心

戴家湾铜器的历史地位（代序）

16年前，在写作《西周方座簋研究》一文[1]时，我注意到宝鸡戴家湾铜器的特别之处。2006年，在为任雪莉同志的硕士学位论文选题时，考虑到她来自宝鸡，于是建议她整理研究戴家湾铜器资料。其硕士学位论文《宝鸡戴家湾商周铜器群的整理与研究》（以下简称《任著》）完成于2008年5月，经过3年的修改、增补，终于形成书稿要出版了。任雪莉同志希望我写一篇序言。在这里，我想借本书的一角，谈谈自己的一些想法，权作抛砖之举，与大家共同讨论。

一、一个难做又是非常重要的研究课题

如果要谈民国时期发现的青铜器，宝鸡戴家湾商周铜器群似乎应该是一个绕不开的话题，但是实际情况并非如此，在近年来出版的论著中，戴家湾商周铜器群没能占到它应有的地位。例如，2009年出版的朱凤瀚先生的新书《中国青铜器综论》中，在谈到1949年前发现的重要青铜器群时，列举1923年河南新郑李家楼春秋晚期青铜器群，1923年山西浑源李峪战国青铜器群，1928年河南洛阳金村战国青铜器群，1929年河南洛阳马坡西周早期青铜器群以及1933年安徽寿县朱家集李三孤堆战国晚期青铜器群，却未见戴家湾商周铜器群[2]。在李海荣先生的《民国时期关于青铜器的研究》一文中，关于戴家湾商周铜器群也只有一句话，提到日本学者梅原末治的《柉禁的考古学研究》，对宝鸡斗鸡台（按：即戴家湾）出土的包括铜禁在内的一批铜器进行的研究[3]。其实并非研究者忽视了戴家湾商周铜器群，而是由于戴家湾商周铜器群太特殊了。

毫无疑问，整理与研究宝鸡戴家湾商周铜器是一个非常难做的研究课题。因为从20世纪初到20年代，宝鸡戴家湾商周铜器由于被盗掘而流散于世，摆在研究者面前的是一堆缺乏时空概念的器物。究竟哪些是宝鸡戴家湾出土的铜器，其年代从何时开始，至何时终结，迄今没有人能搞清楚，至于墓葬形制如何，哪些铜器是哪个墓葬出的，则是一个永远的谜。相对于上述五次民国重要青铜器的发现，当时及其以后不久就有相应的著录介绍，如《新郑古器图录》《浑源彝器图》《浚县彝器》《楚器图释》等，宝鸡戴家湾商周铜器群有吗？没有。最早将戴家湾铜器汇集成册的是陕西的刘安国先生，他在1954年编撰完成了《雍宝铜器小群图说长编》，可惜没有出版，甚

至很少有人知道这本油印的小书。况且，不少青铜器已经流失，仅存照片，大部分照片模糊不清。缺乏著录，缺乏清晰的资料，缺乏专家学者的研究介绍，宝鸡戴家湾商周铜器群怎能广为人知呢?

整理与研究宝鸡戴家湾商周铜器群虽然是一个难做的研究课题，但又是一个非常重要的研究课题，在商末周初的关中西部，除了后来的强国墓地，恐怕没有其他地点像宝鸡戴家湾这样出土如此重要的一批青铜器。我以为《任著》一书的意义，就在于系统整理收集资料，分析戴家湾商周铜器群的来龙去脉，肯定它的价值，确定它的历史地位，引起学术界对它的关注。下面，我想在《任著》的基础上再一次强调研究宝鸡戴家湾商周铜器群的重要性。

二、一群惊艳世界的青铜器

如何衡量戴家湾铜器群的重要性，只要看看这群铜器的收藏情况就不难明白：大部分戴家湾铜器的精品不在国内，在国外。据《任著》统计，国外展藏情况如下[4]。

（1）美国：铜禁、鼎尊、鼎卣1、鼎卣2、[illegible]斝、妣己觚、亚盥爵、祖癸角、夌父乙角、天父乙觯、雷纹觯、子父乙盉、铜匕、铜斗藏纽约大都会艺术博物馆。塱方鼎、直棱纹鼎、中子㠱觥藏旧金山亚洲艺术博物馆。文父丁觥藏普林斯顿大学艺术博物馆。直棱纹方彝藏哈佛大学福格艺术馆。臤父丁扁足鼎、直棱纹鼎、凤鸟纹方座簋藏赛克勒美术馆。鲁侯熙鬲、凤鸟纹卣藏波士顿美术博物馆。乳钉纹四耳簋、凤鸟纹卣藏弗利尔美术馆。[illegible]罍藏圣路易市美术博物馆。[illegible]甗系布伦戴奇收藏。

（2）欧洲：告田觥藏哥本哈根国立民族学博物馆。异形兵器藏巴黎基美博物馆。

（3）日本：[illegible]伯鬲藏日本奈良宁乐美术馆。用征卣藏兵库县黑川古文化研究所。

（4）澳大利亚：[illegible]高卣藏墨尔本国立维多利亚博物馆。

共有47件戴家湾铜器有明确的收藏单位，其中33件为国外的公私藏家收藏，占70.2%。一个面积不大的戴家湾墓地，竟然有这么多青铜器在国外著名的大博物馆中亮相，是十分罕见的现象。为什么？理由很简单：器物极具震撼力。我们不妨来具体看看这些精品的面貌。

1. 举世无双的铜器——青铜禁

戴家湾墓地前后出土大型青铜禁4件，现存2件，还有小型青铜禁。《任著》已指出：“铜禁是戴家湾铜器群中最具特色的一类器物。”它与方座簋有关系，但是还不一样，方座簋不仅在宝鸡地区有，而后又扩展到宝鸡以外的其他地方，但铜禁不仅在宝鸡以外的地方没有，就连宝鸡地区，除了戴家湾，再也不见第二个地点有发现。这类器物在商代没有出现，在西周的其他地方也没有出现，直到春秋晚期才在河南淅川下寺二号楚墓中出现，但形制有所不同[5]。所以戴家湾出土的青铜禁颇有点举世无双的意味。可以说它是戴家湾青铜文化的标志。

现存的2件铜禁，一件长87.6厘米，一件长126厘米，体量都很大。更绝的是在它上面还要放置30～40厘米高的尊、卣等重器。这是何等宏大的规模，我们还曾在哪里见过？试想主持此等祭祀场面的主人又是何等地位的贵族！河南淅川下寺二号墓在下寺墓地24座楚墓中最引人注目，据考证，墓主人是楚国的令尹[6]。由此可以推想戴家湾墓地主人的身份地位了。单凭这两件铜禁，就足以让人对戴家湾铜器群刮目相看了。

2. 最大的单体方彝——四出戟方彝

戴家湾墓地出土2件四出戟方彝，大的通高49.1、口横25.5、口纵21.6厘米。1976年河南安阳小屯五号墓出土的妇好偶方彝通高60厘米[7]，是方彝中最大者，但那是偶方彝，而且偶方彝只有那么一件。就单体方彝而言，戴家湾这件四出戟方彝无疑是迄今所见体量最大者[8]。最大的单体方彝出土在陕西宝鸡戴家湾，具有重要意义。或许论者以为它是从河南运到宝鸡戴家湾来的，以为它是戴家湾工匠仿殷墟铜器而作，其实不然。

这件方彝的主体部分虽然与殷墟出土的方彝很接近，但是很有自身特点，最大的不同在于器上的装饰。在盖面上有两对高耸的树枝状装饰，可却立。在器身两侧平行伸出两对棱脊，相当于器耳。这种树枝状伸向空间的棱脊，与我们以前看到的器物的感觉是不一样的。它打破了以往几乎方正的器物形态设计理念，通过伸向空间的棱脊，在极度地向外扩展，让欣赏者明显感受到一种前所未有的张力。

与本器最为接近的是另一件四出戟方彝，只是后者较小，通高28.9厘米。另外，戴家湾还出土2件凤鸟纹卣，器的上腹部斜伸出四条粗壮的棱脊，这种装饰风格与四出戟方彝颇为相似。戴家湾青铜器如直棱纹鼎、鼎尊、鼎卣、凤鸟纹卣、}}罍上的扉棱一般比其他地方的青铜器上的要宽大粗壮。还有戴家湾出土的四耳簋（下详），其簋耳极大，其乳钉极长，显得很夸张。可见这种装饰风格不是只存在某一种器上，可以说它是戴家湾青铜器的一种装饰理念。

从上述分析可以看出，戴家湾青铜器中至少有一部分器物的总体风格与殷墟青铜器是不同的。殷墟青铜器其形制、纹饰虽然有各种各样的类型，也有比较奇特的地方，但总体来说比较规整，可想当时铸造青铜器有严格的要求，不能超越法度。而部分戴家湾青铜器则不同，或许这里的设计与铸造者受制度的束缚少一点，可以恣意，可以张扬，或许宝鸡地区有这样的氛围，他们欣赏比较自由奔放的情调。联想到四川彭县竹瓦街铜罍上夸张的扉棱，新干铜鼎耳上外加的老虎装饰，都可以看到周边青铜器与中原青铜器的差异，前者神秘又诡异，后者则严谨而明晰。

3. 精致的方座簋

如果说青铜鼎是商代青铜器的代表，那么青铜簋则是西周青铜器的代表。这不仅表现在数量上，更体现在质量上：型式多样，纹饰别致，铸造精美。这一点在戴家湾的青铜簋有上佳表现。戴家湾的青铜簋型式多样，有方座簋、四耳簋、双耳簋、无耳簋。

方座簋（2件）是戴家湾铜器群中颇具特色的一类器物。一件是甲簋，一件是凤鸟纹方座簋，都属于我们所分的A型簋。年代比较早，在成康时期。前者腹部布满尖刺状乳钉纹，这种乳钉很特别，又长又尖，是陕西地方特有的纹饰；后者腹部及圈足饰凤鸟纹，这种凤鸟的羽毛绽开，很少见。我和《任著》都做过统计，总共有10件，有出土地点的7件都在陕西地区，除了戴家湾出土的4件之外，还有岐山1件，陇县1件，韩城1件，所以我们认为："宝鸡戴家湾一带很可能是这种凤鸟纹铜器的原产地。"[9]关于方座簋，我们写过两篇文章《西周方座簋研究》《再论西周方座簋》，提出了一个观点："方座簋起源于宝鸡说。"[10]特殊的尖刺状乳钉纹、特殊的凤鸟纹装饰在特殊的方座簋上，诸多地方元素纠合在一起，你想不说"方座簋起源于宝鸡"都很难。

近年来，安阳殷墟孝民屯发现铸铜遗址，出土一批陶范。值得注意的是其中有几块陶范的形状、纹饰与西周时期流行的方座簋的底座相近。如果事实成立，似乎意味着方座簋在商代晚期的殷墟就出现了。如今，面对孝民屯铸铜遗址的发现，我们是否需要修正往日的观点呢？最近我们又发表了《三论西周方座簋》一文[11]，现将要点介绍如下。

第一，要确定孝民屯铸铜遗址出土的陶范就是方座簋底座的外范，证明起来恐怕还有困难。

第二，迄今殷墟大、中、小型各等墓葬出土了各种各样的铜器成千上万件，还有据传是殷墟出土的铜器，却没有一件是方座簋。

第三，殷墟缺乏产生方座簋的充足条件。在殷墟，有很多体量很大的铜器，但簋类器始终缺乏大器。可能这一点影响了方座簋的产生。

第四，宝鸡地区具备方座簋产生的充足条件。宝鸡地区相当于殷墟三、四期的墓葬中，仅随葬食器而无酒器的就有12座，占铜器墓总量的一半以上，数量远远超过殷墟地区（7座），陶器组合则以饪食器（罐鬲）为主。近来，我们又论证了"列鼎"制度起源于宝鸡地区，时间在商代晚期。而此时正是方座簋产生的时候。这自然不是一种巧合。

第五，在殷墟，没有发现与青铜方座簋相似的其他质地的器物。方座簋的产生与商代晚期流行的方形器有关，但方形器流行于殷墟二、三期，到了四期，方形器已经不多了，要说二者有关系是没错，但这关系显然并不深。再说，殷墟四期的青铜器已经缺少昔日的辉煌，没有能力铸造出青铜方座簋这样的新器物了。

第六，我们似乎习惯了某一种思维定式：如果在同一时期在中原地区与周边地区出现相似的器物，我们总是喜欢说是中原地区影响了周边地区。为什么不能逆向思维，是周边地区影响了中原地区呢？

第七，不能过于强调铸铜作坊出土陶范的作用。因为安阳殷墟孝民屯铸铜作坊既可以铸造具有本地特色的青铜器，也可以铸造非本地特色的青铜器，所以退一步来说，即便这里出土了方座簋的陶范，也不能肯定这里就是方座簋的起源地。

在殷墟青铜器研究中，有几个问题到现在还没有得到很好的解决：哪些器类、器物属于以商王室为首的商人所发明、设计、铸造？哪些器类、器物属于其他国族所发明、设计、铸造？有什么理由说凡是殷墟出土的青铜器都是殷墟自产的？

在宝鸡地区，出土方座簋比较集中的地方就是戴家湾墓地与弜国墓地，方座簋极有可能诞生在这两个地方。考虑到禁与方座簋的密切关系，方座簋很可能首先是从戴家湾产生，而后在宝鸡地区流布，然后再推向东方。如果这个推论成立，戴家湾铜器在宝鸡地区铜器中的地位就显得更重要了。

4. 奇特的乳钉纹四耳簋

商代未见四耳簋。四耳簋始自西周早期，但西周早期四耳簋的数量也不多。戴家湾出土的这件四耳簋很特别。一是器物厚重，尺寸较大（高23、宽36.5厘米）。二是四耳较宽大，耳上端的牛角高耸，超过口沿许多，下接长方形垂珥。与其说设置四耳便于提携，倒不如说张扬的簋耳更富有一种艺术的魅力。三是口沿下及下腹部饰尖刺乳钉纹三排，间以短扉棱。乳钉又粗又长，顶端尖利，这种尖利的乳钉极为少见。与该器形制纹饰相似的还有宝鸡弜国墓地纸坊头M1出土的四耳簋，但是后者身上的乳钉凸起较为圆滑，与前者迥异。戴家湾的这件乳钉纹四耳簋，造型及纹饰极具特色，目前仅见于戴家湾。

5. 尖刺乳钉纹盆式簋

应特别关注戴家湾墓地出土的11件尖刺乳钉纹盆式簋。这种簋外表并不精致华丽，但是一种具有地方特色的青铜簋，主要出在陕西。陕西出土了40余件尖刺乳钉纹盆式簋，而戴家湾墓地就出土11件，《任著》指出：其“数量之多、分布之密集前所未有”。无论戴家湾是否为这种尖刺乳钉纹盆式簋的发源地，它总是这种簋的重要产地。

6. 出类拔萃的青铜豆

戴家湾铜器群中有4件豆，这是很不寻常的现象。青铜豆自殷墟二期才出现，商代晚期青铜豆都很少，像江西新干大墓那样的高级别墓葬也只出土1件。在整个西周时期，出土4件青铜豆的墓地，除了茹家庄一号墓，就是戴家湾。戴家湾的青铜豆不仅时间早，而且器形特别高大，通高28.6、口径19.3厘米，是西周青铜豆中最大者。从商代晚期到西周早期，青铜豆的体量都不大。如西周早期的史父乙豆通高12.1、口径13.1、腹深4.9厘米，康生豆通高15.1、口径15.5、腹深6.2厘米，其通高只有戴家湾铜豆的一半左右。像戴家湾铜豆这样体量的豆到春秋中期才出现。如1983年河南光山县宝相寺黄国墓地出土黄夫人豆通高29、口径24.2、腹深10.8厘米，1980年河北三河大唐迴1号墓盖豆通高28、口径18、腹深10.1厘米，1975年河北三河双村1号墓盖豆通高33、口径18、腹深10.8厘米，1987年山东临淄市淄河滩出土的节可忌豆通高22、口径17、腹深9.3厘米，1977年山西长子县牛家坡7号墓出土盖豆通高18.5、口径16.5、腹深10.3厘米[12]。为什么在西周初年的戴家湾会出现如此巨大的铜豆？这似乎违反了青铜豆发展的基本规律，很难理解。或许关中西部独有的重食文化的土壤催生了它，使它变得极为独特。

虽然这4件青铜豆是否出土于戴家湾的同一个墓葬中不能确定，但青铜豆通常以偶数出现，参照茹家庄一号墓也出土4件青铜豆，所以戴家湾一个墓葬出土4件青铜豆也是很有可能的。迄今为止，在整个西周时期，只有戴家湾与茹家庄出土4件豆，这无论对豆的演变史还是探讨西周重食文化在关中西部的兴起，均具有重要意义。

7. 异形兵器

这件兵器的形态很奇怪，以至于不知道该怎么称呼它。《欧洲所藏中国青铜器遗珠》一书称其为异形大刀[13]。刀下部有短銎，其上设有方形钉孔。上锋较长，向刀背方向卷曲。下锋较短，斜直刺出。刀身有3处镂孔，形状均不规则。刀背有龙爪形钩。宝鸡竹园沟8号墓出土铜戟1件，亦有类似的钩形装饰（《宝鸡𢐗国墓地》图版九五，5）。这件异形大刀的年代在西周早期。此刀造型奇特，尚无与之相同者。装饰风格繁琐夸张，当为仪仗用器。这是戴家湾墓地出土的最有特点的兵器。考虑到它比宝鸡竹园沟8号墓出土的铜戟更为复杂，后者可能是受戴家湾兵器的影响。

以上举了20多件器物的例子，可以看出戴家湾铜器无论在体量方面，精致程度方面，还是创新性方面，都有出色的表现。这样具有震撼力的青铜器，应该在中国古代青铜王国里占有重要的一席之地。

三、一个难以解答的谜

戴家湾青铜器既然具有如此重要的历史地位，那么创造这个奇迹的是何许人？关于戴家湾青铜器的族属问题，是一个最难谈的问题。对科学发掘的考古遗存谈族属问题，尚且有诸多困难，而像戴家湾这样被严重盗掘的墓地，既不知道墓葬形制，又不了解青铜器与墓葬的对应关系，也没有陶器和陶片，甚至不清楚这些青铜器是否一定出自这里，要谈戴家湾墓地的族属问题，真有点天方夜谭的意味。可以说迄今为止关于戴家湾墓地的族属问题的种种解释，都只是假设。以往的假设有高次若和刘明科先生的“周公家族”说，李学勤先生的“西虢”说，卢连成先生的“夨国”说。鉴于夨国很可能是姬姓，以上三说可以总括为“姬周家族”说。现在《任著》又提出一种新的假说，主张戴家湾墓地是殷遗民墓地。确实在戴家湾铜器中有不少有族徽与日名的铜器，而且很多铜器与殷墟铜器相似或相同。

我在这里也提出一种假设：戴家湾青铜器的主人是一个同时受到殷商与姬周文化影响的土著部族。这是通过与強国青铜器的比较研究后得出的结论。

《任著》在罗森等学者分析的基础上，专辟一小节来谈戴家湾青铜器与宝鸡強国青铜器的关系。窃以为这个比较很重要，因为二者同处宝鸡地区，文化背景相似，最具可比性[14]。

据《任著》统计，戴家湾商周礼容器共145件（见其书附录四），其中大部分属于商代晚期到西周早期，西周中晚期的只有8件，因为我们研究的重点在商末周初，所以减去西周中晚期的8件，尚余137件：炊食器77件，计鼎35、甗5、鬲4、簋29、豆4；酒器56件，计尊6、卣11、觥3、方彝2、罍2、斝2、觚1、爵9、觯11、角2、禁2、斗5；水器4件，计盘2、盉2。

強国青铜器的数量是110件：炊食器72件，计鼎38、甗3、鬲5、簋25、豆1；酒器34件，计尊5、卣7、罍2、觚3、爵6、觯8、斗3；水器4件，计盘3、盉1。

《任著》已指出，两地所出青铜器数量与构成比较接近。诚然，由于戴家湾墓地是被盗掘的，遗失而未被统计的器物可能还有不少，所以我们所作的比较显然是很粗疏的，尽管如此，通过比较我们还是会有一些收获。

1. 两群青铜器的相同之处

（1）都有一些典型的商式、周式铜器。

扁足鼎：戈鼎（竹园沟13号墓），臤父丁鼎（戴家湾D：D08）

方鼎：子京方鼎（竹园沟13号墓），田告方鼎（戴家湾D：D01）

分裆鼎：父辛鼎（竹园沟13号墓），分裆鼎（戴家湾D：D05）

圆鼎：三角目纹鼎（纸坊头1号墓），兽面纹鼎（戴家湾D：D20）

鬲：夨伯鬲（纸坊头1号墓），𡨦父已鬲（戴家湾D：L1）

甗：兽面纹甗（纸坊头1号墓），戈甗（戴家湾D：Y4）

双耳簋：兽面纹簋（竹园沟13号墓），兽面纹簋（戴家湾D：G10）

带盖簋：带盖簋（竹园沟13号墓），带盖簋（戴家湾D：G14）

觯：宀父乙觯（纸坊头1号墓），宀父乙觯（戴家湾D：Z7）

罍：涡纹罍（纸坊头1号墓），兽面纹罍（戴家湾D：LE1）

盉：兽面纹盉（竹园沟13号墓），子父乙盉（戴家湾D：H1）

爵：覃父癸爵（竹园沟13号墓），父辛爵（戴家湾D：J2）

（2）都有一些创新型铜器。

双耳方座簋：強伯方座簋（纸坊头1号墓），凤鸟纹方座簋（戴家湾D：G01）

四耳簋：四耳簋（纸坊头1号墓），四耳簋（戴家湾D：G03）

剑：柳叶形剑（竹园沟多个墓葬出土），柳叶形剑（戴家湾D：JIAN1）

戟：戟（竹园沟21号墓），戟（戴家湾D：J13）

异形兵器：异形兵器（竹园沟8号墓），异形兵器（戴家湾D：S1）

三角援戈：竹园沟多个墓葬出土，戴家湾也出土多件

強国墓地虽然没出铜禁，但出土功能类似铜禁的漆盘，例如在竹园沟13号墓（甲组）“酒器集中放置在一长方形漆盘上”。竹园沟7号墓（甲组）也有漆盘，“盘上放有一组酒器，计卣二、尊二、觚二、觯一”。

（3）器物组合与构成。

最引人注目的是鼎、簋组合。戴家湾墓地有鼎35件、簋29件，相反酒器中的核心器物觚（1件）、爵（9件）、觯（11件）较少，同样強国墓地有鼎38件、簋25件，酒器中的核心器物觚（3件）、爵（6件）、觯（8件）较少，而且这些酒器来源庞杂，系拼凑起来的，并非墓地的主流青铜器。戴家湾墓地这种重食的文化，显然不同于殷商的重酒文化。

在食器中，豆很别致。两个墓地出土豆比较多。戴家湾墓地出土4件青铜豆，纸坊头、竹园沟墓地虽然未出青铜豆，但BZM4、BZM7、BZM17均出土漆豆一对，这种差别是由于级别的不同而不是文化的不同所造成的，戴家湾墓地的等级要比竹园沟高。茹家庄一号墓也出土4件青铜豆，而且仅限于茹家庄一号墓，虽然时代要晚些。这一点不但显示出茹家庄青铜器受到戴家湾青铜器的深刻影响，也表明在宝鸡地区，唯有它们之间的关系最为密切。

在酒器中，有特色的是尊、卣，戴家湾墓地有尊6件、卣11件，強国墓地有尊5件、卣7件。戴家湾墓地有1件鼎尊，2件鼎卣，从铭文可知是1尊2卣（一大一小）的组合，竹园沟7号墓的伯各尊、卣也是如此组合。

2. 两群青铜器的不同之处

（1）戴家湾商周铜器群的上限比強国青铜器早，可能说明前者的主人在宝鸡生活的年代更早些。这一点可以解释为什么前者比后者包含更多一些商式铜器，更多一些酒器，如觥、方彝、斝、角。

（2）戴家湾墓地出土11件尖刺乳钉纹盆式簋，这种纹饰的簋在強国墓地恰恰没有。鉴于簋在西周早期宝鸡地区墓葬青铜器组合中的特殊地位，我们以为这是区分戴家湾墓地与強国墓地族属的重要标志之一。

（3）戴家湾商周铜器中有几件姬周高级贵族的器物，而強国青铜器中只有姬周女性贵族的器物，相比之下，前者可能与姬周高级贵族的来往更多一些。

（4）戴家湾商周铜器中有一些重器，如49厘米高的方彝，而強国青铜器中没有，戴家湾的直棱纹鼎高44.5厘米，強国青铜器中最高的鼎是纸坊头鼎，通耳高40.2厘米。显然，戴家湾商周铜器的主人地位要比強国青铜器的主人高。

（5）戴家湾铜器中缺少乐器，这与年代有关。竹园沟7号墓（甲组）出土编钟，竹

园沟13号墓出土铙，而戴家湾铜器的年代大部分早于竹园沟7号墓与13号墓，那时钟尚未出现。戴家湾铜器中没有筒形卣，表明其受西方、北方草原文化影响稍小。戴家湾铜器中无壶，这也与年代有关。在𢐗国铜器中，壶是作为水器出现的，而壶作为水器的年代稍晚。戴家湾铜器中无盉。𢐗国青铜器中无觥、方彝、斝、角等殷墟具有代表性的酒器，表明𢐗国受商文化影响稍小。

在戴家湾青铜器群中，占主流地位的青铜器究竟是什么，换言之，哪些青铜器占主流地位？这个问题很重要，关系到对戴家湾青铜器群性质的认识。虽然从表面来看，商式铜器数量很多，但是它并不代表戴家湾青铜器群的文化取向。在𢐗国青铜器中，商式铜器同样数量很多，但是谁也没有将𢐗国认作商的属国。设若𢐗国青铜器上没有出现“𢐗”字，对于它们的族属，我们会做何种判断？我们会以为它是殷遗民，因为其中有很多有日名、族徽的青铜器；我们会以为它是夨国的遗存，因为其中有夨国的器物——夨伯鬲。如果因为𢐗国青铜器有铭文证明，所以认可它是一个与商文化不同的方国或部族，而戴家湾青铜器群没有铭文证明，就否认它是与商文化不同的方国或部族，这样做不免有持双重标准的嫌疑。

如果将戴家湾铜器、𢐗国铜器与商周之际周原出土的铜器作比较，则周原有的，戴家湾和𢐗国墓地基本上都有，而戴家湾和𢐗国墓地有的，周原却没有，可以说唯有戴家湾的青铜器与𢐗国墓地的青铜器最为接近。从这个意义上来说，戴家湾青铜器的主人与周人并不同族。戴家湾铜器、𢐗国铜器的主人都是宝鸡地区的土著部落，差别在于前者受东方商文化影响较大，后者受西方与南方的羌戎、巴蜀文化影响较大。当然，这仅仅是一种假设，对此我也并不很自信。

至于戴家湾国族消亡的时间，我们判断是在西周早期昭王以后不久。如前所述，戴家湾的青铜器主要集中在殷墟四期到西周早期成康时期。昭王以后器骤然减少，而且昭王以后器没有特点，如西周中晚期的3件铜盘、1件铜盂。相比而言，𢐗国一族即便到了西周中期，在茹家庄墓地，我们还能看到很多有特点的𢐗国青铜器。一种可能是戴家湾国族在昭王以后迅速衰落，勉强延续到西周中期；另一种可能是戴家湾国族在西周早期昭王以后不久就消亡了，所谓那几件西周中期的青铜器是其他人入主戴家湾后的器物。

四、结　　论

（1）青铜禁作为一个全新的品种，首先而且仅仅在戴家湾墓地出现；方座簋、四耳簋有可能首先在戴家湾墓地出现；西周最大的青铜豆首先而且仅仅在戴家湾墓地出现；商周最大的单体方彝——四出戟方彝仅仅在戴家湾墓地出现：这一切不仅显示了戴家湾青铜器的宏大，也说明在商周之际，戴家湾青铜器在继承殷商青铜器的风格的同时，具有很强的创新精神与能力。这是戴家湾青铜器对整个商周青铜器的一个重要贡献。

（2）戴家湾青铜器的构成情况值得注意：一是饪食器的数量（77件）远远超过酒器的数量（56件）；二是鼎簋数量大增，分别为35件和29件，成为青铜器组合中的核心器物；三是作为殷墟酒器核心器物的觚很少，只有1件，爵的数量也不多（9件）；四是酒器中尊与卣的地位上升，一尊配置一大一小两卣的新的组合形式率先在戴家湾墓地出现。这一切均具有重要意义。因为在商周之际，在陕西关中地区，通常墓葬中饪食器的数量往往不及酒器的数量，或者接近，但没有像戴家湾青铜器这样远远超出的。这说明我们以前提出的一个观点——重食文化首先兴起于宝鸡说是有充分根据的[15]。这对于研究西周重食文化的来龙去脉及其原因是有价值的。

（3）戴家湾青铜器群是商周之际宝鸡地区最大的青铜器群。从某种意义上来说，戴家湾青铜器鲜明地体现出了宝鸡地区器物特点。我们的研究过程告诉我们：要对宝鸡青铜器准确把脉，评价它的历史地位，进而评价陕西出土的青铜器，都离不开对戴家湾青铜器的认识。针对以往对商周之际宝鸡地区的青铜器评价不足的情况，应该重新予以考虑。

（4）戴家湾青铜器群的年代主要在商末到西周早期。像这样年代比较集中的一批商末周初的青铜器，不仅在宝鸡地区，就是在全国也不多见。以往学者在研究商周之际青铜器的时候，很少甚至不考虑戴家湾青铜器群，导致其价值没有得到很好的体现及利用。如果今后能充分发挥戴家湾青铜器群的效用，必将对商周之际青铜器的研究产生一定影响。

（5）戴家湾的文化面貌非常复杂。这里既有典型的商式铜器，又有典型的周式铜器，还有混合型的铜器，还有受南方巴蜀文化、北方草原文化影响的铜器。这正是难以判断戴家湾铜器族属的原因之一。我们的观点是无论戴家湾青铜器的主人姓“商”，姓“周”，还是姓“土”，作为宝鸡地区有影响的部族，在商周之际，它同时受到殷商文化与姬周文化的强烈影响，但又有自己的文化特点。在周王朝建立后，它又渐渐融入到周文化中，并为创造灿烂的西周文化作出了贡献。

（6）据《任著》统计，戴家湾铜器中有族徽文字的铜器有鼎、甗、鬲、觥、罍、尊、角、觯等共36件，占铜容器总数的25%左右，出现的族徽有28种。可以说戴家湾墓地是宝鸡地区出现族徽铜器最多的一个墓地，而宝鸡地区又是除了安阳殷墟之外，全国出土族徽铜器最多的一个地区。在商代与西周早期，一个地区出现的族徽铜器愈多，说明这个地区部族的流动性愈大，文化的交流亦愈频繁。在某种意义上可以说，戴家湾是文化荟萃之地。反过来讲，正是这种部族（国族）间的交流，促进了戴家湾文化的繁荣。

张懋镕

2009年7月初稿

2011年10月27日改定

注　释

[1] 张懋镕：《西周方座簋研究》，《考古》1999年第12期；《古文字与青铜器论集》，科学出版社，2002年，88～97页。

[2] 朱凤瀚：《中国青铜器综论》，上海古籍出版社，2009年，42、43页。

[3] 李海荣：《民国时期关于青铜器的研究》，《文物世界》2002年第2期，52页。

[4] 本文所引资料，凡是见于《任著》者，一般不再注明出处。

[5] 河南省文物研究所等：《淅川下寺春秋楚墓》，文物出版社，1991年，126页。

[6] 河南省文物研究所等：《淅川下寺春秋楚墓》，文物出版社，1991年，320～322页。

[7] 中国社会科学院考古研究所：《殷墟青铜器》，文物出版社，1985年，460页。

[8] 李娟利：《商周方彝的整理与研究》，陕西师范大学硕士学位论文，2011年。

[9] 张懋镕：《上海博物馆藏金读记》，《古文字与青铜器论集》（第二辑），科学出版社，2006年，66、67页。

[10] 张懋镕：《再论西周方座簋》，《陕西历史博物馆馆刊》第九辑，三秦出版社，2002年，10页；《古文字与青铜器论集》，科学出版社，2002年，98～111页。

[11] 张懋镕：《三论西周方座簋》，《苏州文博》2011年第1期。

[12] 张翀：《商周时期青铜豆综合研究》，西北大学硕士学位论文，2006年。

[13] 李学勤、艾兰：《欧洲所藏中国青铜器遗珠》，文物出版社，1995年，图九七。

[14] 张懋镕：《试论宝鸡強国青铜器的特点》，《古文字与青铜器论集》（第二辑），科学出版社，2006年，142～150页。

[15] 陕西师范大学中国青铜文化研究中心：《西周重食文化的新认识——从甘泉县阎家沟新出青铜器谈起》，《古文字与青铜器论集》（第三辑），科学出版社，2010年，152页。

（原载《古文字与青铜器论集（第四辑）》，科学出版社，2014年）

目　录

第一章 绪 论

宝鸡位于陕西省关中平原西部，东连咸阳，南接汉中，西北与甘肃的天水和平凉毗邻。秦岭南屏，渭水中流，关陇西阻北横，渭北沃野平坦。这里是周人的发祥地，素有“青铜器之乡”的美誉。从汉代美阳（今扶风县）出土的尸臣鼎，到近代著名的“晚清四大国宝”（毛公鼎、大盂鼎、散氏盘和虢季子白盘）均出自这里。千百年来，它们或因山体滑坡，或因农人耕作，或因乡邻盗掘而陆续被发现。遗憾的是，这些早期出土的青铜器大多在经历了颠沛辗转之后，流失海外，仅有少部分收藏于国内的知名博物馆中。

戴家湾青铜器群以其时代早、数量多、纹饰精、器类新等诸多特点，在宝鸡地区出土的青铜器中占据了显要位置[①]。然而，它们自破土之日起就注定要历经种种磨难。戴家湾遗址在近百余年中，先后四次出土过青铜器：1901年（光绪二十七年），斗鸡台乡人在发掘古墓时，盗得各类青铜器20件[②]。其中著名的“柉禁十三器”[③]，包括禁、尊、觚、斝、盉、爵、角、斗各1，卣2，觯4为端方旧藏，收录在《陶斋吉金录》中（封二）[④]。这批铜器经端方后人之手流散出去。福开森博士时任中华民国政府高等政治顾问及中国科学美术杂志编辑，尤喜收藏金石书画。柉禁器组就是经他联系卖给了美国大都会博物馆。他曾在文章中谈道：“1911年秋，革命军起，端方死难于四川，遗产皆在北京。其后人以贫，故不能守。稍稍货其古器物以自给。近年贫益甚，遂于此二十器归于我国纽约中央博物馆。此1924年春事也。”[⑤]这批铜器现珍藏于美国大都会博物馆。

1928年，盘踞在凤翔一带的军阀党毓琨大肆盗掘古墓，这对戴家湾文物来说无疑

---

① 2005年宝鸡青铜器博物馆的段德新书记和宝鸡文理学院历史系的彭曦教授曾准备筹划一个特展，名为“流失海外的宝鸡青铜器”。我们在对资料进行收集整理的过程中，戴家湾青铜器再一次吸引了众人的目光。有关戴家湾青铜器群的综合研究就在这样一个机缘巧合中产生了。

② 中国科学院考古研究所：《美帝国主义劫掠的我国殷周铜器集录》，科学出版社，1962年，85、86页。陈梦家先生认为，这批青铜器分属于不同的年代，因此西周晚期的6件青铜匕和端方旧藏不是同墓出土，但都可能是宝鸡附近出土的，因此这里一并收入。

③ “柉禁十三器”实际上有14件，其中一件青铜斗置于卣中。

④ 照片由“中央”研究院历史语言研究所的黄铭崇先生热心提供，并帮忙联系美国大都会博物馆，取得了照片的使用权。

⑤ 福开森：《陶斋旧藏古酒器考》，《学衡》民国十五年（1926年）第51期，120页。

是一场浩劫。据当年的参与者之一，新中国成立后曾在陕西省博物馆工作的郑郁文先生回忆，“此次共盗掘墓葬50余座，挖出青铜器1500余件，其中完整的740件”[①]。除了商代晚期至汉代的青铜器以外，还有“玉器、竹筒、铜釭、制铜陶范以及金器、铠甲、料器等”[②]，种类繁多，数量惊人。这些器物自盗掘后就不断流失，至今多数下落不明。

1934年春至1937年上半年，国立北平研究院在戴家湾一带（旧称斗鸡台）展开了考古发掘工作。发掘的区域包括陈宝祠后的土堡内外，亦称“废堡区”，戴家沟以东的“沟东区”和以西的“沟西区”。第三次发掘还清理出西周时期的车马坑。此次发掘虽然被认为是“中国考古学初步发展时期最重要的发掘项目之一”[③]，但是所获铜器甚少，从数量和质量上都远远比不上1928年的盗掘品。即便如此，这些小件铜器也难逃散佚的厄运。苏秉琦先生在《斗鸡台沟东区墓葬》的自序中说：“八十二墓的殉葬器物，因本院与陕西省政府的合作关系，大半均留陈西安，仅一少半运回北平。中日战起后曾将存平古物中形体较小而认为比较重要者取出收藏。……其余古物（大部为陕西运抵北平而尚未开箱之第三次发掘所获者）则均被伪组织移至午门历史博物馆内，并由伪组织主持，草率整理之后，即掺杂陈列于该馆之午门楼上，及东朝房特辟之陈列室内。不幸后者曾一度被盗。损失小件铜器共三百一十件。至于存陕古物，即第一、二两次发掘品之大半，亦不幸因陕西考古会房屋曾被日机轰炸倒塌，残破凌乱，势所难免。后经移至西安碑林之陕西省历史博物馆内暂存，迄今尚未清查。”[④]据现有资料统计，沟东区共发掘商周墓葬56座，出土有鼎1（B3出土）、当卢2、戈12、戟1和少量铜泡等[⑤]。尽管青铜器甚少，墓葬的形制和陶器的类型依然对我们判断戴家湾地区商周时期的文化面貌具有重要意义。

1980年7月，宝鸡峡工程卧龙寺段工人在戴家湾渠岸取土时，挖出了青铜器5件：簋、觯、斗各1件，銮铃2件[⑥]。这批器物现藏宝鸡青铜器博物院。

20世纪80年代以后，该地区再没有出土过重要的青铜器。因此，本书研究的重点是1901～1980年，戴家湾地区出土的商周青铜器，东周至秦汉部分暂不做讨论（图1-1）。

戴家湾铜器多系盗掘所得，尤以1928年出土的大宗青铜器为核心。这些价值连城

---

① 刘明科：《党玉琨盗掘斗鸡台（戴家湾）文物的调查报告》，《宝鸡考古撷萃》，三秦出版社，2006年，26页。

② 罗宏才：《党毓昆西府盗宝记》（续），《文博》1997年第5期，87页。

③ 苏秉琦先生治丧办公室：《沉痛悼念苏秉琦先生》，《苏秉琦先生纪念集》，科学出版社，2000年，34页。

④ 苏秉琦：《斗鸡台沟东区墓葬》，1948年，1、2页。

⑤ 苏秉琦：《斗鸡台沟东区墓葬》，1948年，101、102页。

⑥ 王桂枝、高次若：《宝鸡地区发现几批商周青铜器》，《考古与文物》1981年第1期，5～7页。

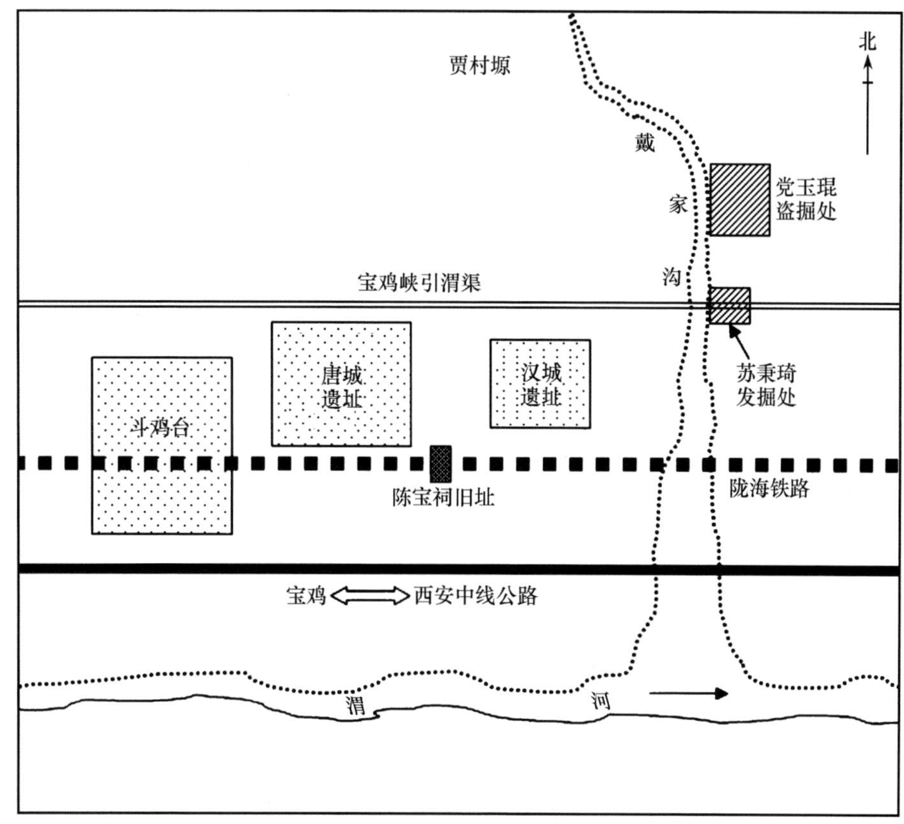

图1-1 戴家湾遗址示意图

的文物曾引发了军阀之间为争夺古物造成的血腥斗争。原陕西省主席兼二十九军军长宋哲元无疑是这场争斗最大的获利者。除了奉迎上司、笼络下属、搪塞民众之用外，大部分珍贵文物都落在了他的手上。20世纪30年代初期，一部分青铜器被宋哲元辗转带到了天津，觊觎已久的古董商们立刻将其瓜分。新中国成立后，原省文史馆研究员刘安国先生曾在西安市面上意外地购到5本青铜器的照片册子。经人鉴定，照片中的铜器就是失落已久的戴家湾青铜器。虽然照片仅有百余张，和实际数目相差甚远，但是这些珍贵的照片使戴家湾铜器再次呈现在人们面前。时隔多年，我们依然能领略到它们的风采。

本书在前人研究的基础上，对戴家湾遗址历年来出土的商周青铜器进行了搜集和整理，研究重点放在戴家湾铜器的风格特点、器物的组合形式、在宝鸡市区出土青铜器中的地位和作用，以及对铜器族属和墓葬性质的推定上。戴家湾青铜器群中能见到的实物很少，保存在国内的更是寥寥无几。本书所依据的大多都是20世纪20年代不甚清晰的黑白照片，因此文中出现缺点在所难免，不足之处敬请专家学者批评指正。

第一节　戴家湾遗址的地理环境及历史背景

从地质构造上看，宝鸡地区处于中国南北衔接、东西过渡的交汇地段，其地貌特征主要是南、西、北三面环山，以渭河为中轴向东扩展，呈尖角槽形的形状，地质运动使渭河平原及其两侧的黄土台塬分布极不对称。渭水南岸为山前丘陵，地形狭长而陡峭；北岸是平坦的黄土台塬，土质肥沃，易于农耕。戴家湾遗址位于贾村塬的南坡、渭水北岸的二级台地上，属于省级文物保护单位。该遗址北依贾村塬，南与秦岭对峙；东临千河，西靠金陵河，地理位置十分优越。“遗址面积估计在100万平方米以上，其范围南至陇海铁路，北到贾村塬阶边沿内200米，东到杨家沟东，西至刘家沟窑厂以西，东西长约1300米，南北宽约800米。”①考古调查表明，该遗址历经了新石器时代、商（先周）、周、汉、唐、宋等多个朝代，“文化层厚达0.4～2.5米”②。

千百年来由于水流冲刷侵蚀、人为开凿平整，这里的地形地貌发生了较大的变化，甚至地名也在不断地变化更新。以往一些文章或专著中，常常出现斗鸡台和戴家湾两个地名混用的问题，这里有必要首先做以说明。斗鸡台又名“祀鸡台”，本为一长方形的土台子，“旧志云：即陈宝夫人祠”旧址③。自清代、民国至新中国成立以后，斗鸡台成为宝鸡十里铺地区和戴家湾一带的泛称。其范围与现今划定的戴家湾遗址大致相当。那时的戴家湾仅仅指该区域里一个具体的小自然村。1936年，陇海铁路向宝鸡延伸时，为了保护古陈仓城遗迹，由杨虎城将军亲笔题写的“斗鸡台隧道”就从当时戴家湾村子的断崖上穿过，至今依然保存完好。所以端方、苏秉琦等众位学者使用的是斗鸡台这个泛称④。但是近30年来，宝鸡地区已经很少再使用这个地名了，新的行政区划中也不见斗鸡台地名，取而代之的是戴家湾。宝鸡市政府东迁后，戴家湾地区成为宝鸡市新的政治中心，名称也进一步简化为“代家湾”。因此，不论是斗鸡台，还是戴家湾，在本书中均指代同一个地理概念。

陕西省文物保护技术中心的梁晓青女士曾对戴家湾遗址地貌环境变迁做过细致调查。戴家湾遗址地形较为复杂，东西剖面为三沟三台结构。三沟由东至西依次为杨家沟、戴家沟和刘家沟。南北剖面依据地形变化可分为两部分：上部分由陡峭的小平阶地组成，下部分由较宽平的大阶地组成。1928年党毓琨盗掘的商周墓葬就位于上部

---

① 梁晓青：《戴家湾遗址地貌环境的考古学探讨》，《考古与文物》2000年第2期，64页。

② 国家文物局：《中国文物地图集》，西安地图出版社，1998年，166、167页。

③ 见《宝鸡县志》，有邓梦琴修（乾隆五十年）和曹骥观修（民国十一年铅印本）两个版本，内容基本相同。

④ 苏秉琦：《斗鸡台沟东区墓葬》，1948年，3页。苏秉琦先生曾经考察过斗鸡台地名确指的范围，但是所得到的答复多不肯定。后来通过对庙社的推论，认定其包括周围的六七个小村。

的小阶地，而1980年青铜器的出土地点则位于下部的大阶地上。梁女士认为，三条天然冲沟的出现要远远早于人类在此定居生活的时间，而我们今天所见到的戴家湾台地的地貌则是在经历了三次大的地质运动后形成的。首先是由西向东水平位移，移动距离在百米以上。这次位移使三条主要的冲沟及一些无名小沟发生了上下游位置错动现象。其次是由北向南的滑移运动，这次运动使三条冲沟和塬体间产生了横向的裂痕。最后是台地的沉陷，主要表现在一些古遗址的夯土层有地质裂缝①。

除了大自然的力量之外，人为作用也是改变戴家湾地貌的一个重要原因。戴家湾阶地的形成是当地居民出于某种目的，对这一地区进行大规模平整和改造的结果。这不是一朝一夕就能完成的。梁女士推测，这种人工阶地在西周早期可能就已经形成了②。通过实地调查，我们发现虽然戴家湾遗址的面积约在100万平方米以上，但是天然形成的三条大冲沟限制了空间的利用。从聚落结构的功能来看，遗址除墓葬区外，还应分布有房址、作坊、城墙等相关设施。商周墓葬区主要集中在戴家沟东侧的台地上。作坊遗址虽未找到，但这里据说曾出土了36件陶范，其中完整的21件③。戴家沟以西至刘家沟的遗址内涵尚不清楚。因此，我们初步认为，戴家湾商周聚落遗址功能区的划分可能是以这些大的冲沟为界的。由于刘家沟旁边的砖厂成年累月取土烧砖，文化层丰富的二层台地已经被掏空，破坏殆尽。一条窄窄的引渭渠横穿过苏秉琦先生当年发掘过的地方，浑黄的渭河水已静静地流淌了几十年，再多的文化遗迹也早已经被冲刷得模糊不清了。

苏秉琦先生在《斗鸡台沟东区墓葬》的绪论中说："一个遗址，譬如一座舞台。在此舞台之上，曾经上演过些什么著名的剧本呢？我们由史籍记载，知道有两个著名的故事：一是陈宝祠的故事，二是陈仓城的故事。"苏先生进一步解释说："我们之所以要将此二故事在此提出者，其目的有二：一、我们想借此故事来说明遗址的一部分历史背景。此点对于我们发掘材料的理解甚为重要。二、古陈宝祠或古陈仓城的遗迹，虽非发掘寻找的唯一对象。但在发掘计划尚未决定之前，类此历两千余年，尚保存不坠的古迹，与其动人的特征，对于此一遗址之中选，其间自有若干影响。借此亦可说明我们何以先发掘此遗址的一部分动机。"④苏先生强调了在考古发掘前或发掘过程中，对遗址历史背景进行梳理是十分必要的。戴家湾遗址内涵丰富，含有仰韶、龙山、先周、西周、春秋、战国、秦汉、三国两晋、南北朝时期及隋唐、宋等多个时代的遗存。因此，仅陈宝祠和陈仓城还不能完全说明问题，结合考古材料和文献资料，我们重新探索如下。

---

① 梁晓青：《戴家湾遗址地貌环境的考古学探讨》，《考古与文物》2000年第2期，68、69页。

② 梁晓青：《戴家湾遗址地貌环境的考古学探讨》，《考古与文物》2000年第2期，70页。

③ 罗宏才：《党毓琨西府盗宝记》（续），《文博》1997年第5期，87页。

④ 苏秉琦：《斗鸡台沟东区墓葬》，1948年，3、4页。

早在新石器时代开始，这里就成为先民们生活居住的理想场所。在我们实地调查的过程中，仰韶文化典型的彩绘红陶片随处可见。关于陈仓最古老的历史，我们可以从文献中寻得一丝端倪。

《水经》曰："（渭水）东过陈仓县西。"郦道元引荣氏《开山图注》注曰："伏羲生成纪，徙治陈仓，非陈国所建也。"成纪在今甘肃天水一带。按荣氏所说，伏羲出生在成纪，后东迁，曾治理过陈仓。这里的陈仓和中原地区传太昊族建立的陈国不是一回事。宝鸡素有"炎帝故里"的美誉，《国语·晋语四》："昔少典娶于有蟜氏，生黄帝、炎帝。黄帝以姬水成，炎帝以姜水成。成而异德，故黄帝为姬，炎帝为姜。二帝用师以相济也，异德之故也。"在宝鸡，流传有很多关于神农氏降生、教民稼穑，遍尝百草的典故。市区南郊的清姜河附近还立有神农氏的衣冠冢。清姜河与戴家湾遗址以渭河为界，南北遥相呼应，相距仅10余千米，因此，即便不是同一个文化区域，相互间也应有紧密地交往或联系。炎帝之后，黄帝也曾都于陈仓。《路史·疏仡纪》曰："（黄帝）身五十二战，而天下大服焉，乃达四面，广能贤，稽功务法，秉数乘刚，而都于陈。"姚睦云：黄帝都陈仓，非宛邱，故今陇右黄帝遗迹甚多。从以上文献来看，伏羲、炎帝、黄帝这些被神话了的历史人物，都曾生活在宝鸡地区。需要注意的是，荣氏的《开山图注》被认为是汉代的纬书，而《路史》又是宋人所辑，因此可信度并不高。但是，从历年的考古调查和发掘来看，渭河两岸分布的新石器时代的遗址和墓葬非常多，尤以仰韶文化的内涵最为丰富。其中北首岭下层类型的遗址3处，有赵家坡、旭光村和傅家村；庙底沟类型的遗址10多处，如桑园堡、林家村等；半坡晚期类型的遗址10余处。龙山文化的遗址相对较少，分布在旭光村、石咀头等地①。虽然这些考古发现还不能和文献中的人物一一对应起来，但从遗址分布的密集程度来推测，早在四五千年以前，渭河流域两岸的台地上就已经热闹起来了，不同部族的人们定居在这里，过着农耕或渔猎的生活，部族之间的交流也日渐频繁。

有学者认为，商末周初之际，戴家湾一带有可能处于西虢的范围之内。《国语·郑语》中记载，史伯对桓公说："当成周者……西有虞、虢、晋、隗、霍、杨、魏、芮。"韦昭注："虢，虢叔之后，西虢也。"《史记·周本纪》《正义》引《括地志》云："虢故城在岐州陈仓县东南十里。"从史料上看，戴家湾附近可能还有一个蒯国。《路史》云："蒯伯紧国，穆天子西征至于蒯，河宗之子孙蒯伯綮逆天子。"《陕西通志》引《郭地记》：陈仓有蒯城，宜在此，非沛之蒯。遗憾的是，目前还没有充分的考古资料来证明西虢、蒯国这些小方国的具体方位和面积。

春秋至秦汉时期，是戴家湾地区最为兴盛的时期，相关的文献资料也比较多。《史记·秦本纪》中记载："……四年，至汧渭之会。曰'昔周邑我先秦嬴于此，后卒获为诸侯'，乃卜居之，占曰吉，即营邑之。……十九年得陈宝。""汧渭之会"

① 宝鸡市考古队：《宝鸡市附近古遗址调查》，《文物》1989年第6期，22～26页。

后，秦文公定都于此，并着手修建了陈仓城和陈宝夫人祠。后世“祀鸡台”地名即由此而来。

从《史记》的记载来看，“祠城”连用，说明陈宝祠和陈仓城之间的关系十分紧密。陈仓城确切的修建年代已不可考。从史料上看，最初的营建者有可能是秦文公。《元和郡县志》：“陈仓县，秦文公所筑，因山以为名。……陈仓故城在今县东二十里，即秦文公所筑。”据史料分析，文公初到这里时就曾说“昔周邑我先秦嬴于此”，可见，陈仓城的创建历史要更早一些。西汉时期依然保持着祭祀陈宝祠的传统，并且陈仓城的战略地位更加显著。“明修栈道，暗度陈仓”的典故就发生在这里。《史记·高祖本纪》载：“八月，汉王用韩信之计，从故道还，袭雍王章邯。邯迎击汉陈仓，雍兵败，……汉王遂定雍地。”陈仓城的夺取，不仅是刘邦平定三秦、统一天下的关键，而且也成为历来兵家推崇备至的军事谋略之一。

魏晋之时，陈仓城的繁华程度已经远不及秦汉之时，但是这里依然是重要的军事要地。《三国志·魏志》记载：“（建安二十年）三月，公西征张鲁至陈仓。……夏四月，公自陈仓以出散关……”诸葛亮也曾围攻陈仓城，后无功而返。《三国志·蜀志》载：“六年春，亮出攻祁山不克。冬复出散关，围陈仓，粮尽退……”关于这场战争的情况，《三国志·魏志》的注引中描述的十分详细，双方攻守激战，场面异常惨烈。苏秉琦先生在“废堡区”①发掘结果的叙述中说：“该区除乱土层中有少数类似石器时代的遗物外，所见者概为汉魏时期的遗迹。……所出遗物中，以类似汉魏作风的砖、瓦、陶片占绝大多数。几未见古墓。各种箭头甚多，而日常应用器具反为罕见。”“凡此种种，几无一不与郝昭守城故事所述，如双方多用弓矢，又发冢取木，筑重墙，穿地穴等暗合。”②陈仓城在经历了无数次大大小小的战争之后，破坏十分严重，一度衰落，至晋末曾废县。此后便存废无常，治无定所。唐宋以后，虽然陈仓在史料上还有零星记载，但陈仓城恐早已破败凋敝了。唐至德二年，陈仓更名为宝鸡。

由于种种原因，陈仓城一直没有系统地进行过考古发掘。20世纪80年代初，宝鸡市博物馆曾在戴家湾遗址内战国至汉代的遗迹区进行了清理，面积近2000多平方米。出土文物现藏宝鸡青铜器博物院，但是资料一直未整理发表。1995～1997年，中意合作在戴家湾地区又进行了一次考古发掘活动，此次发掘主要是以教学和相互交流为主，共发掘春秋战国墓葬22座，汉代墓葬16座，并初步掌握了一些有关陈仓城的信息③。

以上简要介绍了戴家湾遗址的历史背景，从史料上看，这里自古就是人们生活

① “废堡区”位于戴家沟的西侧，在引渭渠以下的地方。

② 苏秉琦：《斗鸡台沟东区墓葬》，1948年，11、12页。

③ 西安文物修复中心·文物调查研究室：《宝鸡戴家湾遗址发掘研究报告T0640探方部分》（内部资料），41页。

居住的理想场所，也是宝鸡市古老的农业区之一。但是，仅凭文献还不能完全复原古代的社会生活，尤其是夏商周三代，资料更是匮乏。如果传说时代的记载可以参考的话，我们至少知道伏羲、炎帝、黄帝这些大部落的首领曾率领族人在这里生活过；春秋战国之时，赫赫有名的秦文公以此为根据地之一，逐渐扩张，使后辈成就了霸业。至此，陈仓城在很长的一段时间里，成为西部的交通枢纽和战略要地。商周时期，这里究竟是怎样的情形，都有哪些部族或方国的人生活，始终都是未解之谜。史料虽然有空缺，但是从出土数量众多的陶器和青铜器来看，参考商周之前的历史背景和之后的发展走势，我们认为，这里在商周之际也是一处大规模的聚落。它究竟属于一个方国，还是由若干采邑组成，现在下结论还为时尚早，但是，这里必定是一个村舍密集、贵族云居之地。

第二节　戴家湾青铜器研究述评

戴家湾地区出土的青铜器吸引了海内外众多学者的目光，相关的专著和论文很多，我们按国内和国外两部分进行评述。

一、国内学者的研究成果

国内最早著录1901年戴家湾所出青铜器的是清末大臣、金石学家端方。端方，字午桥，曾历任工部主事、陆军部尚书、湖广总督、两江总督等职。他一生嗜好金石书画，曾大力收集青铜器、石刻、玺印等文物。光绪三十四年（1908年）编撰成《陶斋吉金录》，共八卷，收录了自商周至六朝隋唐时期的青铜礼器、兵器、权量、造像等。每件器物都绘制图形、记载尺寸，有铭文的还附上铭文拓本。《陶斋》中最引人注目的就是柉禁器组。它们被安置在书的最前面，并用了十几页进行介绍，应该是端方藏品中的精华。其中，盛放酒器的方座被端方首次命名为“柉禁”，然而《陶斋》中并未详述其命名的理由。据推测，可能与《礼器碑》中“笾柉禁壶”的记载有关。自端方的著录后，人们才开始对“铜禁”这种新的器型有了初步的认识，并就其定名、用途等进行研究。

最早将1928年党毓琨盗掘的戴家湾青铜器汇集成册的是刘安国先生。这部分青铜器是整个戴家湾铜器群的核心。刘安国，字依仁，陕西华县人，长期从事文化教育工作。他曾历任陕西省立三中校长、省长公署参议、省教育厅督学等。1952年在陕西省文教厅、省文化局工作，后被聘为陕西省博物馆顾问、省文史馆馆员等，1989年去世，终年94岁。刘安国先生在地方志编撰方面做了很多工作，但是其最大的贡献莫过于对戴家湾铜器群照片资料的收集整理和初步研究。他在1954年编撰完成了《雍宝铜器小群图说长编》（简称《长编》，附录一），并油印成册。根据刘先生在“后记”中的一段叙述，我们约略知道当年他曾请武伯纶先生将油印的图册和薛定夫先生保存的原始拓片30张一同带到北京，并请郑振铎、王冶秋等先生看过，武伯纶临行时告知：“稍加整理即予出版。”之后，郑先生逝世，由中国科学院考古研究所资料室将原件寄还。不久，故宫博物院唐兰先生来信又索去，并托人口头转告说：“此物已全部照了相，出版后不付稿费等。”紧接着“文化大革命”开始，出版之事作罢，原件再次还给了刘安国先生。“文化大革命”中，这些宝贵的资料连同照片被抄走，下落不明。到了20世纪80年代，刘先生从友人处寻得一份，并经省文史馆同意后复印。遗憾的是，我们现在所能看到的仅仅是《长编》的节录，并且页码缺失，“后记”部分也不全了[①]。《长编》分“通述”和“说明”两个部分：“通述”部分不仅介绍了戴家湾地区的历史背景，而且从铜质、锈色、花纹、文字，铜器的著录、命名等多个角度对商周和春秋战国的青铜器进行了论述。“说明”部分主要分为“烹器类”“食器类”“饮器类”“用器类”等，共105个序号（剩余缺失）。涉及商周青铜礼器99件：鼎27、盂1、鬲3、甗5、簋24（实为23件，其中一件应为方彝）、豆4、罍1、卣6、盉1、爵8、角1、斝1、尊5、觯5、匜1（实为告田觥）、斗3、盘2、禁1。兵器、车马器和杂器若干，具体数目不清。《长编》中，刘先生不仅记录了器物的旧尺寸，还按照每尺当35.2厘米的比例对旧尺寸进行了换算，对于器形、纹饰、铭文等也做了简单的描述。另外，在“说明”部分，刘先生或对个别铜器进行断代，或对铭文进行考释，或对器用制度进行探讨，只言片语中体现了他对青铜器研究方面的一些见解。例如，他将“䨺”释为“雨”字，认为“盖雨字也或古时祷旱得雨所作乎”（原图八雨鼎），“盖以祷旱得霖，制以庆贺”（原图三十九雨甗）；对于形制纹饰基本相同的青铜器，刘先生推测“当是列鼎之失群不全者”，如乳鼎一、二（原图十八、十九）等。由于受当时研究状况的限制，有些推论今天看来显然是不正确的，如在立戈百乳簋（原图四四）的说明中，就簋内“戈”字的含义，刘先生引用了当时金石学家的观点：立戈立戟诸形以为用其器者有戡平离乱之功。又或以为器中立干戈形多于酒器中见之，谓酒足以兴戎，铸以自省也。尽管文中对于青铜器的认识和研究带有局限性，刘安国先生的《长编》仍然是戴家湾铜器研究的基石。

由于党毓琨盗掘的青铜器纹饰精美，铭文重要，引起了陈梦家、唐兰等著名学者的浓厚兴趣。在书稿二次送京之后，唐兰先生对照片资料进行了翻拍，陈梦家先生还做了详细的笔记，对这批器物进行了登记和初步的整理（简称笔记，附录二）。陈梦家先生的笔记中共有175个序号，其中青铜礼器104件：鼎29、盂1、鬲3、甗5、簋26、豆4、罍1、卣7、爵7、角1、斝1、尊5、觯6、觥1、斗3、盉1、盘2、禁1，兵器1件

① 《长编》的节录部分由罗宏才先生提供，他在20世纪80年代初采访过刘安国先生，不仅复印了宝贵的资料，而且详细地保存了谈话记录。2007年年底，我的导师张懋镕先生曾托人在陕西省文史馆寻找刘安国先生《长编》的油印本，可惜已经无法再找到了。

（画出钩戟的草图，但是没有命名），车马器仅有序号没有具体的器名和尺寸。与刘安国先生的《长编》相比，笔记中的青铜容器多出了5件，分别是鼎2、簋2、卣1。有些鼎和簋仅有记录号，没有尺寸和描述等具体内容，因此无法判断到底多了哪些。笔记94号卣在《长编》中没有收录。陈先生在国外讲学期间，将在美国的一些博物馆、学校、古玩店或私人收藏家那里能见到的商周青铜器都做了记录：拍照、拓片、测量和考证。回国后由中国社会科学院考古研究所编辑出版了《美帝国主义劫掠的我国殷周铜器集录》（简称《美集录》），其中也收录有戴家湾地区出土的青铜器。因此，对于刘安国《长编》中未收录的青铜器，陈先生可能做了一些增补。至于仅有序列号和器名的鼎、簋等，也许后面还有待补充，可惜的是没有完成。据王世民先生介绍，陈梦家先生笔记题为《宝鸡斗鸡台出土铜器》（党毓坤旧存），“书写在紫红色封面练习本撕下的14页纸（这种练习本是当时考古所办公室提供本所人员领用的）。札记的前面11页，历述第1～175号铜器的器名、尺寸、形制、纹饰、铭文，以及他所知道的收藏与著录等情况；最后3页则对其中近20件西周初期的重要铜器进行分类，关注族徽相同、纹饰相同、同组的（尊与卣、盘与盉），以及‘周公东征鼎’等重要铜器，以及禁。”[①]笔记的内容虽然凌乱，但是陈先生对戴家湾青铜器的研究贡献很大。首先他重新考释了铭文，如[illegible]父己鬲、[illegible]伯鬲、[illegible]簋甗、[illegible]高卣等，在器物描述后一般会将整段铭文隶定出来；其次在某些青铜器后面标出了收藏地或著录书，为寻找戴家湾青铜器提供了宝贵的线索。陈梦家先生对戴家湾青铜器相当重视，他笔记的最后有这样一句话：“党所获铜器出土宝鸡者，其中不乏西周初期的重要铜器，分类述之如次……”然而，一场席卷全国的“文化大革命”最终没能使陈先生完成他的著作，这是学术界的一大损失。

自20世纪70年代开始，强烈的使命感促使宝鸡的学者开始对戴家湾青铜器进行研究。最先着手的是原宝鸡博物馆研究员王光永先生。20世纪80年代初，原宝鸡考古队书记刘明科、原宝鸡博物馆研究员高次若也开始搜集戴家湾青铜器的相关资料。他们在极为困难的条件下，做了大量细致的工作，走访了许多当时还健在并参加过盗掘的当事人，取得了珍贵的第一手资料。他们还数次上京，在故宫博物院唐兰先生的儿子唐复年先生处寻到了当年翻拍的部分照片，又在中国社会科学院考古研究所王世民先生的帮助下，找到了陈梦家先生当年翻拍的底版和所作的笔记，回来后经过反复的对比，历经了10余年的时间，分别完成了自己的调查报告。为了行文方便，本书将王光永先生1991年在《考古与文物》上发表的遗作《陕西宝鸡戴家湾出土商周青铜器调查报告》编号为《报告A》；刘明科、高次若合作发表的《党玉琨盗掘斗鸡台（戴家湾）

① 2015年11月30日，“宝鸡戴家湾、石鼓山与安阳出土青铜器及陶范学术研讨会”，王世民先生发言稿。

文物的调查报告》编号为《报告B》[①]。《报告A》共收录商周铜礼器107件：鼎31[②]、簋28、鬲3、甗4、尊5、觯6、爵8、卣7、罍1、方彝1、觥1、角1、斝1、斗3、盉1、盘3、盂1、禁2。兵器20件：大刀1（即《长编》中的钩戟）、戈16、戟1、剑1、削1。另有青铜工具如方銎斧、铲及车马器、杂器等若干。具体的数量和尺寸均不明确。《报告B》共收录铜礼器115件：鼎32、簋28、鬲4、甗5、豆4、尊5、卣8、角1、爵8、觯6、禁1、觥1、盂1、方彝2、盉1、盘3、斝1、罍1、斗3；编钟13件；兵器12件：异形戟1、戟2、戈8、弩机1；车马器若干：毂2、軎6、銮铃4；另有铜泡、当卢、马镳等散乱地堆放在一起，数目不清。这两份报告所收青铜器与最初的《长编》和笔记相比，数量上有所增加。其原因主要是收录了“据说出自戴家湾”的一些传世品，如凤鸟纹方鼎（现藏宝鸡青铜器博物院）；与陈梦家先生的《美集录》相互对照，又寻到了一些，如鲁侯熙鬲（现藏波士顿美术博物馆）、直棱纹鼎等；通过走访和调查，可能会补上一些，如青铜禁，据说出了3件，但是仅有一件有明确的尺寸，另外两件下落不明。这两份报告不仅详细介绍了戴家湾铜器的出土情况、流传经过等背景资料[③]，还对具体的青铜器进行了收集和整理，就相关问题进行了研究。从研究的重点及得出的结论看，《报告A》探讨了商周文化关系的问题，提出戴家湾铜器群中既有商式青铜器，又有周人模仿的商式青铜器，更有周人自己创造的商文化没有的新式样；在墓主及时代问题上，作者认为这一墓地的特点是以姬姓贵族为主墓，其他如㠱氏、冉氏贵族为各代墓主的陪葬墓；以鼎、簋为主的器物组合关系是周人的特点。[④]《报告B》认为戴家湾墓地是一处高规格的西周早期贵族墓地，且与周王室有着极为密切的关系。从“出土青铜器的数量规模及商末周初的时代特征等综合考虑，有必要考虑斗鸡台墓地属周公家族墓地的可能”。[⑤]另外结合相关文献及青铜器铭文，也不排除这里有周庙的可能。《报告A》的不足之处在于文中仅部分重要的器物有照片，其余的就只有编号和尺寸，给后来的研究工作造成不便。其次铜器的命名都以纹饰为主，如𡒊方鼎被称为

① 高次若、刘明科合写的文章虽然在1990年的《中国文物报》上连载了一个月，发表的时间要早于王光永的遗作，但是这篇文章现收入刘明科著的《宝鸡考古撷萃》中，并做了修改和完善，作者声明研究成果和主要观点以新收录文章为准。

② 《报告A》中实际收录了32件青铜鼎，其中D32为蟠虺纹鼎，文中不见具体描述。据刘安国先生的照片知其有可能晚至汉代，因此不予计算在内。

③ 《报告A》中，编者在文章开头注明，仅是王光永先生遗稿的一部分，原稿约45000余字，篇幅所限，仅保留了对青铜器的收录和研究一小部分。王先生的原稿因《考古与文物》杂志社搬家，已经找不到了。但是，王先生曾经在《宝鸡文史资料》（第1辑）中，发表了《党毓琨盗宝始末》一文，可全当《报告A》中缺失的前半部分吧。

④ 王光永：《陕西宝鸡戴家湾出土商周青铜器调查报告》，《考古与文物》1991年第1期，15～21页。

⑤ 刘明科：《党玉琨盗掘斗鸡台（戴家湾）文物的调查报告》，《宝鸡考古撷萃》，三秦出版社，2006年，64～70页。

大鸟纹方鼎等。这种命名方式有两点弊端：一是不能很好地体现那些铭文内容重要的铜器；二是由于照片模糊，并不是所有的器物都能够清楚地看到纹饰。这种单纯以纹饰来为青铜器命名的方法是不可取的。另外《报告A》漏收了4件青铜豆。《报告B》的不足之处在于个别青铜器的尺寸有误（对确指的馆藏青铜器来说，不应再沿用旧尺寸），器物的照片有重复的现象，以及某些器物的断代不够准确等。

总的来说，《长编》、笔记、《报告A》和《报告B》收录青铜礼器（仅指1928年党毓琨盗掘部分）的数目分别为99、104、107和115件，这说明对戴家湾青铜器的研究一直处于不断发展和补充完善的过程中（附录三）。另外，兵器、车马器和杂器等由于数量较多，得不到重视，出土后都是散乱地堆在一起进行拍照，所以具体的数目、尺寸和形制均不清楚。这部分青铜器遗失后很难再找到，因此各家的记录都不详细。

除了以上这些基本资料外，还有许多相关的文章见于各类报刊杂志中。对戴家湾铜器群的研究主要集中在以下几个方面。

1. 党毓琨盗宝的过程及器物流传的经过

专门介绍党毓琨盗宝经过等内容的文章比较多，如王光永先生在《宝鸡文史资料》创刊号上发表了《党毓琨盗宝始末》一文，首先介绍了党毓琨盘踞凤翔、宝鸡，以及其败亡的情况，其次介绍了盗掘文物的经过和少量文物的流向①。冯忠铃、王聘三两位先生回忆的《党毓琨戴家湾盗宝记》，由孙广忠整理而成。文中介绍了盗宝的起因、人员组成、规模，以及后来宋哲元收缴文物的经过等②。吴镇烽先生在《陕西商周青铜器的出土与研究》一文中，提及党毓琨盗宝的时间、青铜器辗转的经历和极少数文物的流向③。王兆麟先生在《斗鸡台文物流失海外》一文中简要介绍了盗宝的过程以及青铜器照片资料的流传及保存过程④。罗宏才先生在《党毓昆西府盗宝记》（三期连载）中详细记录了党毓琨盗宝的历史背景、起因、经过及器物的流向等⑤。高次若、刘明科、李逢春在《斗鸡台盗宝案始末》中也对这一事件及其造成的影响做了叙述⑥。

---

① 王光永：《党毓琨盗宝始末》，《宝鸡文史资料》第1辑，94～102页。

② 冯忠铃、王聘三：《党毓琨戴家湾盗宝记》，《宝鸡县文史资料选辑》第7辑，1989年，148～151页。

③ 吴镇烽：《陕西商周青铜器的出土与研究》，《考古文选》，科学出版社，2002年，3页。该文章原载《考古与文物》1988年第5、6期。

④ 王兆麟：《斗鸡台文物流失海外》，《侨园》1995年第4期，37页。

⑤ 罗宏才：《党毓昆西府盗宝记》，《文博》1997年第4期，83～86页；《党毓昆西府盗宝记》（续），《文博》1997年第5期，84～87转93页；《党毓昆西府盗宝记》（续三），《文博》1997年第6期，85～91转84页。

⑥ 高次若、刘明科、李逢春：《斗鸡台盗宝案始末》，《文史精华》1997年第9期，61～64页。

2. 对斗鸡台出土青铜器的研究

李济先生在《端方柉禁诸器的再检讨》一文中[①]，选择了20世纪30年代中期在安阳发掘的未经盗扰，且出土青铜器不少于8件的8座墓葬与斗鸡台端方青铜器做对比，涉及的器类有觚、爵、斝、卣和觯。他认为端方酒器上的扉棱比安阳青铜器要发达得多，而且几乎全带有“某种象征符号”（指族徽），但是带有亚字形符号的觚、爵和觯从形制上与殷墟地区典型的发掘品不一样。李先生从地理及历史的因素分析了造成青铜器间差异的原因，提出一个重要的观点，即“青铜器类型的地方性的分歧可能早在殷商时代便已存在了”。所以如天父乙觯等器是“陕西省殷商时代的一件地方性产物”，另外整组酒器可能是周人举行“馈祀”场合下使用的礼器。

3. 专门对青铜禁的研究

关于青铜禁的文章很多，最早的是天津市文物管理处所写的《西周夔纹铜禁》一文，除了尺寸和器形纹饰的描述之外，作者将年代定在了西周早期，并从文献上考证了“禁”的含义，认为禁虽然是盛尊之物，但是与“戒酒”无关[②]。李先登先生在《西周夔纹铜禁出土情况与流传经历》中对青铜禁的出土经过、流传过程及相关问题三个方面进行了探讨，并以青铜禁为主线，附带介绍了党毓琨盗掘的过程、戴家湾青铜器的流散途径，以及后来青铜器照片资料出现、流传和整理、保存等情况；在青铜禁的命名上，李先生认为汉《礼器碑》中“笾、柉、禁、壶”为四种器物，因此将“柉禁”连读是不正确的[③]。胡厚宣先生在《关于“西周夔纹铜禁”问题》中肯定了1959年梅原末治在《陕西宝鸡县出土的第二柉禁》中所谓的“第二柉禁”现藏于天津博物馆的说法，并且从梁思永先生遗留的资料中找到了“第二柉禁”照片的原件，还对照片中青铜禁上摆放的各种器物做了简要的介绍，包括尺寸、收藏地等，对于戴家湾青铜器群的确定具有一定的参考价值[④]。关于定名方面的文章有任常中先生的《西周禁棜初探》，他在文章中介绍了禁名的由来以及史书上关于禁的记载，其中涉及宝鸡出土的两件青铜禁[⑤]。扬之水先生在《关于棜、禁、案的定名》中认为棜和禁虽然都是两周时代用于盛放酒器的器座，功能相近，但形制有别。从文献上看，棜无足而禁有足。因此戴家湾出土的青铜禁和卣座都是棜的早期样式[⑥]。王光尧先生在《禁的用途及内涵》

---

① 李济：《端方柉禁诸器的再检讨》，《李济考古学论文集》，文物出版社，1990年，765～788页。

② 天津市文物管理处：《西周夔纹铜禁》，《文物》1975年第3期，47、48页。

③ 李先登：《西周夔纹禁出土情况与流传经历》，《考古与文物》1982年第6期，1～5转15页。

④ 胡厚宣：《关于“西周夔纹铜禁”问题》，《华夏考古》1987年第1期，188～193页。

⑤ 任常中：《西周禁棜初探》，《中原文物》1987年第2期，131页。

⑥ 扬之水：《关于棜、禁、案的定名问题》，《中国历史文物》2007年第4期，49～55页。

一文中，还将禁细分为方形、长方形式无足禁、长方形箱式、板状有足禁4种类型，以及箱式禁面有孔、禁面无孔和平板式三个衍变阶段[①]。以上诸篇文章虽然论述的侧重点不同，但就青铜禁用来盛放酒器这一主要功用并无异议。陈梦家先生在《西周铜器总论》第八部分“形制、花纹”一章中专门讨论了所谓“禁”与器座的问题。他先简要介绍了戴家湾铜禁的出土情况，然后通过文献与实物的对比，认为铜禁可能具有温酒的灶或者切肉的俎案的功用，但是没有足够的证据证明它是专门用来盛放酒器的[②]。“宝鸡斗鸡台所出二长方形‘禁’，究作何用，至今不能确定已如上述。它无论是禁是俎还是温酒用的灶，都和器座有相似的地方。”虽然陈梦家先生提到了铜禁与方座簋之器座，但是并没有进一步说明二者之间的联系。刘铭恕先生在《由“三联甗”论“夔纹禁”》一文中，认为应该将端方所收的青铜禁与天津博物馆藏的夔纹禁区别开，二者在形制上有很大的差别，即前者的表面平整，而后者的表面有三个凸起的椭圆形子口，与炉、灶等功能相似。在与妇好墓出土的三联甗对比后，作者得出结论：“从器形和功用上说，夔纹铜禁是和青铜器中炊器相接近，它上承三联甗类型用具的造型和功能，下启战国时代耳杯温酒器的典范，……循名核实，我们认为可以把它叫作‘三联杯温酒器’。”[③]由于作者对戴家湾青铜禁出土的背景不了解，所以仅凭器形得出的结论带有很大的片面性。另有一些介绍性质的文章，篇幅较短，内容与前面大致相同，例如王同立的《夔纹铜禁及其他》[④]、蒋伟国的《党玉琨盗宝与西周夔纹铜禁的流传》[⑤]、周秦的《西周铜禁》[⑥]、王敏英的《铜禁》[⑦]（介绍河南博物院藏淅川下寺出的春秋铜禁，文中提及斗鸡台青铜禁）等。

4. 族属方面

李学勤先生在《郭家庄与斗鸡台——从卣的关联看殷周文化异同》一文中，首先将1901年斗鸡台出土的鼎卣与1990年殷墟郭家庄M160：172卣做对比，认为二者之间具有很多的共同点。进而将鼎卣的年代定在殷墟四期晚段，但不会晚到西周。结合文献，李先生认为斗鸡台墓葬群应属西虢，“尊、卣、禁这组青铜器大约是西虢最早的器物了”[⑧]。卢连成先生在《西周夨国史迹考略及相关问题》一文中，首先对斗鸡台及

① 王光尧：《禁的用途及内涵》，《中国文物报》1991年2月24日第3版。

② 陈梦家：《西周铜器断代》，中华书局，2004年，478～480页。

③ 刘铭恕：《由“三联甗”论“夔纹禁”》，《郑州大学学报（哲学社会科学版）》1978年第4期，77～79页。

④ 王同立：《夔纹铜禁及其他》，《天津社会科学》1984年第3期，70页。

⑤ 蒋伟国：《党玉琨盗宝与西周夔纹铜禁的流传》，《民国春秋》1995年第1期，39转19页。

⑥ 周秦：《西周铜禁》，《金属世界》1996年第4期，27页。

⑦ 王敏英：《铜禁》，《中原文物》1999年第1期，105页。

⑧ 李学勤：《郭家庄与斗鸡台——从卣的关联看殷周文化异同》，《学习与探索》1993年第3期，127～129页。

其相邻地区出土的夨国遗物进行了梳理。他认为，斗鸡台墓地确认为夨国墓地，最重要的实物资料就是沟东区B3墓中出土的两件带有“夨”字的当卢。他还进一步指出：“斗鸡台墓地有明显分区。端方等所获几批铜禁的出土地点，居于斗鸡台北部较高地带。……很可能是夨国王室、宗室贵族墓地。三十年代在斗鸡台发掘的墓地，濒临渭水，地势较低，是一批小墓。各墓随葬品十分简单。两处墓葬虽有区界，但墓地基本连成一片。墓主都是同一部族成员，他们生前聚族而居，死后也聚族而葬，严格实行以血缘关系为纽带的族葬制度。因此，不应再将斗鸡台墓地看作一般西周墓地，而应确切地称之为宝鸡斗鸡台夨国墓地。”①斗鸡台墓地是否确指夨国墓地还有待商榷，但是卢先生将党毓琨盗掘和苏秉琦先生后来发掘的两处墓地看成是一个整体，这对于戴家湾遗址商周墓葬的研究是一个新思路。高次若和刘明科合写的《斗鸡台墓地出土青铜器与周公家族问题的思考——兼谈何尊原始出土地》一文，在对戴家湾青铜器深入了解的基础上，提出了一个大胆的猜想，那就是1963年出土于贾村一户农家后院的何尊，是在党毓琨盗掘时被乡民转移出来的。铭文中的“□公”当指周公。与周公及其家族有关的青铜器，如塱方鼎、何尊、鲁侯熙鬲等在斗鸡台出土绝非偶然，据此推测戴家湾墓地与周公家族有关②。不论是西虢，还是夨国，抑或是周公家族墓地，以上专家学者推测的共同之处在于戴家湾墓地是姬姓贵族墓地。

5. 铸造方面

华觉明、萧惠芳在《端方柉禁诸器的工艺考察》中，从工艺角度入手，论证柉禁诸器的制作技术，并就器群的归属及陈列方式提出了自己的看法：柉禁诸器很可能是出于同一墓葬，但并不全和柉禁有关系。从遗留于禁面，因长期放置而形成的器物痕迹来看，并考虑到青铜禁及其上的重器，应是预作周密设计，具有相同风格和级别的配套器物，绝非临时凑合而成，与柉禁配伍的应该是两件卣和一件尊。至于其他器（如两件觯），可能在入葬时放在禁面上的③。李永迪、岳占伟、刘煋在《从孝民屯东南地出土陶范谈对殷墟青铜器的几点新认识》中，将孝民屯东南地铸铜遗址新出土的几批陶范与戴家湾出土的一些典型的青铜器如柉禁、告田觥等进行对比，认为这类风格的青铜器是在殷墟制造的。除了青铜器来源的讨论外，作者提出：“基于现有材料，并考虑新风格的产生或许有较长的萌芽过程，这批原来一般定为西周早期的铜器，尤其是没有科学考古发掘品可对应，而与孝民屯东南地出土陶范器形及风格一致的博物馆藏品，如直棱龙纹鼎、方禁、长尾凤鸟卣等，其年代或许应当提前到商

---

① 卢连成：《西周夨国史迹考略及相关问题》，《人文杂志丛刊第二辑·西周史研究》，1984年，232～248页。

② 高次若、刘明科：《斗鸡台墓地出土青铜器与周公家族问题的思考——兼谈何尊原始出土地》，《宝鸡社会科学》2006年第1期，38～42页。

③ 华觉明、萧惠芳：《端方柉禁诸器的工艺考察》，《东南文化》2003年第3期，83～89页。

末。”[①]另外，李永迪先生的博士论文《安阳铜器铸造：考古遗物、铸造技术和生产机构》更加详尽地介绍了有关殷墟地区诸如小屯东北、大司空村南、苗圃北地、薛家庄、孝民屯等铸铜遗址的情况，以及安阳铸铜作坊的一些新认识。文中第六章专门介绍了孝民屯东南地和西地的铸铜遗址，其中第六节主要讨论周初青铜器的起源、商周青铜器的划分等争议较大的问题。所选例子更是涉及戴家湾青铜器。李永迪首先通过选取棱脊斜出的卣、饰有龙纹和直棱纹的方座、饰有龙纹和直棱纹的小鼎等典型器物逐一进行分析，并与相应的陶范做对比。在结论部分，作者认为：这些“西周早期铜器”陶范的发现说明安阳被周人占领后仍然在继续使用；或者以往将这批青铜器判定为西周时期的看法是不正确的。既然没有其他更加确凿的证据证明商代晚期晚段已进入西周时期，那么这批青铜器的时代应该提前，他们的独特风格应该看成是商代晚期的新变革[②]。总之，孝民屯铸铜陶范的发现对研究部分戴家湾青铜器的年代和来源等问题具有重大的意义。

二、国外学者的研究成果

戴家湾青铜器出土后，吸引了以美、日为首的古董商的目光，因此在海外的影响非常大。布伦戴奇和赛克勒的收藏品中，有不少就出自这里。国外学者对戴家湾青铜器的研究要早于国内，其中日本学者偏重器物的研究，欧美学者则偏重铜器的著录。最早对戴家湾青铜器进行系统研究的是日本学者梅原末治。他在1933年发表了专著《柉禁の考古学の考察》，对现藏美国大都会博物馆的端方旧藏的“柉禁十三器”进行了研究[③]。全书分序说、柉禁诸器的解说上、柉禁诸器的解说下、前人对柉禁性质和年代的认识、对柉禁的新考察和结语六部分。作者从铸造的手法、纹饰和铭文等多个角度进行研究，认为柉禁上所陈列的器物不是同时铸造的，风格特点也不尽相同。它们是后来使用过程中，出于实际的需要而被摆放在了一起。梅原末治运用考古学的方法，对柉禁器组进行逐一的对比研究，通过形制、纹饰、铭文等的细致观察，对器物加以区分，并提出青铜器风格上的不同是由地域间的差异造成的。早在20世纪30年代，中国的学者在青铜器研究方面还未完全脱离金石学的影响，梅原先生对柉禁器组的考古学研究令人耳目一新。

1956年10月，梅原末治在台湾访学的过程中，从高去寻那里得知，民国十七年斗

① 李永迪、岳占伟、刘煜：《从孝民屯东南地出土陶范谈对殷墟青铜器的几点新认识》，《考古》2007年第3期，52～63页。

② 李永迪：The Anyang Foundries： Archaeological Remains, Casting Technology, and Production Organization, Harvard University, 2003：318.

③ 梅原末治：《柉禁の考古学の考察》，东方文化研究所，1933年。

鸡台又出土了与端方旧藏的柉禁十分相似的一组青铜器。在研究后，他于1959年补充发表了《陕西省宝鸡县出土の第二の柉禁》一文①。从梅原末治收集的照片上看，禁面上共放置了11件青铜器，前排有卣2、爵3、尊1、觯1；后排有簋2、斝1、觥1。其中有5件青铜器已经成为世界知名收藏家的藏品，他们分别是告田觥、凤鸟纹方座簋、四耳乳钉纹簋、凤鸟纹卣、兽面纹斝（照片不清，所以该器根据立柱和带有牺首的鋬推断可能为明尼阿波利斯美术学院的一件藏品）。对于前4件器，作者还较为详尽地叙述了藏品的形制纹饰、流传过程和最后的收藏地。1928年，英国学者席润发表了一篇文章，其间谈到端方的柉禁器组是在斗鸡台的一个“土冢”中发现的，梅原末治根据安阳发掘的结果，推测这种说法不是指第一批柉禁，而是指的第二批柉禁器组。另外，梅原末治还推测说柉禁很有可能是来源于木器。

梅原末治认为第二批柉禁，连同端方旧藏的第一批柉禁诸器都是西周时期的产物，是当时青铜器风格特点的典型代表，为古代中国青铜礼器的考古学研究提供了重要的物质资料。实际上，有些器物的年代可以追溯到商代晚期。而且，国内学者的研究表明，第二批柉禁和禁面上摆放的诸多器物之间并没有必然的组合关系，但是梅原末治的考证却为戴家湾青铜器的甄别工作提供了有利的证据。

1989年日本学者武者章发表了题为《先周青铜器试探》一文，他选取了极具特点的斜方格乳钉夔龙纹簋作为先周文化的代表器物，对“先周铜器”进行了有益的探索②。武者章首先收集了出土地点明确的方格乳钉纹簋共计26件，其中包括戴家湾1980年出的一件乳钉纹簋。其次他在对器物的尺寸进行统计后发现，这些青铜簋的大小相近，纹饰结构和风格也一致。时代上与殷墟四期基本平行，且绝大多数都出在以岐山为中心的半径100千米的范围内。据此，武者章推测周原一带在殷墟四期的时候已经形成了以周文王为主体的一个强有力的政治体，他们拥有自己的铸铜作坊和不同于殷商地区的铸铜技术。铸造的这些乳钉纹簋主要用来赏赐给隶属他们的周围各地的诸侯。虽然武者章的这篇文章不是专门讨论戴家湾青铜器的，文中的某些观点也还有待商榷，但是这篇文章对戴家湾青铜器区域风格的研究具有启发性。实际上，仅戴家湾一地就出土了尖刺乳钉纹盆式簋11件，这种形制的青铜簋确实带有浓郁地方特色，这也是本文所要讨论的一个重要内容。

青年学者黄川田修在《论斗鸡台文化铜器群——从社会结构的角度来考察商末至周初渭河流域青铜文化》一文中，提出了不少的假设③。文章首先简要回顾了“先周文化”的研究史，进而提出“先周文化”在命名方式和内涵上都是不准确的，应该

① 梅原末治：《陕西省宝鸡县出土の第二の柉禁》，《东方学纪要》1959年第1期，1～15页。

② 武者章：《先周青铜器试探》，《东洋文化研究所纪要》第109册，平成元年（1989年），155～184页。

③ 黄川田修：《论斗鸡台文化铜器群——从社会结构的角度考察商末至周初渭河流域青铜文化》，2011年“凤鸣岐山——周文化国际学术研讨会”会议发言，文章待刊。

将“殷墟三期至商末周初，在渭河流域所见的本地独特的考古学文化”用“斗鸡台文化”来表示，并将该地出土的青铜器群称为“斗鸡台青铜文化”。其次文章还介绍了武者章先生《先周青铜器试探》一文，并提出了自己的几点假设。黄川先生认为，斗鸡台青铜器群的面貌十分复杂，可以分成如下几种类型：“周王室铸铜作坊”一类产品，以方格乳钉纹鼎、簋等礼器为代表；“周王室铸铜作坊”二类产品，以小刀、戈、斧等武器和车马器为代表。“周系诸侯铸铜作坊”一类产品，以素面的鼎、簋等礼器为代表；“周系诸侯铸铜作坊”二类产品也是一些武器和车马器。其中“周王室铸铜作坊”以武王克商为界限，又可细分为两期。“铸造‘斗鸡台文化’铜器的各地作坊都是不同的邑制国家维持的。……每一个作坊都有相当强的文化传统的独立性”。虽然作者强调文中的一些观点均为假设，但是我们认为，在对“先周文化”的内涵，以及斗鸡台青铜器群的整体风貌都不十分清楚的前提下，对斗鸡台青铜器群从铸造体系、分配方式，甚至各期王室作坊内工匠的构成等都做了如此精确的划分，这种假设的方法显然是不科学的，也是不可取的。

欧美学者对戴家湾铜器群的研究亦多有贡献。

上文所提到的福开森博士对端方所藏柉禁器组进行了考证，他说：“端方所著《陶斋吉金录》于器之形制尺寸记之特详，而于其名物未有详确之记载，犹不免有遗憾焉。兹特不揣简陋，依据实物，徵之礼经，为考证之。”[①]例如，他认为《端方吉金图录》上所画的柉禁器组已非原器出土之位置。据《礼经》及禁面上的痕迹来看，禁上应为1尊2卣，其余器物应该有篚承之。福开森博士于每一器前均引经据典，对器物名称、功用等进行考释，可见其中国传统文化之深厚功底。文中亦有不足之处，如误将天父乙觯释为“子父乙”，和子父乙盉是同时所做；认为妣己觚与妣巳觯（本文称中觯）是同时所做。虽然两件器的受祭者称谓相同，但前者的族徽为“亚冀”，后者的族徽为“中亚址”，二者族属不同，不能混为一谈。

英国学者罗森 · 杰西卡在《赛克勒收藏的西周青铜礼器》一书中，专门辟出一节来介绍宝鸡出土的两组青铜器（分别指1901年端方旧藏和1928年盗掘的两组青铜器）[②]。第一组青铜器共20件，全部收藏于美国大都会博物馆，作者仅简单地进行了描述。第二组青铜器主要依据梅原末治1959年发表的《陕西省宝鸡县出土の第二の柉禁》一文中所提供的照片，介绍的器物有四耳簋（弗利尔美术馆藏）、凤鸟纹方座簋（赛克勒博物馆藏）、凤鸟纹卣（波士顿美术馆藏）、告田觥（哥本哈根国立博物馆藏）、铜斝、爵、尊、觯等。作者在小节中谈道：这两组青铜器中有些可能是在河南铸造，但是一些有特色的青铜器，如带有牛头装饰的四耳簋、凤鸟纹卣等，不具有安阳青铜器的特点，它们是西周早期的工匠借鉴了商代南方青铜器的艺术风格。结论是

① 福开森：《陶斋旧藏古酒器考》，《学衡》民国十五年（1926年）第51期，121页。

② Rawson J. Western Zhou Ritual Bronzes from the Arthur M. Sackler Collections, Volume Ⅱ B, Harvard University Press, 1990：155-160.

否正确，我们不做讨论。罗森·杰西卡这篇文章可取之处在于，她不仅对1928年盗掘后流入美国的这些青铜器做了描述，标明了收藏地点，而且对纹饰形制较为特殊的青铜器进行了收集，如与凤鸟纹方座簋上纹饰相似的两件凤鸟纹觥，一件藏普林斯顿大学艺术博物馆，一件为布伦戴奇收藏。作者认为这种鸟纹不具有商代青铜器纹饰的特点，而与陕西或西周的传统有关。梅原末治认为布伦戴奇收藏的凤鸟纹觥和宝鸡所出第二组柉禁有关，因此很多学者认定它出自戴家湾遗址，这是没有问题的。但是普林斯顿大学收藏的凤鸟纹觥与布伦戴奇藏品形制、大小、纹饰基本相同（细微的差别在于前者觥盖上的兽首张口，而后者则是闭口的），铭文互有关联，似为成对铸造。因此，我们推测这件器也很有可能在更早的时候出自戴家湾遗址。与波士顿藏凤鸟纹卣相似的青铜卣还分别见于弗利尔美术馆、上海博物馆等共4件。与之纹饰风格相近的还有哈佛大学艺术博物馆收藏的一件方彝。从这些独特的纹饰入手，对于寻找戴家湾失落的青铜器极有帮助。另外，她将戴家湾出土的这些青铜器与弜国墓地纸坊头所出青铜器做了很好的对比，扩展了研究的范围。例如，通过对比可以看出，戴家湾出土的方座簋与弜国墓地纸坊头出土的方座簋风格是不一样的，后者以兽面纹为主，且方座的四隅有凸起的牛角，立体感强。戴家湾出土的四耳簋与纸坊头出土的四耳簋风格相似等。纸坊头墓地与戴家湾遗址同处于渭水北岸，相距不远。青铜器间的这些对比研究，将有助于判断戴家湾遗址的性质，可能和早期的弜国一样都是小方国，他们之间相互影响，相互交流，但是又保留了各自独有的文化特征。

艾弗里·布伦戴奇生于1887年，1952年起任国际奥林匹克运动委员会主席，长达20年之久。他的另一大爱好就是收藏中国的艺术品，是美国著名的收藏家之一。他收藏的青铜器约600余件，其中仅殷周时期的青铜礼器就多达250多件。布伦戴奇去世后，为了纪念他，旧金山亚洲博物馆馆长德阿吉斯编写了《布伦戴奇收藏的中国青铜器》一书，收录的都是布伦戴奇收藏的殷周青铜器精品①。虽然没有关于戴家湾铜器的专门论述，但是却可以找到戴家湾出土的一些有名的青铜器照片，文字部分有关于青铜器出土地点的说明、年代的判断、纹饰细部的描述等内容，与以上著作相比，研究价值不高，仅是一般的青铜器著录书籍。

综上所述，前人的研究成果不仅为我们提供了最基本的青铜器资料，而且也带来了许多新的课题：如青铜器的分期、族属、区域特点等。由于戴家湾铜器流失严重、资料分散等客观原因，对于戴家湾铜器群的综合研究还很薄弱。本书将在国内外学者研究的基础上，尝试运用考古类型学和文化因素分析的方法，尽可能全面、深入地对戴家湾青铜器进行整理和分析。戴家湾铜器群的综合研究不仅有助于促进青铜器的区系研究，而且对探讨商末周初之际，宝鸡地区周与商及其他各族及方国的关系具有一定的意义。

---

① Rene-Yvon Lefebvre d’Argence：Bronze Vessels of Ancient China in The Avery Brundage Collection, Asian Art Museum of San Francisco, 1977.

第二章　戴家湾铜器群的推定

第一节　党毓琨盗宝的起因和经过

党毓琨，陕西富平人，又称“党拐子”。关于这个外号的来历有两种说法。据刘明科先生说，党毓琨年轻时曾混迹于东府大刀客杨生娃手下，在械斗时伤及右股，成了“拐子”。罗宏才先生认为其是在民国初年抗击陈树藩部刘世珑围剿过程中，右股受伤的。自此之后，老百姓就称其为“党拐子”了，真名反而很少有人提及。关于他名字的写法有“党玉昆、党玉琨、党雨昆、党毓琨、党毓昆”等多种，所指均为一人。本书参考《宝鸡文史资料》和《宝鸡县文史资料》中的相关记载，将其名字确定为“党毓琨”三字。

民国六年（1917年）下半年，党毓琨率部投奔到靖国军郭坚旗下。郭坚给其排长之职，驻城内随时听候调遣。民国十年（1921年），郭坚被冯玉祥诱至西安后杀害，党毓琨曾率领残部驻扎在醴泉县，后又盘踞凤翔。《宝鸡乡土志》记：“（民国）十五年（1926年），匪军党拐子踞凤翔，其部下贺玉堂来宝鸡屯兵三载。”赵丰老人是凤翔人，曾在党毓琨的二太太张彩霞处当师爷，负责保护其公馆内囤积的文物和军火。据他回忆，此次党毓琨驻凤翔后，“即大肆横征暴敛，命令其爪牙巧立名目，开设以常茂斋为经理的宝兴隆过载行，以其岳父马应珍为经理的宝兴成钱庄，购买武器、屯粮买马。又以古董家张九大事搜集文物古董，发掘古墓，收集周鼎、商彝、金石佛像等件珍品，什袭而藏者，约数百件”[①]。党毓琨曾说：“古董为天下之宝，以之馈赠，可以讨对方欢心，以之出售，可换回枪支弹药”，由此可以看出其对古董的重视程度，这也是他千方百计搜罗古玩珍品的主要原因。但是，就这段话的背景而言，各家说法是不一致的。李先登先生认为：“党毓琨年轻时曾在北京古玩店当学徒，知道文物的贵重。”[②]罗宏才先生调查后认为：党毓琨出身贫寒，20岁之前未去过西安，终其一生也没有出过陕西，说他在古玩店当学徒与事实不符。他对文物的鉴赏是受到了民初关中奇士武观石的影响和熏陶[③]。武观石是党毓琨的同乡，据说此人知识渊博，

---

① 赵丰（口述）、张儒生（整理）：《我所知道的郭坚、党毓昆在凤翔的情况》，《凤翔文史资料选辑》第1辑，1984年，87页。

② 李先登：《西周夔纹铜禁出土情况与流传经历》，《考古与文物》1982年第6期，1页。

③ 罗宏才：《党毓昆西府盗宝记》，《文博》1997年第4期，83页。

对书画、碑碣、金石等古物的鉴别能力极强，在当地很有影响。刘明科先生综合了以上两种说法，认为党毓琨早年曾在古玩店当过学徒，后受武观石的影响，并逐步掌握了一些识别古玩真伪的技巧[①]。王光永先生认为："党毓琨因早在西安和古董商常有往来，知道古董能卖大价钱，所以平时对古董特别留意，连极残破的器物，都爱不释手……他曾经得到过三件珍贵文物，有卣、簋、爵，均有铭文。后来他送给河南省南阳某军阀（名字不详），该军阀回送他一万发子弹，两挺机枪，三支手枪。党欣喜若狂。此后，他对文物之盗掘，更是竭尽全力，无所不用其极。"[②]夏鼐先生曾在日记中写道："西北文物清理队郑郁文从前为古董商，1927年党玉琨掘宝鸡戴家沟，彼曾参加，大谈当时情况，颇有趣。据云党为土匪出身，匪帮中有一同伙，当过北京古董铺学徒，故叫党玉琨收罗古董，可以换取金钱及军火。"[③]（附录四）不论上述哪种说法与事实更接近，党毓琨对文物狂热的追逐，是戴家湾青铜器及其他珍品蒙受劫难的主要原因。

戴家湾依山傍水，地理位置优越，一直以来秦冢汉茔、官播私墓数不胜数。千余年来，由于自然因素，如河水冲刷、黄土沉陷等都使戴家湾地区的地貌发生了很大的改变。"在历史上戴家湾台地曾发生过较大的位移，其运动方向是由西向东水平位移，移动距离在百米以上。这次位移造成刘家沟、戴家沟、杨家沟及无名小沟都发生上下游位置错动现象，并且在断裂处产生横沟。"[④]地貌的改变使很多原本深埋在地下的墓葬都暴露在沟边两侧，或地表附近。从清代晚期开始，这里就经常有青铜器出土了（如柉禁十三器等）。特别是雨后，墓里的陪葬品更容易出现在沟旁的断崖或阶地的断壁上，一时间这里出"宝"的事情就传扬出去了。党毓琨早就对戴家湾一带觊觎已久，他曾多次和自己的幕僚、驻守在虢镇的范春芳商议过挖宝的事情。真正使党毓琨将盗宝行动付诸实施与一个叫杨万胜的人有莫大的关系[⑤]。杨万胜是戴家湾地区的一名乡绅，因私自加派大烟税款，激起了当地农民的强烈不满，他们联合起来要去告发他。杨万胜为了开脱罪责，寻找靠山，就请求党毓琨的手下张志贤代为求情。得知党毓琨喜好古董后，他就向张志贤透漏"戴家湾村后大沟里，靠崖处有几个洞，洞里有古董，村里人常挖取卖钱"，还信誓旦旦地说："只要动动锄头，就能挖出一堆来，

---

① 刘明科：《党玉琨盗掘斗鸡台（戴家湾）文物的调查报告》，《宝鸡考古撷萃》，三秦出版社，2006年，18页。

② 王光永：《党毓琨盗宝始末》，《宝鸡文史资料》第1辑，95页。

③ 夏鼐先生的日记时为1954年10月24日，其中保存有郑郁文参与党毓琨盗掘活动的口述资料。该篇日记由王世民先生提供。

④ 梁晓青：《戴家湾遗址地貌环境变迁的考古学探讨》，《考古与文物》2000年第2期，68页。

⑤ 刘明科：《党玉琨盗掘斗鸡台（戴家湾）文物的调查报告》，《宝鸡考古撷萃》，三秦出版社，2006年，19页；王光永：《党毓琨盗宝始末》，《宝鸡文史资料》第1辑，96、97页；冯忠铃、王聘三：《党毓琨戴家湾盗宝记》，《宝鸡县文史资料选辑》第7辑，1989年，148页。

卖个几十几百白洋是平常事。”党毓琨听后很高兴，立刻亲临视察，盗掘的序幕很快拉开了。

关于盗掘的时间，主要有以下两种说法：以李先登先生为代表的一部分学者认为，盗掘从1925年11月开始，至1926年7月结束①；以王光永先生为代表的部分学者认为盗掘的时间从1927年秋至1928年春②。2007年年底，在与李先登先生交谈时，他表示不同意盗掘结束于1928年春的主要原因是自1928年初夏开始，凤翔就被宋哲元领导的国民革命军第十一师包围了，因此该时间段不合情理。但是笔者认为盗掘时间从1927年秋至1928年春是比较合理的。如果党毓琨盗掘从1925年11月至1926年7月，那么他有两年的时间可以用来处理所盗的文物。以他和古玩商们的关系，以及盗掘文物的目的，断不至于将大批的文物搁置这么长的时间，恐早就换成枪支弹药了。

“1927年秋至1928年春之间，军阀党毓琨组织的大规模盗掘活动在戴家沟两侧全面展开，挖宝的地点在戴家沟以东的坡地上。”③这次盗掘的特点是：时间长、规模大、范围广、“专业”性强。他们从西安请来了古董商做技术指导，并有专人进行器物登记和分类，最后还要清洗和照相。王光永、冯忠铃和王聘三等先生在文章中谈道：党毓琨曾任命凤翔宝兴成银号的经理范春芳为挖宝总负责人，命其卫士班长马成龙（外号大牙）为总监工，白文轩（宝鸡市八鱼镇人）为副监工，又聘古董商郑郁文（人称挖宝先生，其父亲为古董商，曾与党毓琨有交往。新中国成立后郑郁文在陕西省博物馆工作）为秘书，盗墓贼董玉泉（千河人）、张老九负责确定古墓方向，组成了挖宝机构。范春芳等领命后，即召集桥镇、贾村、蟠龙、陈仓、长寿、陵原等80多个自然村的村长议定：千河以西各区、里、村摊派600民夫，轮流出工。人数最多时达1000余人。从挖宝机构人员的设立和动用民工的人数来看，戴家湾地区的古墓不仅被洗劫一空，而且破坏程度相当严重。

开工的第一天即挖出几件汉器，有陶灶、铜镜、铜钫等。第三天又挖出几件器物，马成龙等人说是香筒，经郑郁文鉴定是觯。就在这一坑又挖出了一件鼎（有铭），一件彝（即簋）和几件残破器物，另外还有戈、铜泡等。挖出的第一批器物由张浦亲自送到凤翔。之后，还在一个坑内挖出了一个大鼎（毛伯鼎），内放小羊羔一

---

① 李先登：《西周夔纹铜禁出土情况与流传经历》，《考古与文物》1982年第6期，1页；蒋伟国：《党玉琨盗宝与西周夔纹铜禁的流传》，《民国春秋》1995年第1期，39页；王兆麟：《斗鸡台文物流失海外》，《侨园》1995年第4期，37页。

② 王光永：《党毓琨盗宝始末》，《宝鸡文史资料》第1辑，101页；冯忠铃、王聘三：《党毓琨戴家湾盗宝记》，《宝鸡县文史资料选辑》第7辑，1989年，149页；高次若、刘明科、李逢春：《斗鸡台盗宝案始末》，《文史精华》1997年第9期，62页；罗宏才：《党毓昆西府盗宝记》（续），《文博》1997年第5期，84～87、93页。

③ 刘明科：《党玉琨盗掘斗鸡台（戴家湾）文物的调查报告》，《宝鸡考古撷萃》，三秦出版社，2006年，20页。

个，皮肉已经腐烂，依稀可见黑毛，骨架完好。约11月上旬，挖出了一个带有壁画的大墓，这也是墓葬中出土器物最多的一个。12月挖出一车马坑，有完整的马骨架和车马饰多件。苏秉琦先生在后来的发掘报告中曾描述："陕西地上，如仰韶期之红陶，灰陶，虽不少概见，而带色陶片，在考察范围之内，尚不多有，而斗鸡台则因前数年党玉琨之发掘毁弃，地面上石器碎块，带色陶片，却时时可遇。……我们由地表考察，此沟的东坡崖下，确有很大的一块阶梯形地，显然类似由于大规模的翻掘所致。可知'禁'出于此地的传说，相当可靠。"[①]苏先生的这段话真实地反映出了戴家湾遗址在经历了灭顶之灾后的惨状。

党毓琨的盗掘活动持续了8个多月，综合各家对其盗掘"成果"的研究来看，经郑郁文先生后来证实，当时发掘的古墓有50多座，铜、玉器1500余件。除墓葬外，还发掘有车马坑、祭祀坑等。其中一座周代圆形壁画墓，形制最为罕见。据罗宏才先生讲述，大墓位于车马坑和祭祀坑之间，墓顶为穹隆状，墓室长、宽各在10米左右，陪葬品十分丰富。最大的一件青铜禁就出自墓室南部，墓室东侧的壁龛内还出土青铜车辇一副。另外，墓室内还有壁画和壁塑。王光永先生对壁画的描述是："画面分为两部分。第一部分画的是：在连绵重叠的大山脚下，有一群羊，在大路旁边放有陶鬲、陶罐；第二部分为一群牛，牛有卧有立，牛群中似有一人（剥落不清）。山都画成整齐大小的三角形。牛羊身体各部也不甚成比例，粗有轮廓，形象不准。唯头部栩栩如生，惟妙惟肖，眼睛极为有神。画由朱红色绘成，虽多处脱落，大体完好。"[②]关于壁塑，罗宏才先生引郑郁文先生的回忆说："其法是将水牛角劈成四片插入壁中，再用竹根横绑成骨架格子，以生丝编缚。继之于骨架上用灰漆涂抹成凸出墓壁的悬塑。这些壁塑内容可分为宫殿、楼阙、厅房院落以及车马出行与人物故事。"

根据当事人的回忆可知该墓有以下几个特点：①带有穹隆顶的墓葬与传统的"不封不树"的商周墓葬不同；②墓室内有壁龛，与一般的西周早期土坑竖穴，带二层台的贵族墓不同；③墓室内的壁画和壁塑不见于商代墓葬。据罗宏才先生考证，这种装饰手法可能被运用在扶风召陈遗址和杨家堡周墓中；④该墓出土的青铜器数量最多。从刘明科先生引用当年马午樵的记录看："这座墓被编号为十六坑（墓），为六鼎三簋的墓。出土鼎6、簋3、鬲4、甗2、尊1、爵2、觚1、卣2、方彝1、觯1、盉1、盘2、禁2、铃9、大刀1，共计38件。另外戈、矛等兵器和玉器未计算在内。著名的塱方鼎就出在这里。"[③]从另外一位记录员杨紫梁的记录看，该墓出土了七鼎四簋，两个记录员的记录略有不同，但是可以肯定的是该墓是戴家湾墓地中发现器物最多的一座。

---

① 苏秉琦：《斗鸡台沟东区墓葬》，1948年，10、11页。

② 王光永：《党毓琨盗宝始末》，《宝鸡文史资料》第1辑，99、100页。

③ 刘明科：《党毓琨盗掘斗鸡台（戴家湾）文物的调查报告》，《宝鸡考古撷萃》，三秦出版社，2006年，22页。

第二节　青铜器及其相关资料的流传过程

戴家湾铜器的流传过程以刘明科和高次若的调查最为细致。他们从20世纪80年代就开始着手搜集有关戴家湾青铜器的资料，并多次走访戴家湾村及附近各村曾参与过盗掘活动的当事人，了解盗掘的经过，核实出土的器物。例如，戴家湾村村民戴宏杰老人，不仅经历了党毓琨的盗掘，还参加了苏秉琦先生后来的发掘工作，是民工中的技术骨干，对盗掘过程记得比较清楚。另外，刘明科和高次若还多次到西安拜访刘安国先生、郑郁文先生等，详细了解宝物抵达西安后的一些情况，并继续调查青铜器的流向。如今这些老人均已作古，那些调查资料就尤为珍贵了，它为我们继续追踪青铜器的流向提供了重要的线索。据刘明科先生介绍：党毓琨在将文物挖出后，暂时寄存在杨万胜家中。后陆续运回驻防司令部所在地——凤翔周家大院。虽然有专人看管，但是偷盗、抢劫还是时有发生。一次，因挖出的宝物被土匪抢劫，好多人因此被怀疑，还差点丢了性命。杨万胜家中有个雇工叫杨冬满，他也曾经将挖出的宝物送到过杨万胜家。后来这些东西被一个叫杨根深的人半夜偷走了，杨冬满因此被党拐子的手下怀疑，他们甚至将他活埋。幸亏杨冬满的哥哥及时赶到，才将他救了出来，幸免一死①。由于当时时局动荡，军阀纷争，为了保全自己的势力，党毓琨听从参谋长曹耀南的建议，与远在河南南阳的岳维峻拉关系。他让郑郁文从挖出的宝物中挑选出鼎、簋、卣、斝各1件，并附信送给岳维峻。岳维峻收到后，立刻派手下送来各式机关枪几十挺和子弹若干，南阳丝绸10匹，还亲笔回信，告知党毓琨要死守凤翔②。

除了被抢、被盗和用来拉拢关系送出去一部分青铜器外，党毓琨的家眷们为了争抢古物也是搞得鸡犬不宁。先是党毓琨的三姨太与其父串通，收买了当时负责盗宝的刘差官长，将4件青铜器（1卣、2鼎、1觚）装入木箱，偷运至娘家藏匿。这件事后被党毓琨知道，除刘差官长受到责罚外，党毓琨还派人将偷运的古物全部追缴回来。党毓琨的二姨太张彩霞也非等闲之辈，她到周公馆大闹一通，逼迫党毓琨给了她一些古物。据说她将这些东西分别埋藏在高陵、富平等地。宋哲元破城后，张彩霞被俘。宋哲元对其进行了逼问，在确认已掌握全部藏宝地点后，以盗挖圣贤坟茔等罪将其枪毙。另外，党毓琨还曾将一些器物分赠给自己的亲朋好友。如多年后，党毓琨的养子

---

① 刘明科：《党毓琨盗掘斗鸡台（戴家湾）文物的调查报告》，《宝鸡考古撷萃》，三秦出版社，2006年，27页。

② 罗宏才：《党毓昆西府盗宝记》（续三），《文博》1997年第6期，85、86页；王光永先生在《党毓琨盗宝始末》中认为党毓琨送给南阳某军阀（名字不详）卣、簋、爵等，并换回了枪弹，这件事发生在大规模盗掘活动之前。罗宏才和刘明科先生认为是在盗掘活动发生之后。本书从后者的观点。

将一件青铜匜卖给了叫胡景铨的人。新中国成立后，党毓琨的表弟将一件灯具和部分玉器卖给了古董商。妻妾和亲友们的争抢也令党毓琨头疼不已，他一方面积极寻求买主，另一方面与贺春轩密谋，将一些精致的器物埋藏在凤翔某处。贺春轩在新中国成立后回忆说，埋藏是在一个大雪纷飞的深夜秘密进行的。参与者仅党、贺两人和一名贴身侍卫。埋藏地点定在一个空院落的防空洞内。该洞漫道长约百米，顺道而下于最深处的墙壁上再凿有一暗洞，所埋的是最大的青铜禁上摆放的一组器物。次日，党毓琨命军士将防空洞用土填埋。宋哲元攻城后，曾派人四处寻觅这些东西，并盲目地进行挖掘，最后草草收场[①]。这个所谓的藏宝地点是否真的存在，如果存在是否已经被发现，还是依旧深埋于地下，这一个个谜团恐怕早已淹没在历史的烟云中了。除了以上人等，全国各地的古董商也将目光放在了凤翔，如西安的苏少山、上海的钱锦涛等，最终是否成交就不得而知了。

虽然从挖宝伊始，铜器就开始陆续流散了，但是本书认为戴家湾铜器群真正意义上的大宗流失是在凤翔城被攻破之后。盗掘行动约在1928年春天结束，6月，陕西省原主席兼二十九军军长宋哲元就已经亲率两个师围剿党毓琨了。这也是大部分青铜器还滞留在城中的主要原因。原国民革命军第二集团军第十三军参谋处见习参谋张式仁先生在回忆录中说：凤翔城易守难攻，经过月余时间，依然没有攻破。当时十三军奉命调往汉中，路经凤翔，宋哲元同军长张维玺商议，共同攻城。由于凤翔县城异常坚固，曲射迫击炮不起作用，于是就采用挖地洞埋雷的方式。由天主堂院东边开始，日夜不停，经过两个多星期地洞挖成。用棺材装好炸药，置于城墙下。8月25日拂晓，攻城正式开始。他们先用炸药将城墙炸开，然后奋勇队、手枪队陆续进城。激战至上午10时，匪军弹尽缴械。党毓琨在逃跑时被乱枪打死在南城壕里（一说自己服毒自尽）。党毓琨的妻妾被解往西安，以追缴党毓琨在宝鸡戴家湾挖出的古物，其余家眷和3岁左右的儿子均被枪杀。同时他们还查获党毓琨在周姓家大房内放置的大烟、银元等。攻城后，宋哲元抢先占领了存放宝物最多的周公馆，引起了张维玺的不满。他派人抢占了党毓琨的司令部仓库，也控制一部分珍宝和烟土、银元等。张维玺将所得横财命辎重兵秘密驮运回山东老家。不想被宋哲元察觉，告到冯玉祥那里。在张维玺的车队行抵潼关时，被驻在华山的总司令冯玉祥挡回，财物充公。张维玺还受到了处罚[②]。

围剿结束后，宋哲元把所获的部分文物在凤翔新城四面亭内展览了一天，随后军法处长肖振瀛率兵，动用近百辆汽车、骡马车装载古物、银元、烟土等返回西安。宋

① 罗宏才：《党毓昆西府盗宝记》（续三），《文博》1997年第6期，86、87、89页；又见刘明科：《党毓琨盗掘斗鸡台（戴家湾）文物的调查报告》，《宝鸡考古撷萃》，三秦出版社，2006年，29、30页。

② 张式仁：《消灭凤翔匪军党毓琨见闻》，《宝鸡县文史资料选辑》第4辑，1986年，61～63页。

哲元在向报界介绍凤翔的战事情况后说："另缴获党拐子银元、烟土颇多，其中古物约计40余件。此40余件古物，大多数均为铜器，现存省政府，编号封存，拟以半数送中央，半数保存西安。"[①]宋哲元的不实言论立刻引起了外界强烈的不满，各大报纸登文谴责宋哲元。戴家湾青铜器自此开始名声大振。宋哲元虽然可以蒙蔽外界，却很难瞒过自己的上司和僚属。为了息事宁人，他先后将一些器物送给了冯玉祥、肖振瀛、陈毓耀、张维藩等人[②]。新中国成立后冯玉祥的夫人李德全捐献给北京故宫博物院的一件[illegible]鼎就是其中的一件。

据罗宏才先生调查，党毓琨在西安还有一个办事处，位于西大街。党毓琨的二太太张彩霞被抓后，并没有供出这一地点。当时的经理叫王作宾，他看到宋哲元派人四处追查党毓琨的资产，就转移财物、关闭商号，自己也躲藏起来。张彩霞被处死后，王作宾念及旧情，写信给党毓琨的侄子党伯平（曾随吕勇芳出关，任吕部营长，居汉口），请他速回西安处理后事。党伯平到西安后与王作宾一起商议，准备将张彩霞的棺木运回富平老家，同时将原商号的所有财物都装箱封存，一并运回。这批财物几经转移，现下落不明。

据刘明科先生的调查："党毓琨所盗斗鸡台戴家沟之文物虽然经过的人手和流传的渠道很多，但最终的结果表明，经过党毓琨-宋哲元-肖振瀛这条线和斗鸡台-凤翔-西安-天津这条路，把大部分珍贵文物都卖到了海外，主要是日本、美国和英国。"[③]宋哲元将抢占的古物运抵天津后，存放于英租界内，一场紧张而秘密的售卖活动开始了。"据与天津古玩商熟悉的阎甘园以及时在天津售卖古玩的郑鹤舫（郑郁文之父）等人回忆，这批古物在天津英租界内经肖振瀛之手先让日本山中商会挑选购买。接着上海卢吴古玩公司吴启周，美国纽约古玩商人戴运斋姚叔来等亦纷纷出马，大肆套购，然后辗转倒卖，致其很快星云流散，今分藏于海外各大博物馆及富商大亨手中，造成了无法弥补的损失。"[④]肖振瀛没有卖掉的铜器还是存放在宋哲元家中。1940年3月，宋哲元离开天津到其夫人常淑青的家乡四川绵阳养病，于当年的4月5日逝世，终年56岁。1941年，日军发动太平洋战争之后不久，就占领了天津的英租界。由于宋哲元曾率部痛击过日本人，为了报复，日本人就查抄了宋哲元在英租界的家，并将包括夔纹铜禁在内的剩余文物带走。为了不让这些珍贵的文物落到日本人手中，宋哲元的三弟宋慧泉先生想尽办法，用托人送礼、请客等诸多办法才要回了一部分。新中国成立后，宋的两个妻子分家，青铜禁及其他一些文物归小老婆王玉荣所有。1968年，因

---

① 罗宏才：《党毓昆西府盗宝记》（续三），《文博》1997年第6期，88页；刘明科：《党毓琨盗掘斗鸡台（戴家湾）文物的调查报告》，《宝鸡考古撷萃》，三秦出版社，2006年，31、32页。

② 罗宏才：《党毓昆西府盗宝记》（续三），《文博》1997年第6期，90页。

③ 刘明科：《党玉琨盗掘斗鸡台（戴家湾）文物的调查报告》，《宝鸡考古撷萃》，三秦出版社，2006年，28页。

④ 罗宏才：《党毓昆西府盗宝记》（续三），《文博》1997年第6期，91页。

家务纷争，这件珍贵的西周青铜禁被打碎。后天津市文物清理小组接收了破碎的青铜禁以及铜鼎、铜盉各一件，并请故宫博物院的老师傅们进行了修复。至此这些隐藏了40多年的国宝又一次重见天日。

通过以上的介绍，结合其他学者的研究成果，现将党毓琨盗掘后青铜器流传的主要过程表示如下（图2-1）。

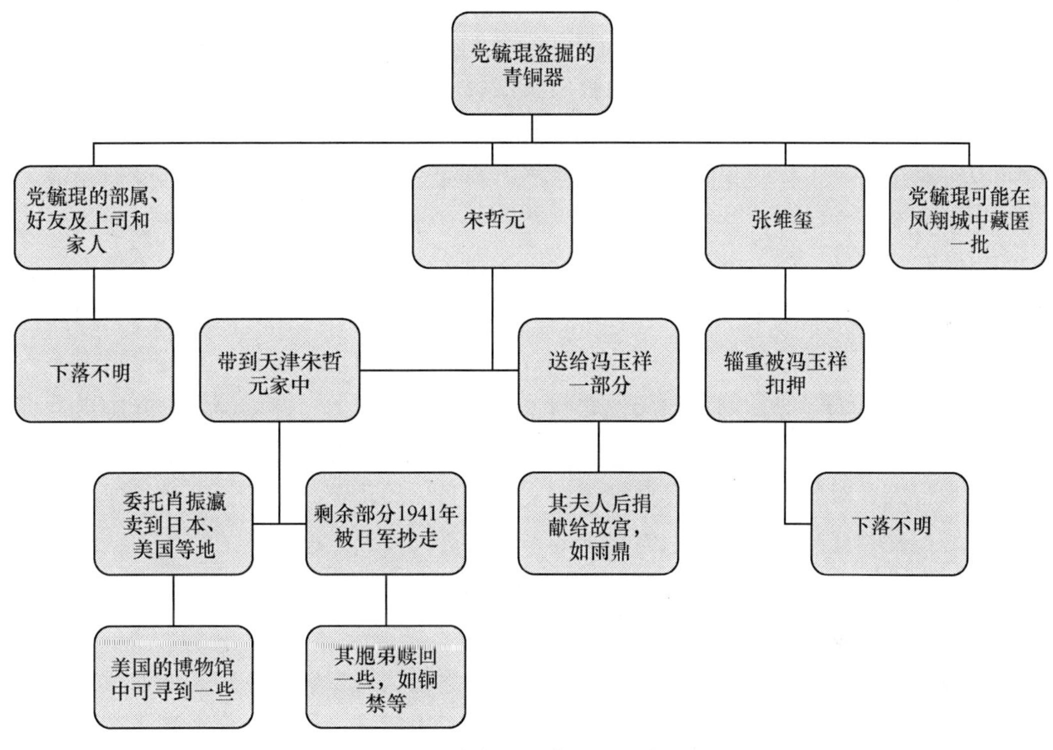

图2-1　青铜器流传经过示意图

通过图2-1可以很清楚地看到党毓琨所盗青铜器的大部分精品都被宋哲元抢占，其余下落不明。经罗宏才先生考证，戴家湾青铜器出土后，为了交易方便，党毓琨曾接受郑郁文的建议将青铜器群中精华者在凤翔唯一的一家照相馆拍照，每器均放大成一尺二寸，并用毛笔书写器名。对于有铭青铜器，也临摹后进行了拍照和放大。照片洗印后，除了交给党毓琨一套外，其余数套分别为临摹铭文的副官和郑郁文等人所持。这大概是戴家湾青铜器保存的最早的影像记录了。凤翔城破后，党毓琨和副官所持的照片均下落不明，郑郁文的照片则保留到1928年10月左右，驻凤翔的赵登禹为搜寻党毓琨所藏古物，在缉拿郑郁文时最终还是被焚毁。宋哲元在将文物送到西安后，请当时西安最有名的照相师为这批文物照了相，并再三嘱咐他不得向外泄漏任何秘密。罗宏才先生认为这与某些文章中所记述的“文物抵达西安后，先在芦真照相馆对所有文物一一照相”的说法[①]是不相符的。这些古物究竟在什么地方照相已经不重要了，重要的是它们再一次被留下了宝贵的影像资料。刘安国先生在《雍宝铜器小群图说长编》的后记中提到“侧闻北京有单位出售此拓片与照片者，我亦未过问”。因此，这些流传出去的照片应该不只一套。

宋哲元撤离西安之际，将五大本文物相册弃之于道旁，后被西安北郊一进城卖菜的农民捡到，该农民将其带到钟楼北王至善（刘明科文中为王子善）古玩店求售，但是王嫌要价太高，就将其推转至南院门的古玩店。当时，西安中山中学教师刘安国刚好路过，翻看了一下，对其中的恐龙蛋化石印象很深。这期间有个小小的插曲。宋哲元攻占凤翔之后，为防止党毓琨的余孽将古物偷运出去，遂命各部严守交通要道。北京大学的李石之一行曾在潼关被扣押，经再三交涉才得以放行。但是李石之随身携带的恐龙蛋化石被没收。刘安国和李石之当年同在北京求学，因此知道这段事，并且由此认定这些照片应该十分珍贵。王至善的儿子在中山中学上学，因此，刘安国又让他打听这些照片是否售出，得知照片还在，就托王至善介绍，以80万元的价钱买下。1945年，刘安国请书法家刘自椟先生题写《右辅瓌宝留珍》，并请薛崇勋先生进行辨识。据刘明科先生说，薛崇勋当年受宋哲元邀请对这批文物进行过鉴定，还临时打了一些拓片，因此对当年党毓琨盗掘戴家湾文物的照片的认定起着至关重要的作用。这些照片和拓片相互补充，使戴家湾出土的青铜器资料得到了进一步的完善。1954年，根据薛崇勋先生的建议，刘安国先生将五本文物照片册中的部分青铜器择出，撰成《雍宝铜器小群图说长编》，并油印成册。

在台湾和美国等地可能还保留有一部分照片资料。根据梅原先生《陕西省宝鸡县出土の第二の柉禁》一文中的介绍可知，早在1937年之前，就有一个美国人在征得当时国立中央研究院历史语言研究所傅斯年所长的同意后，翻拍了一些有关斗鸡台盗掘品的照片。梅原所看到的照片是在高去寻先生的帮助下，从已故的梁思永先生的遗物中找到的。此后，美国的一些学者在研究时多参考梅原的文章，照片也用的是这一部分。胡厚宣先生在《关于“西周夔纹铜禁”问题》一文中所用照片也是出自梁思永先生的遗物。这些来自我国台湾地区或美国的照片资料是何时何地所照，现在又流落到了什么地方，都已经没有办法说清楚了。

---

① 李先登：《西周夔纹铜禁出土情况与流传经历》，《考古与文物》1982年第6期，2页。李先登先生认为宋哲元在攻陷凤翔后，将盗掘的文物运到西安后就在芦真照相馆拍了照。罗宏才先生认为宋哲元在胜利班师回省后，迫于舆论的压力，不得已才将这些文物送去拍照的，照相的师傅老黄是专门聘请的，并非在芦真照相馆。

第三节　戴家湾铜器群的推定

宝鸡青铜器博物院资料室保存的戴家湾青铜器照片由唐复年先生提供。其最初的来源是刘安国先生购买的这五本青铜器相册，再向前追溯，则是宋哲元将文物送到西安后所拍。这些照片共143张，包括铜器和铭文两部分，其中铜器照片121张，拓片照片22张。器物有独照，也有几件合照的，大多数为商周时期，亦有少部分为秦汉时期的青铜器。除此之外还有兵器、铠甲、铜泡等物。照片因拍摄的年代很早，再加上数次翻拍，所以普遍不清晰。只能看到器物的轮廓和大概的纹饰。铜器照片中有个别重复，铭文照片因拓本质量不高，所以更不清楚。刘明科先生提供的照片共计173张（仅指1928年盗掘的那批青铜器），多出的52张中包括了原照片中所遗漏的鼎、簋、盘等，经刘明科先生通过其他途径核查后补进去的，另外多出来的照片是他将一些合照的器物在电脑中切割开来并重新进行修正的。

本书所研究的戴家湾铜器群主要包括1901年端方的收藏，1928年党毓琨的盗掘，1930年斗鸡台沟东区墓葬的发掘品以及1980年施工中发现的几件青铜器。收集工作分三步：

（1）主体部分以《长编》、笔记、《报告A》和《报告B》四本资料为研究基础，对戴家湾铜器的整体面貌有所了解。

（2）在国内外的青铜器图录中凡注明出自该地的均予以收录。例如，端方的《陶斋吉金录》、陈梦家先生的《美集录》、陈佩芬先生的《夏商周青铜器研究》、罗森夫人的《赛克勒收藏的西周青铜礼器》等，是对刘安国先生所获青铜器照片的一个很好的补充。

（3）对于国内外青铜器图录或收藏在国外博物馆中未标出明确出处的青铜器，经论证后有可能出自该地的也补录在内。

整理后的铜器共172件（附录五），其中炊食器83件：鼎35、甗5、鬲4、簋29、豆4、匕6；酒器56件：尊6、卣11、觥3、方彝2、罍2、斝2、觚1、爵9、觯11、角2、禁2、斗5；水器6件：盘3、盉2、盂1；兵器27件：异形器1、戈21、戟3、剑2。以上统计数据并不完整，有以下两点需要补充说明。

（1）根据诸多学者的研究，青铜禁实际上出土了4件，其中1901年1件现藏美国大都会博物馆，1928年出土3件，其中1件现藏天津博物馆，另外两件下落不明。编钟出土了13件（年代不详），最大者高约65厘米，最小者高约35厘米，均有铭文[①]。遗憾的

① 刘明科：《党玉琨盗掘斗鸡台（戴家湾）文物的调查报告》，《宝鸡考古撷萃》，三秦出版社，2006年，60页。由于没有铭文的拓片和相关记录，因此刘明科先生也没有将其纳入统一的编号，仅在文后做了说明。

是剩余的两件铜禁和13件编钟既没有尺寸说明，也不见影像图录或铭文拓片，无法进行对比研究，因此本书没有收录。

（2）戴家湾遗址出土的车马器如毂、軎、銮铃、当卢、铜泡，工具如青铜斧等数量虽然很多，但器物的形制由于照片模糊而辨认不清。因此本书的研究重点是炊食器、酒器、水器和部分兵器。

如果单从数量上看，戴家湾遗址出土的青铜器大致在1600件①，本书收集的容器仅有145件，约占9%，二者比例悬殊。那么这不到10%的器物能否反映戴家湾青铜器的风貌？这是进行综合研究前必须考虑的一个问题。

就宝鸡市区而言，从时代、遗址的规模和出土青铜器的数量上看，䲨国墓地与戴家湾遗址最为接近。䲨国墓地包括纸坊头、竹园沟和茹家庄三处墓葬群，以竹园沟墓群保存较为完整。自1976年至20世纪80年代初，竹园沟地区发掘西周墓葬22座，马坑3座。墓葬中共出土铜器1506件30组：其中青铜礼、乐器102件，其余为兵器、车马器、装饰品、杂器等。时代从西周初年至西周中期偏早②。竹园沟墓群中青铜礼器约占出土铜器的6%。茹家庄3座西周中期偏晚墓葬出土铜器222件5组，铜礼器74件，约占32%。竹园沟墓葬区较茹家庄相比，时代要早，墓葬分布有序，等级明确，既有高级贵族墓，也有平民墓葬，因而更具代表性。

从大的地理环境看，戴家湾遗址与甘肃灵台白草坡同属泾渭流域。1967～1972年，灵台白草坡共发掘西周墓葬9座，车马坑1座，时代在西周早期至西周中期偏早③。虽然有些墓葬曾遭盗掘，仍然出土大小青铜器共1065件，其中礼器34件、兵器302件、车马器710件、工具及装饰品19件。礼器仅占出土铜器的3%左右。所出青铜器以M1和M2为主，M3、M5、M7和M8被盗，仅存少许兵器、车马饰等。如果墓葬完整的话，礼器的比例有可能还要高一些。即便如此也不会超过10%，因为兵器、车马器和工具等也会相应增加，使基数增大。

从以上两个墓葬群出土铜器的构成比例看，青铜礼器在整个墓葬出土铜器中所占比例是很小的。然而这些青铜礼器对于判定墓葬等级、年代和族属性质等具有重要意义。因此，本书所收戴家湾青铜礼器虽然与实际出土的铜器总量相差比较悬殊，但已经足够反映整个戴家湾地区铜器的风格特点，并进行综合研究了。

---

① 刘明科先生根据郑郁文、党睛梵等人的回忆，认为1928年党毓琨盗掘的青铜器在1500件左右比较符合实际。再加上另外两次，以及还有可能遗漏的部分，据此估计了1600余件。

② 卢连成、胡智生：《宝鸡䲨国墓地》，文物出版社，1988年，262～269页。

③ 甘肃省博物馆文物队：《甘肃灵台白草坡西周墓》，《考古学报》1977年第2期，99～124页。

第三章 戴家湾铜器的型式分析

戴家湾铜器群虽系盗掘出土，散失严重。但从照片资料可知，主要器类基本完整，且还新增有盛放酒器的铜禁。其中炊食器83件，有鼎、甗、鬲、簋、豆、匕；酒器56件，有尊、卣、觥、方彝、罍、斝、觚、爵、觯、角、禁、斗；水器6件，盘、盉、盂；兵器27件，异形器、戈、戟、剑等。另外还有车马器若干。

1.鼎（35件）

鼎在戴家湾出土的青铜容器中数量最多，约占总数的20%。依鼎的不同形制，可分为A、B、C、D四型：

A型：方鼎，共4件。长方形器身，直立耳，平折沿，方唇。根据足的不同，又可分为两个亚型。

Aa型：柱足。

Ⅰ式：D：D01田告方鼎[1]，高15.6厘米，宽15厘米。具盖，盖上有桥形纽。腹部较深，柱足较短。口沿下饰带状兽面纹，以短扉棱为鼻。腹壁呈“凹”字形，内饰三行圆钝的乳钉纹，足上饰三角云纹。器盖同铭，“田告作母辛尊”[2]（图3-1，1）。

Ⅱ式：腹较浅，柱足细高。D：D03凤鸟纹方鼎，通高22.8厘米，口横16厘米，口纵11.9厘米。周身由四条细长的扉棱分隔，口沿下饰一周小鸟纹，腹壁由两个相向的大鸟组成一个兽面。鸟体和凤冠两侧上下伸出许多歧齿，犹如绽放的羽毛。足上饰三角云纹。内壁铸铭文“[illegible]”（图3-1，3）。

D：D04作宝彝方鼎[3]，通高23厘米，口横16.5厘米，口纵12.7厘米。腹部较凤鸟纹方鼎更浅，四足细高。器身四隅分置四条齿状扉棱，器壁饰卷角大兽面纹，足根处还饰有带短扉的小兽面。内壁铸铭文3字：“作宝彝”（图3-1，4）。

Ab型：立鸟形足。

D：D02塱方鼎[4]，通高26.8厘米，口横21.1厘米，口纵16厘米。四壁均饰有长冠垂尾的大凤鸟，相邻的两只鸟头部会于四隅，凸出的鸟喙形成钩状扉棱。器壁中央还有

---

① 图版来源：《故宫》23；拓本来源：《集成》02145。未注明出处者均为宝鸡青铜器博物院藏资料。

② 本章所有铭文拓片见附录七。

③ 拓本来源：《集成》01793。

④ 图版来源：《铜全》五·6；拓本来源：《集成》02739。

1　　2　　3　　4

图3-1　A型鼎

1. 田告方鼎　2. 塱方鼎　3. 凤鸟纹方鼎　4. 作宝彝方鼎

四道齿状扉棱。四足为立体的尖喙长冠凤鸟，形制较为特殊。内壁铸铭文35字，“唯周公于征伐东夷，丰伯薄姑咸𢦏。公归禦于周庙。戊辰，饮秦饮，公赏塱贝百朋，用作尊鼎”（图3-1，2）。

B型：分裆鼎，共3件。侈口，窄沿，器身底部作三分的圆弧形，立耳微外撇，三柱足。依据腹部及纹饰的变化可分为3式。

Ⅰ式：腹壁较直，分裆处微鼓。D：D05兽面纹鼎，高16厘米，口径18.8厘米。器腹饰三组卷角大兽面，分别与三足相对应（图3-2，1）。

Ⅱ式：D：D06兽面纹鼎，高19厘米，口径17.8厘米。器腹较D：D05兽面纹鼎浅，腹壁略直，柱足更加细高。腹部饰兽面纹三组，兽角呈横向的“S”形，云雷纹衬地（图3-2，2）。

Ⅲ式：D：D07弦纹鼎，高17厘米，口径17.8厘米。腹部较Ⅰ式更浅，分裆处的弧度不是非常明显，三柱足细高。立耳略向外撇，颈部微束，口沿下仅饰有两道平行的凸弦纹（图3-2，3）。

C型：浅腹扁足鼎，共2件，均为浅腹圜底，立耳微外撇，三足为夔形扁足，夔张口承接器腹，尾部着地。

1　　2　　3　　4

图3-2　B型、C型鼎

1. 兽面纹鼎　2. 兽面纹鼎　3. 弦纹鼎　4. 区父丁鼎

D：D08𠭯父丁鼎①，高20.8厘米，口径19.3厘米。夔尾接地处呈曲尺形转折，尾尖上钩。腹部饰带状兽面纹，圆目凸出，以短扉棱为鼻。内壁铸铭文4字："𠭯父丁，䵼。"（图3-2，4）

D：D09扁足鼎，高13.5厘米，口径18.6厘米。夔尾接地处略呈弧形，尾尖上卷。器腹饰一周列旗兽面纹（图3-3，1）。

D型：圆鼎，共26件，依据耳、口、腹、足的不同又分为三个亚型：

Da型：附耳，平折沿，方唇，柱足，足上部饰带小扉棱的兽面。分2式。

Ⅰ式：附耳，平折沿，方唇，深腹，底部微圜，腹壁扉棱较为复杂，足较短、且上粗下细。D：D10直棱纹鼎②，器高44.5厘米，口径35.5厘米。腹部有六道钩状扉棱，棱角分明，高出器表。颈部饰一周顾首龙纹，以扉棱为界，两两一组。上腹部饰一周较短的直棱纹，下腹部饰一周线条简单的垂叶纹。D：D11直棱纹鼎，形制纹饰与D：D10基本相同，惟大小有别。器高29.2厘米（图3-3，2、3）。

Ⅱ式：腹较Ⅰ式浅，底近平，柱足较Ⅰ式细高，中间略收呈亚腰形，器腹部及足部的扉棱也相对简单。D：D12直棱纹鼎通高22.4厘米，口径15.9厘米。与Ⅰ式相比，器身的扉棱开始简化，棱钩的锐度和力度均同时减弱。D：D13和D：D14两件直棱纹鼎大小基本相同，高度均为23厘米。两器的内壁也都铸有铭文"𠡧"字③（图3-3，4；图3-4，1、2）。

Db型：直立耳，平折沿，方唇，足部饰有短扉棱及兽面。根据腹部与足的变化分3式：

Ⅰ式：器形厚重，腹较深、微鼓，D：D15毛伯鼎，通耳高62厘米，口径44.1厘米。口沿下饰带状兽面纹，并以六条短小的扉棱为间隔。柱足上粗下细，足根处亦饰

1

2

3

4

图3-3　C型、D型鼎

1. 扁足鼎　2. 直棱纹鼎　3. 直棱纹鼎　4. 直棱纹鼎

---

① 拓本来源：《集成》01852。

② 图版来源：《美集录》A26。

③ 图版来源：《赛克勒》ⅡB.8，《故宫》107，《青研》209；拓本来源：《集成》01231、01232。

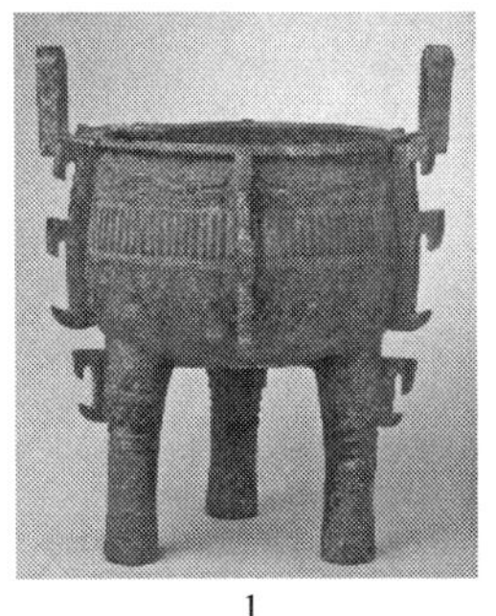
1

2

3

4

图3-4　D型鼎

1. 直棱纹鼎　2. 直棱纹鼎　3. 毛伯鼎　4. ※鼎

有小兽面。这是戴家湾遗址所出铜鼎中最大的一件（图3-4，3）。

Ⅱ式：D：D21兽面纹鼎，通高56厘米，口径44.1厘米。与毛伯鼎相比，形制纹饰基本相同，惟腹部倾垂更甚一些（图3-5，1）。

Ⅲ式：D：D24和D：D25兽面纹鼎，尺寸均不详。腹部较Ⅱ式浅，立耳微外撇，三足细高（图3-5，4；图3-6，1）。

1

2

3

4

图3-5　D型鼎

1. 兽面纹鼎　2. 兽面纹鼎　3. 兽面纹鼎　4. 兽面纹鼎

1

2

3

4

图3-6　D型鼎

1. 兽面纹鼎　2. 子执弓鼎　3. 简化兽面纹鼎　4. 涡纹鼎

D：D26子执弓鼎，高14.3厘米，口径13.2厘米。颈部似为兽面纹，三足上有短扉棱。器内据说有铭文“子执弓”3字，但由于拓片散佚，无法确定其为族徽还是其他含义（图3-6，2）。

Dc型：直立耳，平折沿，柱足，足部无任何装饰。根据腹部的深浅，大致可分为2式。

Ⅰ式：直立耳，深腹略鼓，圜底，柱足较粗短。D：D16※鼎，高25厘米，口径25.7厘米。腹部饰卷角兽面纹，两边似有倒立的夔龙。器壁铸有族徽“※□□”（图3-4，4）。

D：D17兽面纹鼎与D：D16※鼎形制纹饰较为相似，惟三足残断。残高15.7厘米，口径19.7厘米（图3-7，1）。

D：D18冈父癸鼎，通高34.7厘米，口径29.1厘米。口沿下饰一周带状纹饰，似为两两相对的夔龙组成的兽面，纹饰间还有短扉棱为间隔。内壁铸铭文3字：“冈父癸”（图3-7，2）。

1

2

3

4

图3-7　D型鼎

1. 兽面纹鼎　2. 冈父癸鼎　3. 兽面纹鼎　4. 兽面纹鼎

D：D28涡纹鼎，高20.8厘米，口径17.9厘米。颈部微束，深鼓腹，口沿下饰一周带状纹饰，其上似有圆饼状的涡纹（图3-6，4）。

D：D29乳钉纹鼎，高22.1厘米，口径22.1厘米。D：D30乳钉纹鼎，高21.4厘米，口径21.4厘米。两器形制、纹饰、大小基本相同。敞口，窄沿，腹部微鼓。口沿下饰一周带状夔龙纹，两两相对，腹部为斜方格乳钉纹（图3-8，1、2）。

另外，D：D31父辛鼎的形制较其他铜鼎特殊，器身略呈罐状，口部微敛，腹壁斜鼓，底部近圜，柱足较粗短。口沿下饰两道凸弦纹。内壁铸铭文3字：“乍父辛”（图3-8，3）。

Ⅱ式：立耳微外撇，腹部较浅，柱足细高。D：D19兽面纹鼎，高19.7厘米，口径19.7厘米。一足稍有残断，口沿下饰一周带状纹饰，似为兽面纹，有短扉棱为间隔（图3-7，3）。

1　2　3　4

图3-8　D型鼎

1. 乳钉纹鼎　2. 乳钉纹鼎　3. 父辛鼎　4. 涡纹鼎

D：D20兽面纹鼎，高16厘米，口径17.9厘米。颈部饰一周带状兽面纹。D：D22铜鼎，高17.9厘米，口径16厘米。颈部纹饰模糊不清。D：D23兽面纹鼎，高19.7厘米，口径19.7厘米。形制与D：D22铜鼎相似，惟足根部略粗一些，颈部饰一周列旗兽面纹（图3-5，2、3；图3-7，4）。

Ⅲ式：腹部较Ⅱ式更浅，柱足细高。D：D27简化兽面纹鼎①，20世纪30年代北平研究院在沟东区墓B3发掘所得，同出的还有兵器和车马器等。高23.6厘米，口径17.4厘米。器腹略有倾垂，底部较平。口沿下饰有简化兽面纹一周（图3-6，3）。

D：D32涡纹鼎②，尺寸不详。口沿下饰一周带状纹饰，似为圆涡纹，间有短夔或四瓣目纹。D：D33、D：D34两件弦纹鼎，形制纹饰基本相似。腹部更浅，三柱足细高。器腹中部有凸弦纹一道。D：D33尺寸不详。D：D34高16.5厘米，口径17厘米。D：D35素面鼎，高20.8厘米，口径21.4厘米。形制与两件弦纹鼎大致相同，唯器身光素无纹（图3-8，4；图3-9，1～3）。

2. 鬲（4件）

均为立耳，侈口，束颈，柱足。依据裆部的变化和足的高低可分为3式：

Ⅰ式：D：L1𠂤父已鬲③，高14.3厘米，口径15.7厘米。器身较矮，鬲部肥硕，短颈，裆部较平。口沿下饰一周带状兽面纹，余皆光素。内壁铸铭文3字："𠂤父已。"（图3-10，1）

Ⅱ式：D：L2鲁侯熙鬲④，高17.1厘米，宽14.5厘米。直立耳，圆唇，长颈高裆，

① 图版来源：《斗鸡台》图版六·5。

② 图版来源：《报告B》（原书图版部分未编号，仅有文物号D·28·027）。

③ 图版来源：《通鉴》02641；拓本来源：《集成》00481。

④ 图版来源：《铜全》六·64；拓本来源：《集成》00648。

1

2

3

图3-9　D型鼎

1. 弦纹鼎　2. 弦纹鼎　3. 素面鼎

1

2

3

4

图3-10　Ⅰ式、Ⅱ式鬲

1. [illegible]父已鬲　2. 鲁侯熙鬲　3. 𤞷伯鬲　4. 铜鬲

鬲部肥硕，柱足较高。器身饰有三组大兽面纹，花纹从颈部一直铺满到袋腹，整器铸造精美，雍容华贵。内壁铸铭文13字："鲁侯獄乍彝，用享䵼厥文考鲁公。"（图3-10，2）

Ⅲ式：鬲腹部外鼓，裆部的弧度较小，口沿与器身相接处有短直领，三柱足足跟变短。D：L3𤞷伯鬲[①]，通高17.9厘米，口径15厘米。颈部似有一周三角目云纹。内底铸铭文6字："𤞷伯乍䵼鼎◊。"D：L4铜鬲，通高15.3厘米，口径25厘米。器身光素，唯颈部似有弦纹两道（图3-10，3、4）。

3. 甗（5件）

形制基本相同，均为甑鬲联体，立耳侈口，深腹，束腰，鬲部分裆，柱足细长。鬲部袋腹处有浅浮雕兽面装饰，唯器身处纹饰繁简不一。根据腹壁的不同，分为2式：

① 拓本来源：《集成》02109。

Ⅰ式：器腹较深，腹壁自口沿处向下斜收。D：Y1母癸甗[1]，通高50.2厘米，口径31.3厘米。侈口尖唇，直立耳，三柱足。口沿下饰一周兽面纹，腹部为垂叶兽面纹。袋状鬲腹上饰浮雕牛首。内壁铸铭文3字："[illegible]母癸。"（图3-11，1）

D：Y2[illegible]甗，通高42.4厘米，口径25厘米。颈部有带状纹饰一周，似有凸起的涡纹。内壁铸铭文1字："[illegible]。"（图3-11，2）

D：Y3戈甗，通高43.3厘米，口径26.8厘米。口沿下有一周带状纹饰，模糊不清。鬲部分饰三个眉眼清晰的浅浮雕兽面。内铸铭文3字："戈□□。"D：Y4铜甗，通高39.6厘米，口径25厘米。形制与戈甗接近，纹饰较为模糊，似锈蚀严重所致（图3-11，3、4）。

Ⅱ式：腹壁较直，腹深较Ⅰ式浅，与鬲部相连处圆收，鬲足也较短。D：Y5回首龙纹甗，通高45.9厘米，口径31.4厘米。口沿下饰回首龙纹，以短扉棱为界，左右各置一条。袋腹部有眼状凸起，呈椭圆形（图3-12，1）。

1

2

3

4

图3-11　Ⅰ式甗

1. 母癸甗　2. [illegible]甗　3. 戈甗　4. 铜甗

1

2

3

4

图3-12　Ⅱ式甗、甲类簋、乙类A型簋

1. 回首龙纹甗　2. 凤鸟纹方座簋　3. 甲簋　4. 乳钉纹四耳簋

① 图版及拓本来源：《青研》220。

4. 簋（29件）

簋的数量仅次于鼎，在容器中排列第二，占到容器总数的17%，由于簋的形制多样，所以我们依据足部的不同，将其分为两类：

甲类：方座簋，2件。侈口，腹部微鼓，圈足与方座相连，器身两侧有兽首耳，耳下有长方形垂珥。

D：G01凤鸟纹方座簋[①]，通高34.6厘米，器高26厘米，口径21.1厘米。具盖，盖面呈隆起的半圆形，上有圈状捉手。颈部两面中央各饰一浮雕牺首。盖面、器腹及方座均饰有羽毛散开的凤鸟纹，颈部及圈足各饰一周长尾鸟纹（图3-12，2）。

D：G02甲簋[②]，通高29.8厘米，口径22.5厘米，方座边长21.2厘米。侈口卷唇，腹壁较直，近底处圜收。耳部的兽首角冠高耸出口沿。颈部饰两两相对的凤鸟纹，前后各有一浮雕牺首。腹部饰斜方格乳钉纹，乳钉高出器表，顶端较尖锐。圈足及方座上饰有形态各异的小鸟纹。内底铸铭文1字："甲"（图3-12，3）。

乙类：圈足簋，共27件。根据簋耳的数量，可分3型：

A型：D：G03乳钉纹四耳簋[③]，高23.5厘米，宽36.5厘米。直口窄沿，深腹直壁，圈足较高，接地处起高台。体有四条短扉棱，四耳高耸，耳下有长方形垂珥。口沿及下腹部饰尖刺乳钉纹三排，乳钉粗壮，高凸器表。腹部中央饰直棱纹，圈足有一周夔龙，两两相对，张口卷尾。每耳连同垂珥上下有六个大小不同的浮雕牛首，形制奇特（图3-12，4）。

B型：双耳圈足簋，共15件，侈口，圈足，一般在口沿下前后各饰一个浮雕牺首。根据耳部的差别又可分为3个亚型：

Ba型：耳上饰有兽首，耳下无任何装饰。

Ⅰ式：颈部微束，鼓腹，圈足较高，足壁斜直。D：G16乳钉纹双耳簋，高16厘米，口径24.3厘米。腹壁较直，近底处圜收，圈足较高，足壁斜直向外，呈喇叭状。腹两侧分置两兽首耳。器腹饰圆钝的乳钉纹，以斜方格为地。圈足纹饰不清，似有短扉棱（图3-13，1）。

D：G18夔纹簋，高14.3厘米，口径20厘米。敞口尖唇，腹部略鼓。颈部及圈足饰长尾夔纹，以云雷纹衬地（图3-13，3）。

Ⅱ式：形制与Ⅰ式大体相仿，唯圈足接地处外撇，并略微上卷，形成浅台。D：G17父乙簋[④]，高12.8厘米，口径18.6厘米。通体光素，仅口沿下前后分置两个浮雕

① 图版来源：《赛克勒》ⅡB.38。

② 图版及拓本来源：《青研》224。

③ 图版来源：《弗利尔》PLATE66。

④ 拓本来源：《集成》03420。

牺首。内底铸铭文5字："子眉▲父乙。"（图3-13，2）

Bb型：耳上饰有兽首，耳下有小钩珥，根据器身的演变可分4式：

Ⅰ式：敞口，深腹，腹壁斜收，高圈足。D：G12兽面纹簋，高13.2厘米，口径18.3厘米。颈部和圈足饰带状兽面纹，前后还各置一个浮雕牺首（图3-14，1）。

1

2

3

4

图3-13　乙类B型、C型簋

1. 乳钉纹双耳簋　2. 父乙簋　3. 夔纹簋　4. 无耳圈足簋

1

2

3

4

图3-14　乙类B型簋

1. 兽面纹簋　2. 双耳簋　3. 带盖簋　4. 带盖簋

Ⅱ式：敞口、束颈，腹部圆鼓，圈足较Ⅰ式低，近底处外撇。D：G11父乙簋，高12.2厘米，口径17厘米。颈部饰双身龙纹，中间似有牺首。腹部饰直棱纹，圈足纹饰不清。内壁铭文大致为"□作父乙尊彝"（图3-15，4）。

Ⅲ式：具盖，圆鼓腹，圈足呈喇叭状，足壁斜直切地。D：G14带盖簋，高16厘米，口径14.3厘米。具盖，口微敛，盖呈覆碗状，有圈状捉手。盖、颈及圈足的纹饰模糊不清，惟口沿下的浮雕牺首尚可辨认。D：G15带盖簋，形制、大小均与D：G14相等，不同之处在于盖缘上有凸起的兽首装饰，犹如犄角一般。盖面和颈部饰带状夔龙纹，间有浮雕牺首（图3-14，3、4）。

Ⅳ式：腹部变浅，器壁较直，圈足升高，近底处起浅台。D：G09兽面纹簋，高14.3厘米，口径19.6厘米。颈部有带状纹饰，间以浮雕牺首。D：G10兽面纹簋，高12.5厘米，口径18.6厘米。形制、纹饰、大小与D：G09极为相似，或有可能是成对出土的（图3-15，2、3）。

D：G13双耳簋[①]，尺寸不详。整器略有变形，口沿下似有浮雕牺首，其余纹饰不清（图3-14，2）。

Bc型：耳上饰有兽首，耳下有长方形垂珥，据器身及圈足的变化可分2式：

---

① 图版来源：《报告B》D · 28 · 049。

1

2

3

4

图3-15　乙类B型簋

1. 双耳簋　2. 兽面纹簋　3. 兽面纹簋　4. 父乙簋

1

2

3

4

图3-16　乙类B型簋

1. 蜗纹簋　2. 兽面纹簋　3. 直棱纹簋　4. 涡纹双耳簋

Ⅰ式：敞口，腹较深，腹壁较直，圜底。圈足较高，足壁斜直。D：G06直棱纹簋，高16厘米，口径21.8厘米。颈部及圈足上能辨识的有涡纹，其余纹饰不甚清晰，腹壁可见直棱纹（图3-16，3）。

D：G07涡纹双耳簋，高14.3厘米，口径19.6厘米。颈部前后各置一浮雕牺首，再以涡纹和短夔相间排列。腹部素面无纹（图3-16，4）。

Ⅱ式：侈口，腹部倾垂，且较Ⅰ式浅，圈足较高，近底处起台。D：G04蜗纹簋，高16厘米，口径19.6厘米。两耳正中的口沿下前后各置一浮雕牺首，下接扉棱。以扉棱为中心，左右对称分布有蜗纹。蜗牛的上唇高卷，口部大张，两个乳钉状的獠牙依稀可辨（图3-16，1）。

D：G05兽面纹簋，高19.2厘米，口径23.2厘米。腹部饰大兽面纹，其余纹饰不清（图3-16，2）。D：G08双耳簋，尺寸不详（图3-15，1）。

C型：无耳圈足簋。

共11件，形制和纹饰基本相同，均为敞口，窄平沿，方唇或尖唇，器身呈深腹盆状，颈下多饰牺首相间的夔龙纹，腹部饰有斜方格乳钉纹。限于照片拍摄角度不同，因此腹部深浅与圈足高低变化不明显，无法进一步作式的划分。编号D：G19～D：G29，高度约在17厘米左右，最大的不超过20厘米，最小的不低于16厘米（图3-13，4；图3-17；图3-18；图3-19，1、2）。

5. 豆（4件）

D：DO1～D：DO4铜豆，形制大小基本相同，高28.6厘米，口径19.3厘米，底径

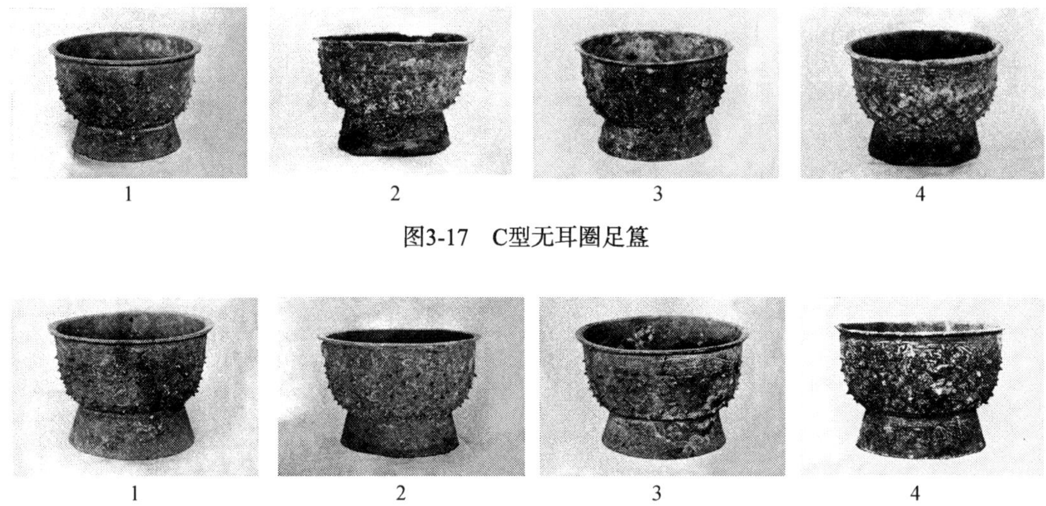

1　　2　　3　　4

图3-17　C型无耳圈足簋

1　　2　　3　　4

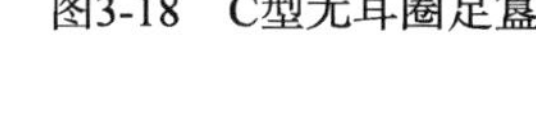

图3-18　C型无耳圈足簋

1　　2

3

图3-19　C型簋、铜豆

1. 无耳圈足簋　2. 无耳圈足簋　3. 铜豆

12.2厘米。侈口，尖唇，浅腹，高柄，柄部呈束腰形，平底。整器光素无纹，该形制的铜豆极为少见（图3-19，3）。

6. 尊（6件）

均为典型的“三段式”铜尊，根据器身装饰的不同可以分成2型：

A型：大敞口，腹壁较直，圈足外撇，近底处起浅台。有四条扉棱贯穿整个器身，并延伸出口沿外，通体饰有花纹。

D：ZN5作父辛尊，高30.4厘米，口径22.2厘米。口沿下饰仰叶状兽面纹，颈部饰夔龙纹，腹部及圈足饰兽面纹。内铸铭文，字数不详，“□□乍父辛彝尊（亚字形族徽1）。”D：ZN6鼎尊[①]，高34.8厘米，形制纹饰与作父辛尊大略相同。内有族徽“鼎”1字（图3-21，1、2）。

B型：器身线条流畅，装饰简洁，没有A型尊那样华丽繁复的扉棱和通体满花的纹饰。分2式。

Ⅰ式：敞口、尖唇、长颈、腹部略鼓，高圈足近底处外撇。D：ZN2夔纹尊，高24.5厘米，口径21.5厘米。腹部中间光素，上周饰回首的夔龙纹，前后加饰一浮雕牺首，下周纹饰比较模糊（图3-20，2）。

D：ZN3父己尊，高25厘米，口径19.7厘米。腹饰兽面纹，有浅扉棱为鼻梁，T形卷角，兽目呈圆形，高凸器表。腹部上下间以两道弦纹。器内有铭文2字“父己”。D：ZN4兽面纹尊，高26.8厘米，口径20.8厘米。形制纹饰与同出的父己尊较为相似，唯缺铭文（图3-20，3、4）

Ⅱ式：与Ⅰ式相比，颈部较短，腹部圆鼓略呈球状，器身显得较宽，尊的圈足外撇，近底部起浅台。D：ZN1用征尊，高21.3厘米，口径19.7厘米，通体光素。内铸铭文2字“用征”（图3-20，1）

7. 卣（11件）

酒器中卣和觯的数量明显高于其他的器类，均为11件，约占礼器总数的8%。高于45厘米的大卣3件，35厘米左右的卣3件。近一半的铜卣装饰华丽，纹饰繁缛。卣的形制为直口，束颈，鼓腹，有提梁及盖，圈足。根据腹部横截面的不同可分为2型：

A型：腹部横截面呈椭圆形。该型卣数量居多，但装饰风格迥异，可细分为两个亚型：

Aa型：共5件，装饰皆繁缛华丽。器身呈扁圆形，腹部最大径在下腹部，盖纽呈花蕾形，盖壁较直，两端伸出作犄角形，提梁置于器身纵向处，两端有兽首。圈足

① 图版来源：《美集录》A418；拓本来源：《集成》05496。

较高，近底处形成高台，通体有扉棱装饰。这种形式的卣集中出现，具有一定的代表性。

D：U1鼎卣，高46.4厘米，口横17.3厘米，口纵12.9厘米。提梁与器身相接处有角冠分歧高耸的兽头，提梁上饰回首龙纹。盖面及器身饰四道宽边的扉棱，除盖顶及上腹部饰一周直棱纹外，其余均为大小不一的鸟纹。D：U2鼎卣，通高47厘米，器高36厘米，宽25.5厘米。形制纹饰与D：U1基本相同，不同之处在于，D：U2卣下接一个小铜禁。禁与器身可以分离，上面留有与铜卣圈足相套合的凸起的卯口。两件卣均铸有铭文“鼎”，器盖同铭[①]（图3-21，3、4）。

D：U3～D：U5凤鸟纹卣，形制纹饰与两件鼎卣很相似。不同之处在于盖缘两侧不是犄角状的凸起，而是两个牛头。器的上腹部斜伸出四条粗壮的棱脊，棱脊顶端亦饰有略凸器表的牛首纹。D：U3卣高35.5厘米，宽22.8厘米。D：U4卣高50.9厘米，宽

1　2　3　4

图3-20　B型尊

1. 用征尊　2. 夔纹尊　3. 父己尊　4. 兽面纹尊

1　2　3　4

图3-21　A型尊、A型卣

1. 作父辛尊　2. 鼎尊　3、4. 鼎卣

① 图版来源：《美集录》A589、A590；拓本来源：《集成》04745、04746。

34.8厘米[①]。D：U5卣高33.9厘米，口横14.3厘米，口纵11.1厘米（图3-22，1～3）。

Ab型：共5件，装饰较为简单。依腹部最大径的位置可分为4式：

Ⅰ式：器身呈扁圆形，腹部最大径位于器身中部。花蕾形纽，绳索状提梁，圈足较矮并向外撇。D：U9女母卣，通高28厘米，口横14.3厘米，口纵11.1厘米。提梁两端无兽首，颈部前后各有一个浮雕牺首。盖面及颈部纹饰模糊不清。内铸铭文，据称可辨识者仅“女母”二字（图3-23，3）

Ⅱ式：器身较Ⅰ式显得窄长，花蕾状盖纽，鼓腹，最大径基本位于腹部中央。D：U8[illegible]高卣[②]，通高26.8厘米，口横14.3厘米，口纵10.7厘米。盖面及颈部饰带状夔纹，前后各置一浮雕牺首，圈足处有两道弦纹。内铸铭文8字：“王赐[illegible]高吕用作彝”（图3-23，2）。

1

2

3

4

图3-22　A型卣

1～3. 凤鸟纹卣　4. 用征卣

1

2

3

4

图3-23　B型、A型卣

1. [illegible]卣　2. [illegible]高卣　3. 女母卣　4. 夔纹卣

① 图版来源：《铜全》六. 153（D：U3）；《弗利尔》PLATE50（D：U4）。

② 拓本来源：《集成》05319。

Ⅲ式：垂腹，圈足外撇。D：U10夔纹卣，通高24.3厘米，口横11.8厘米，口纵8.9厘米。D：U11夔纹卣，通高31.7厘米，口横14.4厘米，口纵12厘米。两器形制纹饰相同，仅大小有别，有可能共出。提梁与器身连接处有浮雕兽头，两耳侧竖，柱状的犄角向两端分歧。盖面及颈部饰回首夔纹，前后各置一浮雕牺首（图3-23，4；图3-24，1）。

1

2

3

4

图3-24　A型卣

1. 夔纹卣　2. 告田觥　3. 中子𬑯觥　4. 文父丁觥

Ⅳ式：器身较宽，腹部较Ⅲ式更加倾垂。D：U6用征卣，通高23.2厘米，口横12.5厘米，口纵10厘米。器盖捉手为圆形，盖面上靠近提梁处有角状凸起。器身光素无纹，仅口沿下前后各置一浮雕牺首。器盖同铭，“用征”2字（图3-22，4）。

B型：腹部横截面呈圆形

此类形制的卣仅D：U7𠦪卣一例，通高35.2厘米，口径10.7厘米。长颈，鼓腹，圈足较矮并向外撇。有些学者亦称为壶。盖面及颈部饰列旗兽面纹，圈足饰两道弦纹。器盖同铭，“𠦪（齐）乍父乙尊彝”[①]（图3-23，1）。

8. 觥（3件）

A型：D：K1告田觥[②]，通高50厘米，觥高31.2厘米，长41厘米。器身呈椭方形，宽长流，鼓腹，兽首鋬，鋬下有小钩形珥。低圈足，圈足下连长方形禁，禁面有凸起的子口，略小于器的圈足。盖前部作龙首形，侧饰龙纹。禁身中部饰直棱纹，周围一圈龙纹。盖内铸铭“告田”，器内底铸铭“田告”（图3-24，2）。

B型：D：K2中子𬑯觥和D：K3文父丁觥，大小、形制、纹饰均相差无几。侈口束颈，方鼓腹，流前伸较长，圆雕鸟形鋬，下有钩状垂珥，方圈足较高呈覆斗形。通体饰八道扉棱，间以羽毛呈歧齿状散开的大鸟纹。盖前端为龙首，圆目凸出，有柱状犄角。后端为兽面，兽角盘卷，高耸出器表。D：K2中子𬑯觥高31.8厘米，盖前端的龙首

① 拓本来源：《集成》05202。

② 图版及拓本来源：《遗珠》95。

闭口。内铸铭文12字："中子㠱引乍文父丁尊彝，𫓲䍙。" D：K3文父丁觥通高31厘米，盖前端龙首开口，牙齿呈三角形交错排列。内铸铭文4字："文父丁，㠱"①（图3-24，3、4）。

9. 方彝（2件）

D：F1和D：F2两件直棱纹方彝形制相同，仅大小有别。长方体器身，方口，盖面呈四坡式屋顶状，上有两对高耸的树枝状装饰，可却立，盖面及器身四隅有齿状扉棱，共计八条。器身两侧平行伸出两对粗壮的棱脊。盖面及腹部纹饰是龙纹与直棱纹相间，口沿下及圈足饰夔纹。D：F1通高49.1厘米，口横25.5厘米，口纵21.6厘米②。D：F2高28.9厘米，口横22.2厘米（图3-25，1、2）。

10. 罍（2件）

A型：D：LE1兽面纹罍，通高53.1厘米，口径18.6厘米。体呈圆形，侈口，设盖，盖面隆起呈碗状，上有圈形捉手。圆肩连腹，腹壁向下逐渐收敛，圈足外侈。肩部左右分置一兽首半环耳，并套有铜环，方便提取。正面腹部下设一牛首鼻纽。颈部饰两道弦纹，肩部及上腹部均饰有夔龙组成的兽面纹，下腹部饰垂叶纹，垂叶内亦填有一对夔龙，通体以云雷纹衬地。据说该罍器盖同铭，但铭文不详（图3-25，3）。

B型：D：LE2𠦪罍③，通高62.7厘米，宽37.8厘米。器呈椭方形，直口，长颈，溜肩，方圈足较高，足壁外侈，近底处起台。盖呈屋顶形，肩部分置两个兽首小环耳，器身贯穿八条扉棱，盖面饰兽面纹，颈肩及圈足处均饰有夔龙，夔的形态略

1

2

3

4

图3-25 方彝、铜罍

1、2. 直棱纹方彝 3. 兽面纹罍 4. 𠦪罍

① 图版来源：《铜全》五. 100，《赛克勒》ⅡB.117；拓本来源：《集成》09298、09284。

② 图版来源：《美集录》A643。

③ 图版来源：《美集录》A785；拓本来源：《集成》09760。

有区别。肩部前后各置一浮雕牺首，腹部饰卷角大兽面纹。器盖同铭，1字“[illegible]”（图3-25，4）。

11. 斝（2件）

D：JA1ㄆ父已斝和D：JA2[illegible]斝形制、纹饰大致相同。侈口，口沿上有两个长方形立柱，伞状顶，束颈，腹部鼓起似鬲的袋腹，下连三柱足。自颈部至袋腹部置一兽首大鋬，颈部饰有两道弦纹，袋腹间有双线人字纹，其余部分为素面。D：JA1ㄆ父已斝，通高30.4厘米，口径21.5厘米。有铭文3字：“ㄆ父已。”D：JA2[illegible]斝①，通高32.3厘米，宽26.5厘米。有铭文2字：“[illegible]”（图3-26，1、2）。

12. 觚（1件）

D：GU1妣已觚②，通高20.8厘米，口径12.7厘米。敞口，长颈，腹部微鼓，圈足外侈，近底处起浅台。腹部及圈足有四道扉棱，颈部饰蕉叶纹，腹部和圈足上饰兽面纹，以云雷纹衬地。器内有铭文4字：“亚䢅妣已”（图3-26，3）。

13. 爵（9件）

流尾较宽，深腹，圜底丰满，双柱较流根稍远，刀状足。腹部饰兽面纹或凸弦纹。分2式。

Ⅰ式：深腹，腹壁微鼓，鋬上饰牛首，爵身饰兽面纹。

D：J1亚盥爵③，通高24.3厘米，流至尾长22.8厘米。伞状柱，腹部及流尾下均有扉棱，其中流部的扉棱还延伸出器外。器身铸铭文2字：“亚盥”（图3-26，4）。

1

2

3

4

图3-26　铜斝、觚

1. ㄆ父已斝　2. [illegible]斝　3. 妣已觚　4. 亚盥爵

① 图版来源：《美集录》A322；拓本来源：《集成》09191。

② 图版来源：《美集录》A494；拓本来源：《集成》07219。

③ 图版来源：《美集录》A347；拓本来源：《集成》07808。

D：J2父辛爵，高21.5厘米，口长17.9厘米。菌状立柱。鋬上有浮雕牛首，器身饰兽面纹。有铭文3字“亚父辛”（图3-27，1）。D：J5兽面纹爵，通高21.5厘米，口长17.9厘米。腹部饰兽面纹，卷曲的兽角依稀可辨（图3-27，4）。D：J9铜爵，器身破坏严重，形制与纹饰均无法辨识（图3-28，4）。

Ⅱ式：腹壁较直，鋬上无兽首。

D：J6弦纹爵，尺寸不详。伞状立柱。器身饰凸弦纹三道（图3-28，1）。

D：J3虎林爵，高19.2厘米，口长17.9厘米。菌状立柱。器腹上部饰三道弦纹。据说内有铭文数字，可辨识者仅“虎林”等字（图3-27，2）。

D：J4辛父癸爵，尺寸不详。菌状立柱。腹部有两道凸弦纹，中间的纹饰模糊不清。据说器身有铭文“辛父癸”3字（图3-27，3）。

D：J7和D：J8铜爵，尺寸均不详。菌状立柱，器身饰弦纹或素面（图3-28，2、3）。

1

2

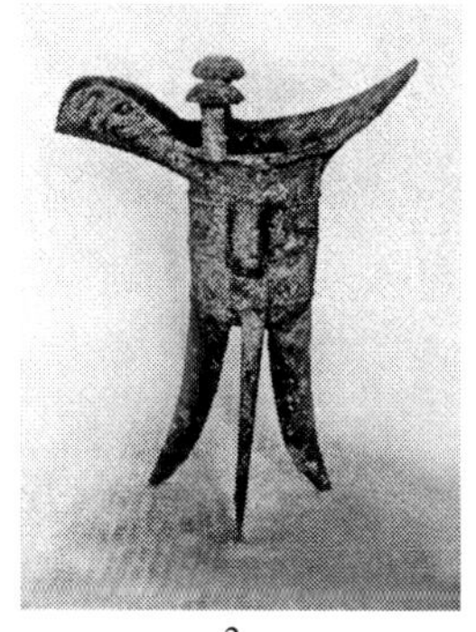
3

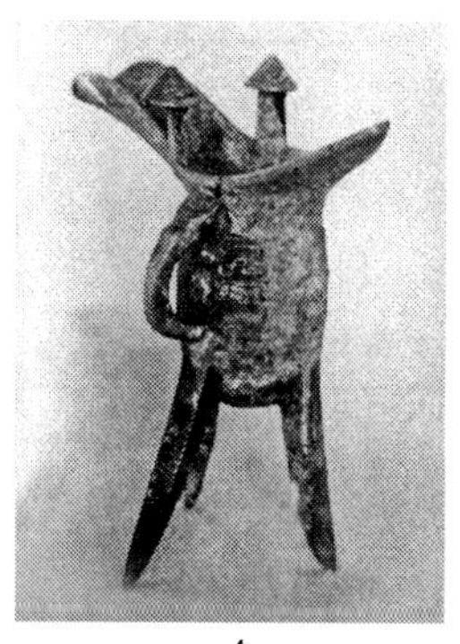
4

图3-27 Ⅰ式、Ⅱ式爵

1. 父辛爵 2. 虎林爵 3. 辛父癸爵 4. 兽面纹爵

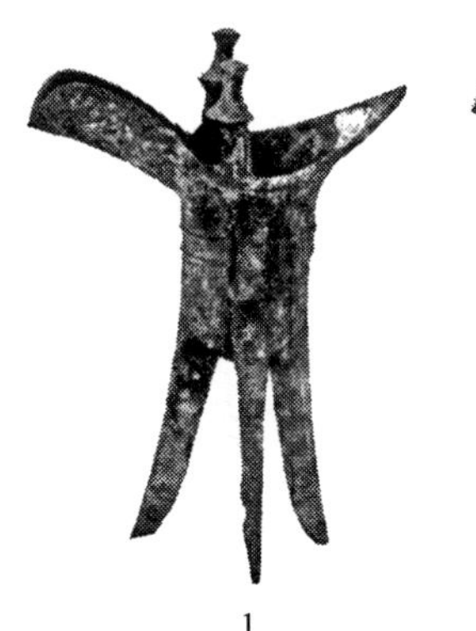
1

2

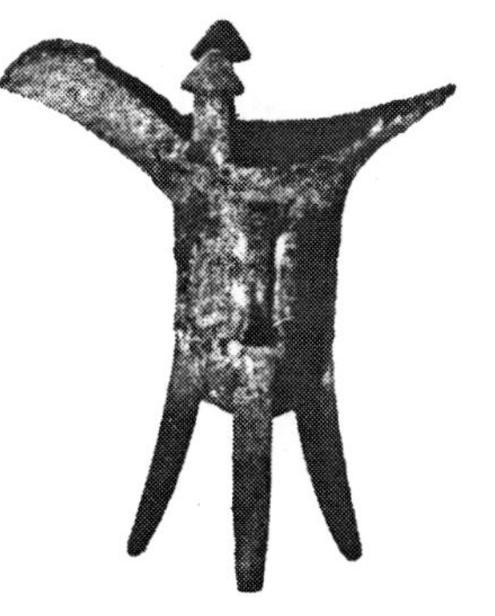
3

4

图3-28 Ⅰ式、Ⅱ式爵

1. 弦纹爵 2～4. 铜爵

14. 角（2件）

形制大体相同，口部两翼上翘，深腹圜底，腹部微鼓，一侧有牛首鋬，刀形足外撇。D：JU1祖癸角①，通高19.8厘米。两翼下饰三角形目云纹，腹饰兽面纹，以细阳线勾勒，线条舒展，简洁流畅。器身铸铭5字："册劦竹祖癸"（图3-29，1）。D：JU2乂父乙角，高21.5厘米，口横19.7厘米，口纵10厘米。口沿下饰三角夔纹，腹饰兽面纹，以云雷纹衬地。器身铸铭"乂父乙"3字（图3-29，2）。

1

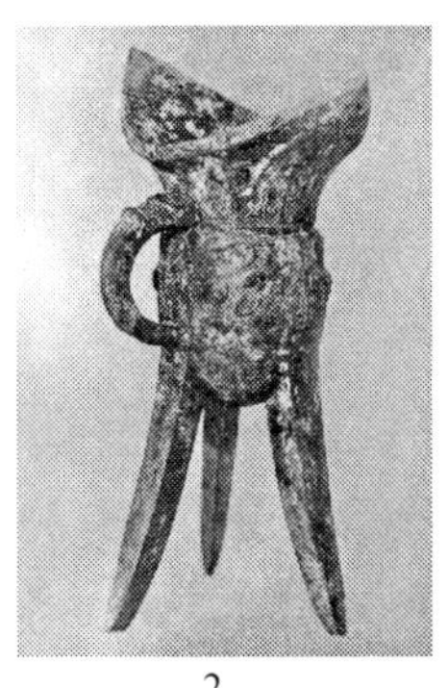
2

3

4

图3-29　铜角、铜觯

1. 祖癸角　2. 乂父乙角　3. [illegible]父辛觯　4. 天父乙觯

15. 觯（11件）

器身均为椭圆形，侈口，束颈，鼓腹，圈足外撇。根据口径与腹径的比例，分2型：

A型：口径与腹径的长度大致相等，因此该类型的觯看起来较肥硕。

Ⅰ式：D：ZH2天父乙觯②，高14.5厘米。侈口，束颈，垂腹，高圈足，足壁斜直。颈部和圈足均饰有夔龙纹，腹部饰卷角兽面纹，兽角卷曲耸出器表。器内铸铭文3字："天父乙"（图3-29，4）。

Ⅱ式：D：ZH7[illegible]父乙觯，侈口，束颈，鼓腹。颈部较短，腹部宽侈，圈足低矮，接地处略起浅台。颈部及圈足饰带状云雷纹。器内有铭文"[illegible]父乙"3字。D：ZH9云雷纹觯，尺寸不详。其形制纹饰与[illegible]父乙觯比较接近（图3-31，1、3）。

B型：口径小于腹径，觯身显得较修长。

Ⅰ式：D：ZH1[illegible]父辛觯，高14.3厘米，口横8.7厘米，口纵7.3厘米。侈口尖唇，束颈鼓腹，高圈足，足底接地处起台。通体满花，口沿下、颈部及圈足均饰有夔龙纹，形态略有不同。腹部饰大兽面，以浅浮雕扉棱为鼻，左右对称分布。器内铸铭文"[illegible]父辛"3字（图3-29，3）。

① 图版来源：《美集录》A395；拓本来源：《集成》08848。

② 图版来源：《美集录》A352；拓本来源：《集成》06217。

Ⅱ式：敞口，束颈，鼓腹下垂，喇叭状圈足。D：ZH3酉父甲觶，高14.5厘米，口径7厘米。颈部饰两排细小的云雷纹，上下栏以连珠纹为界，圈足饰单排云雷纹。器内铸铭文3字：“酉父甲”（图3-30，1）。

D：ZH4中觶[1]，高12.6厘米。器内铸铭文7字：“乍妣己彝，中亚址。”（图3-30，2）。

D：ZH5中觶，高12.8厘米，口径8厘米。器内铸铭文1字：“中”（图3-30，3）。

D：ZH6雷纹觶，尺寸不详。颈部饰雷纹一周（图3-30，4）。

D：ZH8口父觶，高14.3厘米，口径8.2厘米。颈部及圈足上均饰有一周带状纹饰。内铸铭文：“口父”2字（图3-31，2）。

D：ZH10、D：ZH11两件铜觶尺寸均不详（图3-31，4；图3-32，1）。

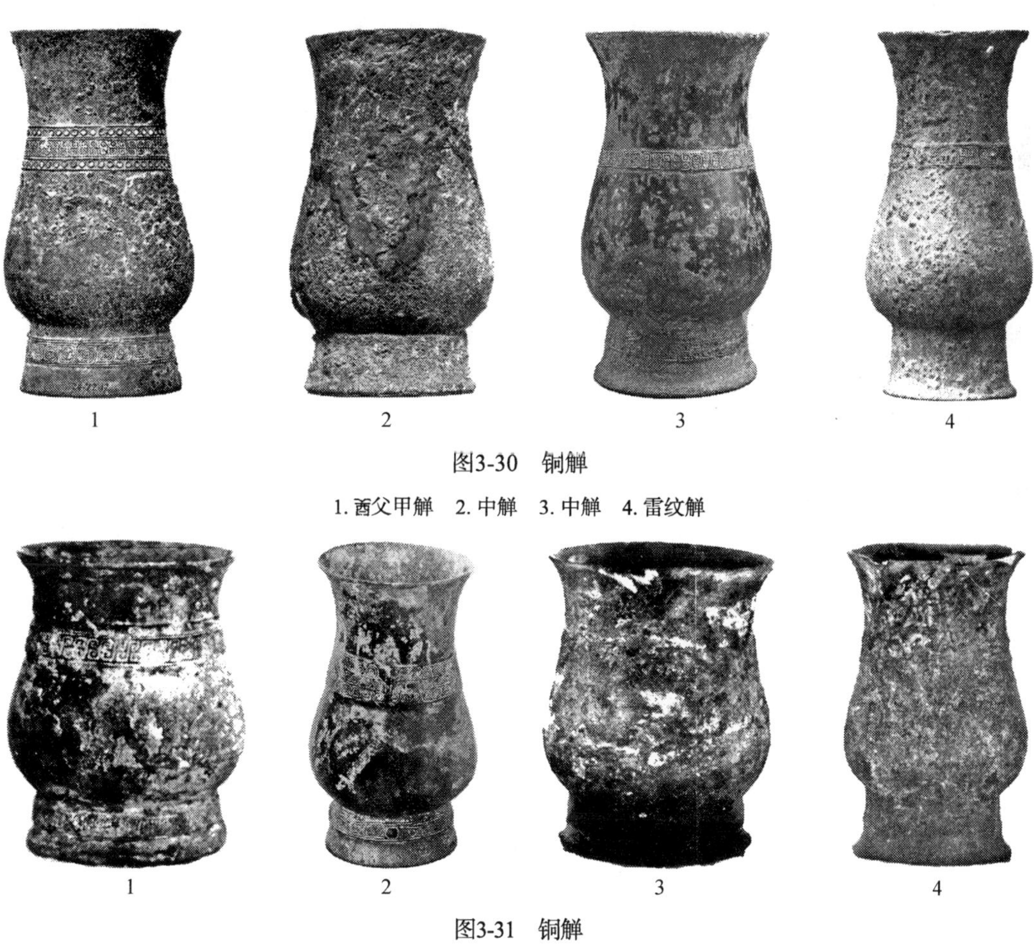

图3-30　铜觶

1. 酉父甲觶　2. 中觶　3. 中觶　4. 雷纹觶

图3-31　铜觶

1. 宀父乙觶　2. 口父觶　3. 云雷纹觶　4. 铜觶

① 图版来源：《美集录》A545；拓本来源：《集成》06215。

1　2　3　4

图3-32　铜觯、盉、盘

1. 铜觯　2. 三足盉　3. 四足盉　4. 夔凤纹盘

16. 盉（2件）

根据足的不同分为2型：

A型：三足盉。D：H1子父乙盉[①]，高28.4厘米，宽22.7厘米。具盖，侈口，束颈，鬲状袋腹，柱足。盖面隆起，盖顶有桥形纽，盖与器身一侧的牛首鋬间有短链连接，与鋬对应的颈部还设有一管状流，袋腹饰大兽面纹三组，颈饰带状兽面纹，上有弦纹两道，流部饰三角云纹。器身铸铭“子父乙”3字（图3-32，2）。

B型：四足盉。D：H2作彝盉，高21.5厘米，口径13.5厘米。具盖，侈口，束颈，颈部较高，器身呈椭方形，四柱足。盖面上有桥形纽，颈部与腹部间设有一兽首鋬，并有一短链与盖面连接。与鋬对应的腹部上置一管状流。器盖与颈部纹饰不清。器身铸铭“作彝”2字（图3-32，3）。

17. 盘（3件）

根据耳部的不同分2型。

A型：无耳盘。D：P1夔凤纹盘，高15.3厘米，口径40.3厘米。敞口，平折沿，浅腹，高圈足。器腹呈圆弧形内收，圈足壁较直，接地处起高台。腹部及圈足上饰夔凤纹。需要说明的是，夔的头部作鸟状，有长而尖的钩喙，因此《报告B》中将该盘又定名为夔凤纹盘（图3-32，4）。

B型：附耳盘。敞口，折沿，附耳，浅腹，圈足较A型略低。

Ⅰ式：D：P2作彝盘，高10厘米，口径30厘米。器壁呈弧形内收，附耳位于器腹中部，圈足壁较直。腹部两耳间有两个对称的浮雕牺首，腹部及圈足上饰有回首夔凤纹。内底铸铭文“乍彝”2字（图3-33，1）。

Ⅱ式：D：P3铜盘[②]，高5.4厘米，口径16.8厘米。附耳位于口沿处，斜直外张。腹

① 图版来源：《美集录》A328；拓本来源：《集成》09338。

② 图版来源：《报告B》D · 28 · 108。

图3-33　铜盘、盂

1. 作彝盘　2. 铜盘　3. 环带纹盂　4、5. 铜禁

部横截面呈梯形，圈足较高并外侈，有无纹饰不清。该器尺寸较小，制作粗率，有可能是一件明器（图3-33，2）。

18. 盂（1件）

D：YU1环带纹盂，高42.4厘米，口径56.1厘米。敞口，折沿，方唇，直颈连腹，圈足外侈。颈两侧设粗大的附耳，略高于口沿。两附耳间有高浮雕牺首，颈部饰夔龙纹，腹部饰环带纹，圈足上隐约可见有龙纹。据说，盂内有铭文27字，“……□□为皇考武君乍䵼彝……”。遗憾的是该器下落不明，铭文拓片也已散佚（图3-33，3）。

19. 禁（4件）

由于D：U2小鼎卣与D：K1告田觥的底部方座均可分离，因此，我们将其视为器身与小方禁两部分，分别进行讨论。据体积大小而言，可将铜禁分为2型。

A型：形体较小，一般与单件铜器搭配使用。平面上有凸起的圆形或椭圆形卯口，起加固和稳定的作用。编号D：JIN1、D：JIN2（图3-21，4；图3-24，2）。

B型：大型铜禁，一般与3件或以上的铜器搭配使用。形制上略有差异，可细分为2个亚型：

Ba型：D：JIN3禁①，高18.7厘米，长87.6厘米，宽46厘米。台面平素，既无子口，也无纹饰，器壁长边处有8个长方形孔，短边处有4个长方形孔。四壁饰顾首龙纹（图3-33，4）。

Bb型：D：JIN4禁②，高23厘米，长126厘米，宽46.6厘米。台面中部有三个椭圆型中空凸起的子口，用来嵌置大型酒器的圈足，器壁长边处有16个长方形孔，短边处有4个长方形孔。四壁边框饰尖角龙纹，台面边框饰相顾式两头龙纹（图3-33，5）。

① 图版来源：陕西省考古研究院、宝鸡市文物旅游局、上海博物馆：《周野鹿鸣——宝鸡石鼓山西周贵族墓出土青铜器》，图版111，上海世纪出版集团，2014年。

② 图版来源：《铜全》六. 197。

20. 匕（6件）

D：B1 ~ D：B6铜匕①，形制大小基本相同，长31厘米。曲柄，末端饰透雕的窃曲纹，匕首椭圆而尖（图3-34）。

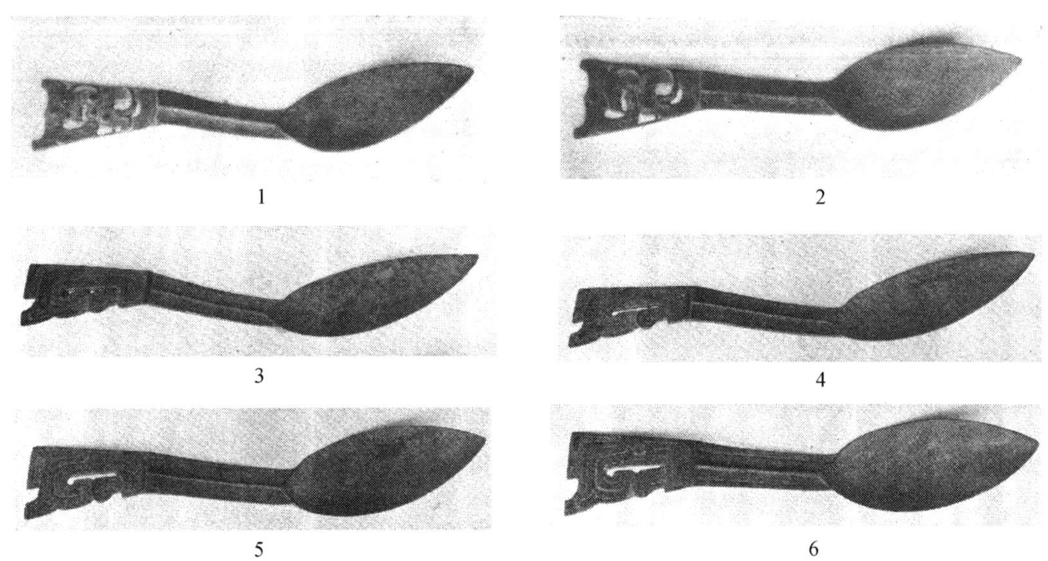

图3-34　铜匕

1 ~ 6. D：B1 ~ D：B6

21. 斗（5件）

根据斗柄和斗首的不同，可分为2型。

A型：曲柄，斗首呈卵形，圜底，尾部呈扇形展开。

Ⅰ式：D：DU5铜斗②，长20.2厘米，斗首呈小圆桶状，深腹微鼓，柄身扁平。柄首与斗的下腹部相接，两折两曲，曲折处有浮雕兽首装饰。柄身中部有一棱脊，末端呈扇形张开。柄尾端饰兽面纹，中部脊棱两侧有规则的菱形间圆形乳钉纹（图3-35，5）。

Ⅱ式：D：DU4铜斗，长18.3厘米。斗身呈卵形，直口，深腹。柄身扁平，与斗身下腹部相接，两曲两折。近末端呈扇形张开。通体光素无纹（图3-35，4）。

B型：曲柄，斗首作平底。可分为2个亚型。

Ba型：曲柄，斗首作平底，腹部较平直，斗柄连接斗首处有一段下弯，柄身处有一细棱装饰。D：DU1铜斗，长32厘米，高6.9厘米。D：DU2铜斗长23厘米，高5.4

① 图版来源：《美集录》A291、A292、A294 ~ 297。

② 图版来源：《美集录》A806。

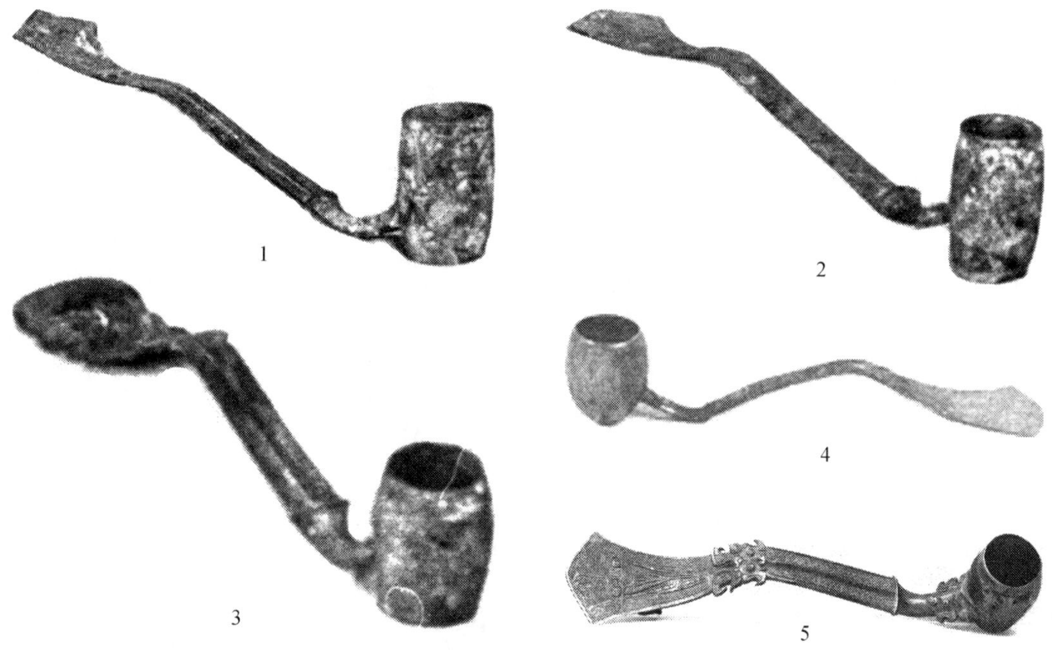

图3-35 铜斗

1～3. B型（D：DU1、D：DU2、D：DU3） 4、5. A型（D：DU4、D：DU5）

厘米。D：DU1和D：DU2两件斗的柄尾呈不规则形状，这种形制的斗十分罕见（图3-35，1、2）。

Bb型：D：DU3铜斗，长12.9厘米，高3.9厘米。斗柄顶端呈扇形张开，腹部略微鼓起（图3-35，3）。

22. 异形兵器（1件）

D：S1异型大刀，长37.7厘米，宽15.2厘米。此形制的兵器十分罕见，器身较长，锋向后弯卷并有分歧，刃较平直。背部结构复杂，有两组两两相对的弯钩形装饰，器身上还有4个形状各不相同的镂孔。柄部短小，上面似有一穿孔。这种造型奇特的兵器不是实战用器，可能是仪仗用礼器（图3-36，1）。

23. 戈（21件）

有12件被损毁，其中援锋部卷曲或断裂的11件，缺内的1件。除了仅剩援部的一件外，其余能看清形制的20件，可分3型。

A型：无胡三角援戈，7件。援部宽短，锋部圆钝，援本近似等腰三角形，本部有圆穿。直阑，阑侧上下各有一长方形穿孔，长方形直内。编号：D：GE1、D：GE3～D：GE8。D：GE1的内极短，从照片上无法看到是由于残缺的缘故还是原始的样子。D：GE4和D：GE8的援部弯曲，应是一种毁兵习俗的体现。以上铜戈的尺寸均不详（图3-36，2、4～8；图3-37，3）。

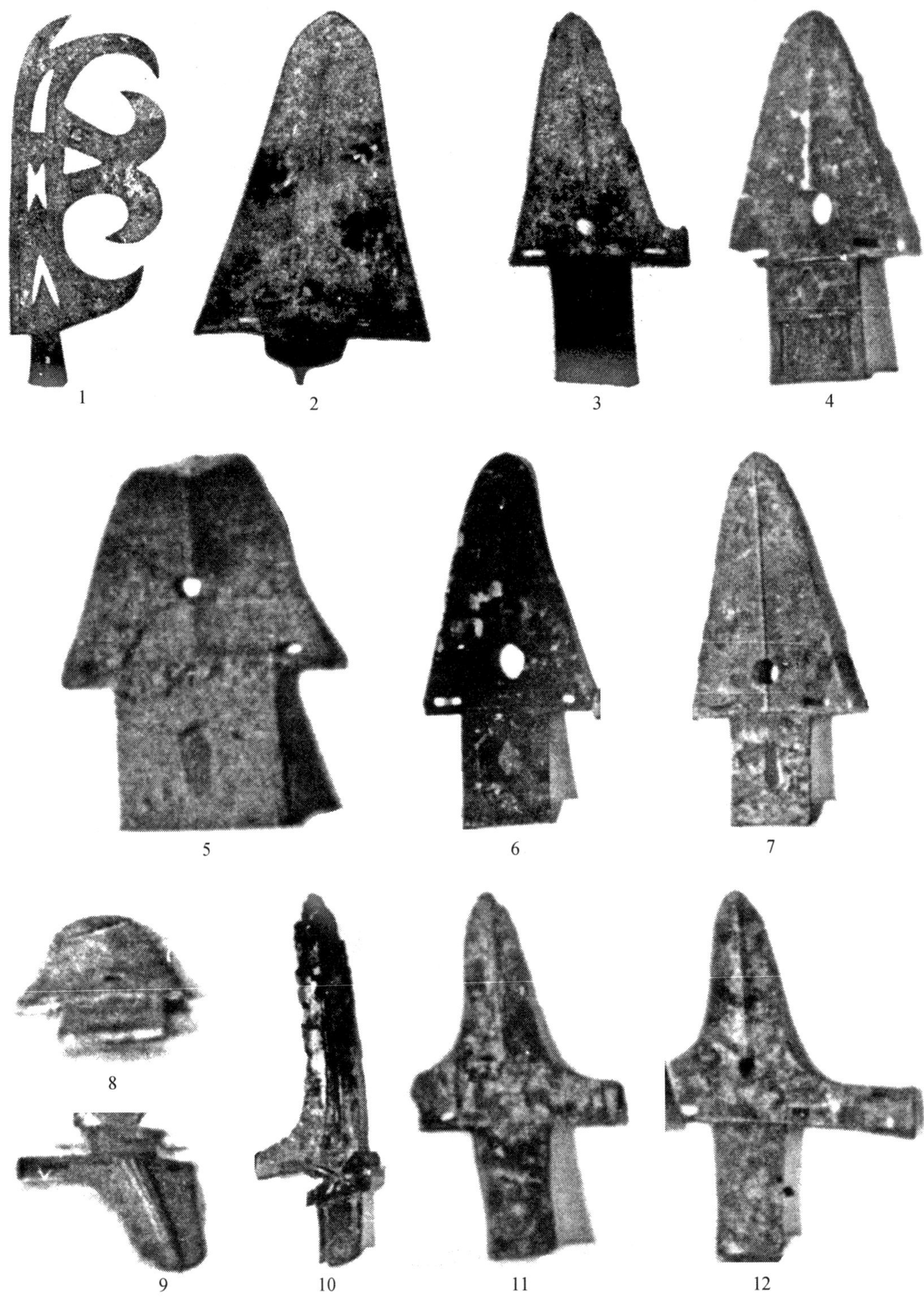

图3-36　兵器

1. 异形兵器　2. A型戈　3. C型戈　4～8. A型戈　9、10. G型戈　11、12. 戟

B型：无胡长援直内戈，2件。援部窄长，略有弯曲，援面平整无脊，有阑无穿。D：GE9戈，内长5厘米，阑长6厘米。D：GE10戈，长22.7厘米（图3-37，4、5）。

C型：有胡戈11件。据胡部和穿数的不同可分为5个亚型①。

Ca型：短胡无穿戈，3件。编号D：GE11～D：GE13。D：GE11戈，尺寸不详。援部窄长，锋部较尖。援部和内部均有纹饰。D：GE12戈，内长4.2厘米，阑长9厘米。D：GE13戈，锋部卷曲，内长6厘米，阑长8.5厘米（图3-36，10；图3-37，6、7）。

Cb型：短胡二穿戈，1件。D：GE2戈，尺寸不详。援部较宽，呈三角形，短胡，中脊凸起，本部有圆穿，近阑处上下各有一长方形穿孔（图3-36，3）。

Cc型：中胡一穿戈，3件。均有上、下阑，援底部近阑处有穿孔。D：GE14戈，内长5厘米，阑长11厘米。阑中部有耳状凸起。D：GE15戈，长23厘米，援部弯损。D：GE16戈，全长22厘米（图3-37，8～10）。

Cd型：中胡两穿戈，2件。直援，高阑，上下齿粗壮。D：GE17戈，长23.9厘米。D：GE18戈，长20.8厘米（图3-37，11、12）。

Ce型：长胡三穿戈，2件。编号D：GE19～D：GE20，分2式。

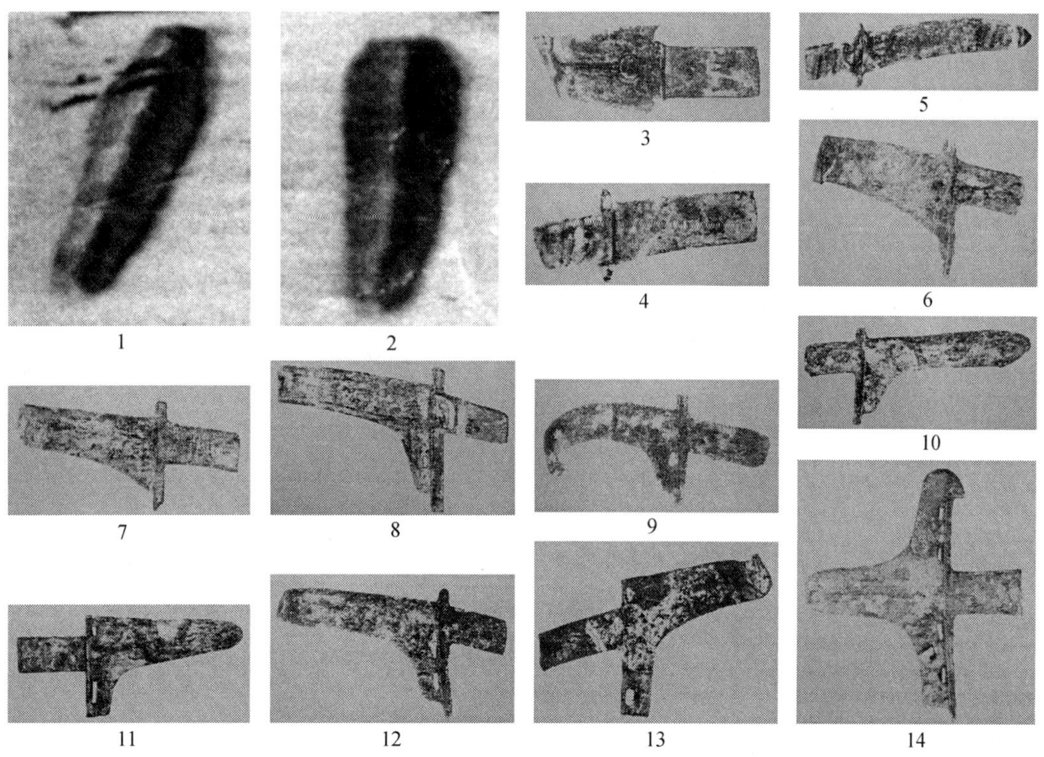

图3-37　兵器

1、2. 剑　3.A型戈　4、5. B型戈　6～13. C型戈　14. 戟

① 有胡戈图版均来自《斗鸡台》。

Ⅰ式：D：GE19戈，尺寸不详。援部较宽，呈三角形，有竖棱三道，长胡，内部的形状和穿的数目均不清（与城洋一带出土的铜戈相似）（图3-36，9）。

Ⅱ式：D：GE20戈，长23.3厘米。援锋折损，胡部有二穿，阑上一穿（图3-37，13）。

24. 戟（3件）

由刀和戈组合而成，亦称“钩戟”，均有残缺。编号D：JI1～D：JI3。D：JI1似有一穿，内呈长方形，较长，中脊凸起。D：JI2胡部较长，三穿，中脊凸起，本部有一圆穿。D：JI3略完整，长22.7厘米，有胡有刺，上下对称。援中有脊线，两面有刃，上下各有二穿（图3-36，11、12；图3-37，14）。

25. 剑（2件）

两把剑形制基本相同，剑身扁长，呈柳叶形。剑身和茎连铸，无格，剑刃平直，中脊隆起。编号D：JIAN1～D：JIAN2，尺寸均不详（图3-37，1、2）。

第四章　戴家湾铜器的分期与年代推断

戴家湾铜器群没有经过科学的发掘，不能以墓葬的形制和伴出陶器来作为分期断代的参考和依据。再加上铜器本身使用的时间较长，某些形制纹饰特殊的铜器又仅见于此地等诸多原因，都为年代的判定增加了难度。本章根据铜器自身的发展和变化，对戴家湾铜器进行分期和年代推定，所得结论对于戴家湾遗址墓葬的年代和等级规模等相关问题，具有重要的参考价值。

第一节　器物分期及各期特点

根据器物形制、纹饰的不同特点，我们将戴家湾铜器分为四期，各期分述如下：

一、一　期

一期的铜器共61件，计炊食器31件：鼎10、鬲1、簋16、豆4；酒器28件：尊2、卣7、觥1、方彝2、罍1、斝2、觚1、爵3、角2、觯2、盉1、斗3、禁1[①]；水器盘1件；兵器戈1件。

1. 鼎

共10件，包括B型Ⅰ式，Da型Ⅰ式和Dc型Ⅰ式。

B型Ⅰ式：D：D05兽面纹鼎形制纹饰与宝鸡纸坊头M1：3分裆圆鼎相仿[②]，但D：D05兽面纹鼎器身厚重，鼎足较粗，年代可能要略早于纸坊头铜鼎至殷墟四期。

Da型Ⅰ式：D：D10、D：D11直棱纹鼎形制与上海博物馆藏德鼎[③]较为接近。区别在于德鼎的腹部已经略垂，最大腹径下移，而直棱纹鼎的腹部圆鼓，最大径依然保持在腹部中线的位置。德鼎是成王时期的标准器，戴家湾出土的这两件直棱纹，年代要

---

① 本文将告田觥及鼎卣的器座作为一种小禁进行讨论，但是它们仍然是成组器物，因此不再重复计算数目，特此说明。

② 《強国墓》下，图版三. 2。

③ 《青研》195。

略早于德鼎至殷墟四期左右。

另外，河南鹿邑太清宫长子口墓出土有附耳带盖圆鼎，虽然与Da型直棱纹鼎形制纹饰均不相同，但均为附耳。学界一般认为，附耳圆鼎出现于西周中期左右，原报告将这种形制的鼎年代定在商末周初之际，并称："长子口附耳鼎是目前发现，时代最早、器形完整的附耳圆鼎"[①]。戴家湾出土的直棱纹鼎不仅从年代上，而且从数量上都为附耳圆鼎出现的时间做了有力的证明。

Dc型Ⅰ式：与D：D16✻鼎、D：D17兽面纹鼎形制相似的器有安阳GM613：6饕餮纹鼎[②]、故宫藏无终鼎[③]等。腹部较深，柱足粗短，器形古朴端正。✻族徽比较常见，如安阳大司空村M53：27✻小集母乙觯（集成06450），传安阳出土的✻妇觯（集成06417）等，时代均为商代晚期。"✻□□"的族徽则仅此一例。

D：D28涡纹鼎与上海博物馆藏兽面纹鼎[④]形制相似，深腹略鼓，柱足粗短。这种形制的鼎在商代晚期很常见。

D：D29、D：D30乳钉纹鼎与安阳刘家庄北M1046：71鼎[⑤]形制与纹饰相近。下腹外鼓，圜底，柱足。口沿下有两两相对的夔纹，尾部上卷并以云雷纹衬地，腹部饰有圆钝的乳钉纹和斜方格雷纹。宝鸡纸坊头M3也出土过两件类似的铜鼎[⑥]，这种形制的鼎多见于殷墟四期左右，其使用年限可能会进入到西周初年。

D：D18[illegible]父癸鼎腹部较深，三柱足粗短，其年代也大致在殷墟四期左右。D：D31父辛鼎的形制比较少见，与之相仿的有山西曲沃M6195出土的成周鼎[⑦]，但是父辛鼎较成周鼎厚重，年代可能也要早至殷墟四期。

2. 鬲

1件，Ⅰ式。

Ⅰ式：D：L1[illegible]父己鬲还保留有陶器的若干特点。与郭家庄M217：8E型Ⅱ式鬲[⑧]

---

① 《长子口墓》，213页。

② 《殷墟青铜器》，图版一百八十二，第283页。岳洪彬在《殷墟青铜礼器研究》一书中，将该型式的鼎划分为甲Ab型Ⅳ式（第31页），认为以殷墟三期早、晚段最为常见。

③ 《故宫》19。

④ 《青研》51。

⑤ 中国社会科学院考古研究所安阳工作队：《安阳殷墟刘家庄北1046号墓》，《考古学集刊》15，文物出版社，2004年，386页。

⑥ 宝鸡市考古研究所：《陕西宝鸡纸坊头西周早期墓葬清理简报》，《文物》2007年第8期，38页。

⑦ 《铜全》六. 2。

⑧ 中国社会科学院考古研究所：《安阳殷墟郭家庄商代墓葬》，中国大百科全书出版社，1998年，14、68页。简称《郭家庄》。

相比，除没有立耳外，其余如鬲腹、矮足等基本相同。郭家庄鬲大致属于殷墟四期早段。𦈡父己鬲的年代可能要略晚一些。𦈡族器出土较少，传世的还有𦈡鼎（集成01488）和𦈡斝（集成09107），时代也都大致在商代晚期。

3. 簋

共16件，乙类，Ba型Ⅰ式、Ⅱ式，Bb型Ⅰ式、Ⅱ式，C型。

乙类Ba型Ⅰ式：D：G16乳钉纹双耳簋与上海博物馆藏戈父丁簋[①]极为相似。戴家湾遗址共出土了29件铜簋，其中13件装饰有尖刺乳钉纹，唯有这件簋器腹的乳钉呈圆钝状。因此相对于大量的尖刺乳钉纹簋而言，这件乳钉纹双耳簋倒更像是一件外来品。与D：G18夔纹簋形制相仿的器还见于殷墟西区GM1015：9夔纹簋[②]，区别仅在于夔纹的样式略有不同。

乙类Ba型Ⅱ式：D：G17父乙簋与刘家庄北M1046：61亚𠭯簋形制相仿。M1046的年代在殷墟四期，父乙簋的纹饰较亚𠭯簋更为简洁，且圈足底略向外撇，因此年代可能会稍晚一些，在商末周初之际。

乙类Bb型Ⅰ式：D：G12兽面纹簋与陕西长武县丁家乡出土的天簋[③]比较相似。两器的器腹较深，圈足直接切地，未起台，钩形小珥的形制也较古朴，兽首头部距口沿的距离较大。因此，两器的年代应在商代晚期殷墟四期左右。

乙类Bb型Ⅱ式：D：G11父乙簋与GM1573：2母己簋[④]的形制相同，与上海博物馆藏母乙簋[⑤]形制纹饰更为接近，腹部均饰有直棱纹。唯一的区别在于上博藏簋口沿下饰间有牺首的夔龙纹，而父乙簋口沿下饰双身龙纹。

乙类C型：戴家湾出土的11件尖刺乳钉纹簋，形制、纹饰、大小基本相仿。此形制的簋多见于关中地区先周时期的墓葬中，如旭光M1：1[⑥]，沣毛M1：2[⑦]等。因此年代也大致在商末周初之际。

4. 豆

4件。戴家湾出土的铜豆，体形巨大，罕有与之相类似者，其年代大略在商末周初之际。

---

① 《青研》79。

② 《殷墟青铜器》，图版220。

③ 田学祥、张振华：《陕西长武县“文化大革命”以来出土的几件西周铜器》，《文物》1975年第5期，90页。

④ 《殷墟青铜器》，彩版八十一，196页。

⑤ 《铜全》四. 45。

⑥ 王桂枝：《宝鸡下马营旭光西周墓清理简报》，《文博》1985年第2期，2页。

⑦ 中国社会科学院考古研究所丰镐发掘队：《长安沣西早周墓葬发掘记略》，《考古》1984年第9期，782页。

5. 尊

2件，A型。

A型：D：ZN5作父辛尊、D：ZN6鼎尊等扉棱贯穿器身，并斜伸出口沿的“三段式”铜尊一直被认为是西周早期铜尊的特点。然而，殷墟四期就已经出现了该形制的陶尊。如安阳苗圃PNM129：3陶尊[①]（图4-1），其形制纹饰与作父辛尊和鼎尊接近，原报告认为，该墓的年代在殷墟四期偏晚的阶段。另外，1974年北京琉璃河M251出土的父戊尊[②]，大小、形制、纹饰与这两件尊也极为相似，其墓葬的年代在西周初年。综合以上因素来看，这种三段式筒状尊出现于商代末期，流行于西周早期。

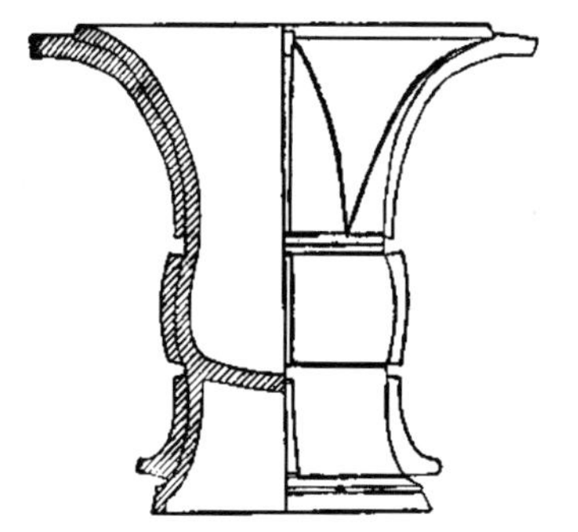

图4-1　苗圃仿铜陶尊与戴家湾鼎尊

6. 卣

共7件，Aa型，Ab型Ⅰ式，B型。

Aa型：D：U1、D：U2两件鼎卣与D：U3～D：U5凤鸟纹卣的装饰风格相同。不同之处在于后三件卣的器腹斜伸出四条粗壮的棱脊。与凤鸟纹卣形制纹饰相似的器还见于传世的妇𨟭卣[③]，妇𨟭铜器的年代大致在商代晚期乙辛之时。除此而外，安阳殷墟孝民屯发现了一处大规模的商代铸铜遗址，其中发现有铜卣腹部的鸟纹及棱脊等的陶范。因此，Aa型卣的年代大致在商代晚期殷墟四期左右，其使用年限或可进入西周初年。

Ab型Ⅰ式：D：U9女母卣与山西灵石旌介M1：33铜卣[④]、刘家庄北M1046：10Ⅰ

① 中国社会科学院考古研究所安阳队：《1984年秋安阳苗圃北地殷墓发掘简报》，《考古》1989年第2期，131～137页。

② 《琉璃河》，177页。

③ 《陶斋》2. 37。

④ 《旌介商墓》，图44。

式卣[①]十分相似。女母卣造型简单古朴，年代也大致在殷墟四期前后。传宝鸡凤翔出土有女母器（集成10562），内铸铭文六字，“女母作父己彝”，年代约在商代晚期。两器之间是否有关联亦未可知。

B型：与D：U7[illegible]卣形制相仿的有传世的四祀邲其卣[②]和刘家庄北M1046：6Ⅱ式卣[③]。[illegible]卣颈部兽面纹为“臣”字形眼，眼仁呈椭方形，略高出器表。四祀邲其卣颈部兽面纹中有短扉棱间隔，眼仁高出器表，略成圆形。另外，四祀邲其卣提梁处的兽首要更复杂一些。刘家庄北M1046：6Ⅱ式卣提梁与器身连接处装饰极为简单，仅以半环形纽相套连。颈部除饰有夔纹外，还间有两个浮雕牺首，其余部分与[illegible]卣相同。[illegible]卣的年代大致在殷墟四期晚段左右。

7. 觥

1件，A型。

A型：D：K1告田觥，由觥和禁两部分构成。上半部分与郭家庄M53：4觥[④]形制略微相似。区别在于前者更显修长，后者看似浑圆，器腹较深。从器物演变的规律看，告田觥要晚于郭家庄M53：4觥。另上海博物馆藏西周初年的賁引觥[⑤]与告田觥的形制也比较相似。賁引觥高度和长度均不及告田觥，其流口高扬，整器显得狭窄而局促。器身纹饰简略，仅饰几道弦纹。因此，年代可能要略晚于告田觥。据此可知，告田觥的年代大致在殷墟四期晚段左右，其使用年限可能进入西周初年。

8. 方彝

2件。

戴家湾遗址共出土两件四出戟方彝，其装饰风格与凤鸟纹卣相同，因此年代也大致在商末周初之际。其中D：F1方彝通高49.1厘米，这也是迄今所见最大的单体方彝。

9. 罍

1件，A型。

A型：D：LE1兽面纹罍与郭家庄M160：140罍[⑥]、山西灵石旌介M1：32铜罍[⑦]形制

---

① 中国社会科学院考古研究所安阳工作队：《安阳殷墟刘家庄北1046号墓》，《考古学集刊》15，文物出版社，2004年，图版26.1。

② 《铜全》三. 129。

③ 中国社会科学院考古研究所安阳工作队：《安阳殷墟刘家庄北1046号墓》，《考古学集刊》15，文物出版社，2004年，图版26. 2。

④ 《郭家庄》彩版1.2。

⑤ 《青研》277。

⑥ 《郭家庄》彩版8。

⑦ 《旌介商墓》，图56。

基本相仿。另外，日本神户白鹤美术馆藏妙罍（集成09738）与本器的形制、纹饰极为相似。

10. 斝

2件。

D：JA1和D：JA2斝与刘家庄北M1046：20斝[①]形制纹饰均十分相似，唯铭文不同。两器的年代大约都在殷墟四期左右。

11. 觚

1件。

D：GU1妣己觚与滕州前掌大M49：11铜觚[②]相似，年代大致在殷墟四期。

12. 爵

3件，Ⅰ式。

Ⅰ式：D：J1亚盥爵有扉棱贯穿器身，与GM2508：4子韦爵[③]极其相似。不同之处在于子韦爵器身上的扉棱要细一些，没有伸出尾端，整体上看不如D：J1爵流畅、大气。甘肃泾川早周墓还出土一件亚盥母鬲[④]，墓葬保存较完整，墓主东西向仰身直肢，有腰坑。该墓的年代较早，葬俗亦为商人的习惯，因此墓主人亦有可能为亚盥族。传世的亚盥铜器还有亚盥鼎[⑤]，亚盥簋（集成03101）等，多集中在商代晚期。D：J2父辛爵与郭家庄M50：24铜爵[⑥]近似，D：J5兽面纹爵与GM856：2子爵[⑦]形制纹饰相仿，腹部微鼓，器身饰有兽面纹。Ⅰ式爵的立柱虽然没有位于流折处，但依然离得很近。

13. 角

2件。

戴家湾遗址出土的两件角与郭家庄M160：144亚址角[⑧]形制与纹饰相似，两翼呈凹弧形分离，深腹，卵圆形底，三棱锥状足，足尖外撇。年代约在殷墟四期左右。

---

① 《刘家庄》图版26.3。

② 中国社会科学院考古研究所：《滕州前掌大墓地》，文物出版社，2005年，图一六五. 1。简称《前掌大》。

③ 《殷墟青铜器》彩版六六，182页。

④ 刘玉林：《甘肃泾川发现早周铜鬲》，《文物》1977年第9期，92页。

⑤ 刘雨、汪涛：《流散欧美殷周有铭青铜器集录》，上海辞书出版社，2007年，图27。

⑥ 《郭家庄》，图31. 5。

⑦ 《殷墟青铜器》图版二一一，312页。

⑧ 《郭家庄》彩版11.2。

14. 觶

2件，A型Ⅰ式，B型Ⅰ式，

A型Ⅰ式：D：ZH2天父乙觶与刘家庄北M1046：54Ⅱ式觶[①]形制相似，口径与腹径几乎相等，器身看起来较肥硕，圈足较高，外撇切地。

B型Ⅰ式：D：ZH1[illegible]父辛觶除了没有盖之外，与郭家庄M160：126觶[②]从形制到纹饰几乎完全相同。所以不排除D：ZH1觶盖有缺失的可能。

15. 盉

1件，A型。

A型：D：H1子父乙盉，与之近似的有郑州洼刘西周墓出土的“冉父辛”盉。[③]区别仅在捉手部分，前者为环状，后者为圆形。洼刘墓的年代虽然在西周早期，但墓中仍有部分商代晚期遗留之物。这两件盉通体满花，纹饰精美，年代均大致在商末周初之际。

16. 盘

1件，A型。

A型：D：P1夔凤纹盘其形制与郭家庄M160：97盘[④]相似，但纹饰不同。郭家庄铜盘腹部饰有鳞纹，圈足上有三条细脊棱，两侧各有一对相向的夔纹。夔凤纹盘器身与圈足上均饰有夔纹。郭家庄M160的年代约在殷墟三期晚段，夔凤纹盘的年代也大略在这一时期，或可晚至殷墟四期。

17. 斗

共3件，A型Ⅰ式，Ba型。

A型Ⅰ式：D：DU5铜斗与刘家庄北M1046号出铜斗[⑤]较为相似，不同之处在于刘家庄铜斗的柄部与斗身连接处饰一牛头，戴家湾铜斗的斗柄中央曲折处及与斗身相连处均饰有牛首。刘家庄北M1046是殷墟四期铜器断代的标尺，因此戴家湾铜斗的年代也约略在这一时期。

---

① 《刘家庄》图版27.2。

② 《郭家庄》彩版11.1。

③ 郑州市文物考古研究所：《郑州洼刘西周贵族墓出土青铜器》，《中原文物》2001年第2期，8、9页。

④ 《郭家庄》彩版13.1。

⑤ 中国社会科学院考古研究所安阳工作队：《安阳殷墟刘家庄北1046号墓》，《考古学集刊》15，文物出版社，2004年，图9～11。

Ba型：D：DU1和D：DU2两件斗的柄尾呈不规则形状，这种形制的斗不见于其他商周时期的铜斗，十分罕见。斗作为舀酒器，一般出土于觥、卣或方彝中。D：DU5铜斗长20.2厘米，出土时置于鼎卣中（具体哪一件鼎卣不清楚），最小的鼎卣器身高度也在36厘米。D：DU1和D：DU2两件斗的长度分别是32和23厘米，因此，能够容纳他们的应该是高度在40厘米左右的大型酒器。戴家湾遗址出土的D：U4凤鸟纹卣高50.9厘米，D：F1直棱纹方彝通高49.1厘米，两件铜斗置于这种大尺寸的酒器中才比较合适。这些酒器的年代均在商末周初之际，因此，这两件铜斗也约略在这一时期。

18. 禁

A型，Ba型。

在D：U2组铜器中可以看到A型和Ba型两种铜禁合用的现象。

19. 戈

Ce型Ⅰ式。

Ce型Ⅰ式：这种有胡的三角援戈与城固、洋县一带出土的铜戈非常相似，如1976年城固苏村小冢铜器点出土的有胡戈1976CHBSXT：48，后者年代可早到殷墟三期左右[①]。

一期的主要特点有：鼎腹部较深，柱足相对较粗短。簋主要分两种，一是流行在关中地区的深腹盆式簋，簋身饰尖刺乳钉纹，圈足较高并向外撇；二是中原地区流行的商式簋。卣的形制比较特殊，除了常见的带有提梁的扁体卣外，还有从腹部斜出四条粗壮脊棱的凤鸟纹铜卣。斝也已经演化到末期的袋腹的形式。爵的立柱开始从流折处向鋬处逐渐转移。整体上看，铜容器中鼎、簋的数量最多，其次是卣和觯。虽然食器的数量大于酒器，但是酒器的种类较食器多。水器的数量稀少。除了常见的器物外，还涌现出了新的器型：例如"三段式"通体带有扉棱的尊和铜禁等开始出现。纹饰以兽面纹、龙纹、凤鸟纹为主，内容丰富，形式多样。铭文字数较少，多为单个的族徽文字。带棱脊的方彝等器仅出现在一期，之后就消失了。

二、二　　期

二期的铜器共计94件，炊食器43件，计鼎25、甗4、鬲1、簋13；酒器23件，计尊3、卣3、觥2、罍1、爵5、觯7、禁1、斗1；水器2件，计盘1、盉1；兵器26件。

① 赵丛苍：《城洋青铜器》，科学出版社，2006年，102、241页。

1. 鼎

共25件，包括Aa型，Ab型，B型Ⅱ式、Ⅲ式，C型，Da型Ⅱ式，Db型Ⅰ式、Ⅱ式，Ⅲ式，Dc型Ⅱ式、Ⅲ式。

Aa型：与D：D01田告方鼎形制纹饰相似的器有太祝禽方鼎[①]。学界大多倾向于认为太祝禽即周公之子伯禽，因此该鼎的年代约在成王时期。田告方鼎的四足较太祝禽方鼎要略细一些，因此年代与太祝禽方鼎大略相同或稍晚一些。D：D03凤鸟纹方鼎与上海博物馆藏亚醜方鼎[②]的形制接近，惟四足的高度不及亚醜方鼎。D：D04作宝彝方鼎与上海博物馆藏德方鼎[③]极为相似，不同之处在于，德方鼎四隅及每一面的中线处均饰有齿状扉棱。德组铜器的年代大致在西周初年成王时期，作宝彝方鼎从形制纹饰及铭文字形书体来看，也应归属于这一时期。

Ab型：D：D02塱方鼎形制十分罕见，这种造型别致、立体感强的鸟形足还见于殷墟出土的"妇好鼎"[④]。塱方鼎铭文内容与周公东征有关，因此这也是成王时期的一件标准器。

B型：Ⅱ式，D：D06兽面纹鼎与D：D05兽面纹鼎相比，鼎腹变浅，三柱足细高，形制更加接近纸坊头一号墓出土的分裆鼎。其年代也大致在西周成王时期或稍晚一些。Ⅲ式，D：D07弦纹鼎，腹部更浅，纹饰简略。与之形制纹饰相仿的有上海博物馆藏亢鼎[⑤]，其年代大致在西周康王前后。

C型：D：D08叡父丁鼎形制纹饰与戚家庄M269：38夔形扁足鼎[⑥]相似，腹部均饰有六条短扉棱，扉棱间有夔纹，两两组合成为三对兽面纹。不同之处在于，戚家庄扁足鼎的腹部要更深一些，底部为圜底。虽然二者的曲尺形扁足形制相近，但是叡父丁鼎腹部极浅，底部近平，足很高，从时代上看，要远远晚于戚家庄扁足鼎，而进入西周初年。D：D09扁足鼎与竹园沟M13：17戈鼎[⑦]基本相同，年代也约略在西周早期武成之际。

Da型Ⅱ式：D：D12、D：D13、D：D14三件直棱纹鼎形制纹饰与D：D10、D：D11约略相同，差别在于这三件铜鼎的腹部开始变浅，三柱足明显升高。足根与足底的粗细渐趋统一。足壁内侧的弧度明显变小，器身的扉棱简化，因此年代要晚至西周初年。

---

① 《十六》1. 15。

② 《青研》203。

③ 《青研》194。

④ 《铜全》二. 53。

⑤ 《青研》197。

⑥ 安阳市文物工作队：《殷墟戚家庄东269号墓》，《考古学报》1991年第3期，图七. 1，第335页。

⑦ 《強国墓》下，图版一七. 1。

Db型：Ⅰ式，D：D15毛伯鼎形制纹饰与上海博物馆藏德鼎[①]更为相似，其年代约在成王时期。毛伯鼎是戴家湾遗址出土的最大的一件铜鼎，也是目前所发现的最早的一件毛伯器。Ⅱ式，D：D21兽面纹鼎与毛伯鼎相比，腹部倾垂更甚一些，其年代有可能在成康之际。Ⅲ式，与D：D24和D：D25兽面纹鼎及D：D26子执弓鼎形制纹饰相似的器还见于竹园沟M1、M13等[②]，此鼎样式在强国墓地比较流行，年代大致在西周早期成康之际。

Dc型：Ⅱ式，D：D19兽面纹鼎与沣西M13出土的兽面纹鼎[③]较为相似。D：D20兽面纹鼎、D：D22铜鼎、D：D23兽面纹鼎则与长安张家坡M62：1铜鼎[④]形制纹饰接近。Ⅲ式，与D：D27简化兽面纹鼎形制接近的有张家坡M167：1弦纹鼎[⑤]。D：D32涡纹鼎形制纹饰与宝鸡竹园沟M8：2铜鼎[⑥]十分相似。D：D33、D：D34、D：D35三件铜鼎，与宝鸡竹园沟M13：104弦纹鼎[⑦]相仿。

2. 鬲

1件，Ⅱ式。

Ⅱ式：D：L2鲁侯熙鬲形制特殊，纹饰华丽，罕有与其相类似者。有学者认为，该器是鲁炀公为其父鲁公伯禽所作，因此成器年代约在西周早期，是一件康王时期的标准器。

3. 甗

共4件，Ⅰ式。

Ⅰ式：腹较深，腹壁斜直，口沿下通常饰一周带状纹饰，鬲腹上亦饰有兽面纹。D：Y1母癸甗形制纹饰与泾阳高家堡M3：2戈父甗[⑧]相似。D：Y2𠂤甗与江西余干出土的应监甗[⑨]形制纹饰相仿。D：Y3戈甗形制纹饰与宝鸡纸坊头M1：5铜甗[⑩]接近，D：Y4铜甗虽锈蚀较重，但其形制与戈甗大略相同。以上诸甗的年代均在西周早期早段约成康之时，戈甗的腹部较深，年代有可能还要略早一些。

---

① 《青研》195。

② 《強国墓》下，图版一六、六三。

③ 《陕青》三. 46。

④ 《张家坡》，图版96. 3。

⑤ 《张家坡》，页135。

⑥ 《強国墓》下，图版九三. 1。

⑦ 《国墓》下，图版二五. 2。

⑧ 《高家堡》，图版二十四。

⑨ 《铜全》六. 92。

⑩ 《強国墓》下，图版三. 4。

4. 簋

共13件，甲类，乙类A型，Bb型Ⅲ式、Ⅳ式，Bc型Ⅰ式、Ⅱ式。

甲类：D：G01凤鸟纹方座簋，这种具盖的方座簋比较少见。D：G02甲簋满饰高凸器表的乳钉纹，装饰亦很奇特。两器的形制与德簋[①]、竹园沟M13：20双耳方座簋[②]相似，年代大致在成康时期。

乙类A型：D：G03乳钉纹四耳簋与宝鸡纸坊头M1：9四耳簋形制及纹饰布局都十分相似。不同之处在于后者器身上的乳钉纹较为圆滑，微凸器表。而戴家湾的四耳乳钉纹，乳钉粗壮，前端尖锐，高凸器表。两器的年代大致相同，约略在西周初年武成之时。

乙类Bb型Ⅲ式：D：G14、D：G15带盖簋与强国墓地BZM13：22、BZM20：3、BZM18：2带盖簋[③]形制相似。其中M13的年代大略在成康之际，M20和M18要稍早一些。

乙类Bb型Ⅳ式：D：G09、D：G10兽面纹簋形制纹饰与强国墓地BZM13：21、BZM20：4、BZM14：2铜簋[④]大致相同。D：G13双耳簋与张家坡M178：4兽面纹簋[⑤]形制近似，以上诸器的年代均在西周初年约成康时期。

乙类Bc型：Ⅰ式，D：G04蜗纹簋，主体纹饰为蜗纹，这是一种地域性极强的纹饰，流行的时间很短[⑥]。相似的纹饰还见于高家堡M1：8、M1：9簋[⑦]，强国墓地BZM1：254、BZM4：15簋[⑧]等，时代大致都在成康之际。D：G05兽面纹簋与高家堡M3：4兽面纹簋[⑨]形制纹饰均很相似。Ⅱ式：与D：G06、D：G07和D：G08双耳簋形制较为接近的有岐山贺家村西周墓出土的史䟚簋[⑩]，年代已进入康王时期。

5. 尊

共3件，B型Ⅰ式。

---

① 《美集录》A220。

② 《强国墓》下，图版一九。

③ 《强国墓》下，图版二十.1，图版一零一.3，图版一二五.3。

④ 《强国墓》下，图版二十.2，图版一零一.4，图版一一八.2。

⑤ 《沣西》，120页。

⑥ 任雪莉：《蜗纹的相关问题及研究意义》，《宝鸡文理学院学报》（社会科学版）2007年第4期，38页。

⑦ 《高家堡》图版六、七。

⑧ 《强国墓》下，图版六四，图版七五。

⑨ 《高家堡》图版四。

⑩ 《铜全》五.51。

B型Ⅰ式：尊的颈、腹和圈足的分界并不明显，腹部通常饰有细阳线构成的兽面纹。D：ZN2夔纹尊腹部有上下两周带状纹饰。上周为夔纹，下周纹饰比较模糊，仔细观察，似和上面的夔纹不尽相同，身躯较长，线条舒展。如果下周饰凤鸟纹，则整器与传世的卿尊[①]相似；如果下周饰夔龙纹，则整器的形制纹饰与竹园沟M8：7夔纹尊[②]接近，以上诸器的年代均在西周早期成康之际。D：ZN3父己尊、D：ZN4兽面纹尊形制纹饰与甘肃灵台白草坡出M1：15子夌尊[③]相仿，年代大致在西周成康之时。

6. 卣

共3件，Ab型Ⅱ式、Ⅲ式。

Ab型Ⅱ式：D：U8𤔲高卣与1974年琉璃河M251出土的父戊卣[④]相似，墓葬的年代约在西周初年。

Ab型Ⅲ式：D：U10、D：U11夔纹卣形制纹饰相同，大小有别。另D：ZN2夔纹尊的装饰风格与两件夔纹卣极为相似。与之相类似的还见于宝鸡竹园沟M8出土的1件夔纹尊和2件夔纹卣，M8的年代约在成康之际[⑤]。因此，戴家湾出土的夔纹尊和夔纹卣也应构成一尊二卣的酒器组合，其年代与竹园沟八号墓基本相同。

7. 觥

2件，B型。

B型：这种体呈椭方形的觥不多见，鹿邑长子口墓出土有2件，分别为M1：86和M1：225[⑥]。制作较为粗糙，纹饰不及D：K2中子𡗕觥和D：K3文父丁觥精美。D：K2觥和D：K3觥分藏于旧金山亚洲艺术博物馆和普林斯顿大学艺术博物馆。由于D：K3文父丁觥出土的时间较早，出土地点一直不明确。D：K2中子𡗕觥是党毓琨盗掘出土的，这两件器尺寸大小几乎相等，均饰有羽毛散开的凤鸟纹，铭文内容也相互关联，都是为“文父丁”所做。不同之处仅在于D：K2觥盖兽首是闭口的，D：K3觥盖兽首则张口龇牙。通过以上比较，再参照长子口出土的一对觥，我们认为D：K3文父丁觥与D：K2中子𡗕觥之间具有十分密切的联系，二者即使不出自同一墓葬，也应出于同一地区。

---

① 《综览》，觚形尊98。

② 《強国墓》下，图版九三. 3。

③ 甘肃省博物馆文物队：《甘肃灵台白草坡西周墓》图版五. 4，《考古学报》1977年第2期，107页。以下简称《白草坡》。

④ 《琉璃河》，183页。

⑤ 《強国墓》上，176页。

⑥ 《长子口墓》，彩版四八～五十。

8. 罍

1件，B型。

B型：D：LE2 罍与鹿邑太清宫出土的M1：124罍[①]相比，器形及结构布局相同，唯纹饰和铭文不同，时代当为西周初年成康之时。

9. 爵

5件，Ⅱ式。

Ⅱ式：D：J6弦纹爵与山西连寺沟出土的商代晚期的弦纹爵[②]形制纹饰较为相似，不同之处在于立柱较流口稍远，因此年代要晚于连寺沟铜爵至西周初年。D：J3虎林爵与山西灵石旌介M1：42爵[③]形制纹饰相似，仅立柱的位置略有区别。旌介铜爵的立柱紧靠流口下端，虎林爵的立柱已经后移。灵石旌介M1的年代约在殷墟四期左右，虎林爵的年代则要晚至西周初年。辛族铜器如辛觯（集成06017）、辛觚（集成06723）等，年代多在商代晚期。D：J4辛父癸爵的三足呈刀形，下部向外撇，年代已进入西周早期。D：J7和D：J8铜爵形制也为西周早期流行的样式。

10. 觯

共7件，B型Ⅱ式。

B型Ⅱ式：D：ZH3亚父甲觯、D：ZH4中觯、D：ZH5中觯等形体瘦削，下腹倾垂，颈部饰一圈云雷纹或通体光素的铜觯是西周早期流行的样式。如强国墓地的BZM13：5、BZM7：333觯[④]，张家坡墓地M28：3[⑤]和灵台白草坡墓地M2：6觯[⑥]等。

戴家湾遗址共出土了两件带有“中”字族徽的铜觯，一件与“亚址”族构成复合族徽，另一件则单独出现。“中”与“亚址”族连称最早见于郭家庄M160出土的三件铜铙上[⑦]。然而，中觯的年代已进入周初，因此，其“中”字的写法与郭家庄铜铙已不甚相同（图4-2）。

① 《长子口墓》，彩版五九。

② 沈振中：《忻县连寺沟出土的青铜器》，《文物》1972年第4期，67页。

③ 《旌介商墓》，图81。

④ 《強国墓》下，图版二三. 2，图版四九. 4。

⑤ 中国社会科学院考古研究所沣西发掘队：《1967年长安张家坡西周墓葬的发掘》，《考古学报》1980年第4期，469页。

⑥ 《白草坡》图版五. 1，107页。

⑦ 《郭家庄》，105页。

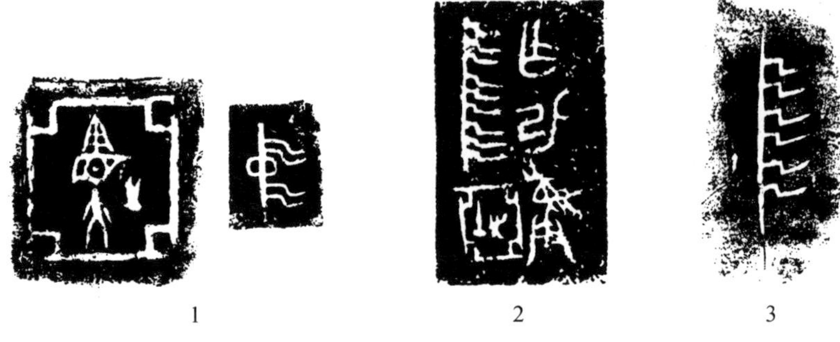

1　　2　　3

图4-2　M160铜器铭文与戴家湾铜器铭文比较

1. M160：41钟　2. D：Z4中觯　3. D：Z5中觯

11. 斗

1件，A型Ⅱ式。

A型Ⅱ式：D：DU4铜斗是1980年宝鸡峡工程卧龙寺段施工时，工人在戴家湾渠岸边取土时发现，共出的还有簋1、觯1、銮铃2。经调查，这批铜器应为同一墓葬出土，从共出器物的年代来看，均在西周初年。

12. 盉

1件，B型。

B型：D：H2作彝盉与琉璃河燕国墓地出M1193：167克盉①形制纹饰相似，不同之处在于，克盉底部分裆明显，作彝盉底部已渐趋平缓。克盉的器主“克”被认为是成王时期的第一代燕侯，作彝盉的年代可能要略晚于克盉。

13. 盘

1件，B型Ⅰ式。

B型Ⅰ式：D：P2作彝盘与大英博物馆藏延盘（集成10067）形制极为相似，仅纹饰有区别。延盘下饰带状蝉纹，作彝盘饰夔凤纹。延盘铭“延作周公尊彝”，可知其年代约在成康时期，作彝盘的年代也大致在这一时段。D：H2作彝盉与该盘铭文字体风格与铭文内容均相同，应为一套水器组合。

14. 禁

1件，Bb型。

① 中国社会科学院考古研究所、北京市文物研究所：《北京琉璃河1193号大墓发掘简报》，《考古》1990年第1期，25页，图版二. 1。

Bb型：与Ba型相比，平整的禁面上留出了三个椭圆形的子口，用来稳固禁面上所承酒器。另外，A型小禁已经从酒器转移到了食器簋上，这不仅是铜器铸造和使用上的创新，也是不同文化间相互影响交融的体现，更是一种礼制变革的需求。

15. 异型大刀

D：S1异型大刀的形制十分奇特，宝鸡竹园沟八号墓出土铜戟一件，亦有类似的钩形装饰①。结合戴家湾墓地的年代，这件异型大刀也应为西周早期器。

其余兵器基本归于二期。

二期的主要特点有：鼎腹部明显变浅，柱足细高，例如方鼎的腹深已经小于柱足的高度；扁足鼎的接地面变小而呈圆弧形。簋的形制更加多样，出现了方座簋，四耳簋，双耳垂珥簋等；爵的双柱距流口的根部已移至鋬部。铜器仍以鼎、簋的数量为多，但是与第一期相比，酒器的数量和种类均锐减，水器的数量稍有增加，但是因器物缺失严重，所以增加的比例不是非常明显。兵器的种类较多，有戈、戟、剑等，均为西周早期流行的样式。纹饰开始简化，大多数铜器仅在口沿下饰一圈带状纹饰，内容有简化的兽面纹，夔龙或夔凤纹，甚至是云雷纹。另外，一些铜器的形制虽然是商式的，但是纹饰却具有浓郁的地方特色，不见于殷墟地区，如蜗纹，羽毛散开的鸟纹等。铭文的字数有所增加，例如塱方鼎和鲁侯熙鬲等，铭文内容都非常的重要。二期的器物与一期相比，有些具有很密切的传承性，因而总体风格相近。

三、三　　期

三期的铜器共6件，计鬲2、尊1、卣1、觯2。

1. 鬲

2件，Ⅲ式。

Ⅲ式铜鬲腹部变浅，口沿与器身相接处有一段直领。D：L3[illegible]伯鬲与琉璃河燕国墓地M54：14弦纹鬲②形制相似，后者的年代在西周早期偏晚。D：L4铜鬲形制与张家坡M294：1铜鬲相仿，时代“估计约相当于康王或稍晚时期”③。据此可知，Ⅲ式鬲的年代大致在西周早期晚段约昭王之时。

---

① 《強国墓》下，图版九五. 5。

② 《琉璃河》，77页。

③ 《张家坡》，146、364页。

2. 尊

1件，B型Ⅱ式。

B型Ⅱ式：与D：ZN1用征尊形制纹饰相似的器有上海博物馆藏召尊[①]，召尊的年代约在昭王前后。

3. 卣

1件，Ab型Ⅳ式。

Ab型Ⅳ式：与D：U6用征卣形制纹饰相仿的器还见于上海博物馆藏召卣[②]。召卣的年代也约在昭王前后。用征尊和用征卣的装饰风格和铭文内容均相同，因此，两器应属于一尊一卣的酒器组合。

4. 觯

2件，A型Ⅱ式。

A型Ⅱ式：D：ZH7[illegible]父乙觯、D：ZH9云雷纹觯，与強国墓地竹园沟M17的铜觯[③]的形制相似。M17的年代约在昭王之际，因此这两件觯的年代也约略在这一时期。另外，纸坊头BZFM1也出土了一件[illegible]父乙觯[④]，与D：ZH7觯相比，除铭文相同外，形制纹饰均有很大差异。纸坊头铜觯较为细长，横截面呈圆形，周身光素无纹。两器相距年代已较远，虽然都是为[illegible]父乙所作，但二者恐非一人。

从三期开始，铜器的数量和种类都骤然减少。纹饰极为简略，尤其是用征尊和用征卣，通体光素，形制简率。远不能与早期那些形制奇特，纹饰精美的铜器相比。由此可以看出，从西周早期晚段开始，这里就发生了重大变故，反映在铜器上，则表现出数量的急剧减少，品质下降。

四、四　　期

四期的铜器共10件，计甗1、盘1、盂1、斗1、匕6。除了盂、甗等外，其余均为小件。

---

① 《青研》255。

② 《青研》265。

③ 《強国墓》下，图版一三四。

④ 《強国墓》下，图版一〇.4。

1. 甗

1件，Ⅱ式。

D：Y5回首龙纹甗较Ⅰ式腹变浅，甑部的腹径与鬲部最大径接近，鬲部圆鼓，纹饰简化。与其形制纹饰接近的还有仲伐父甗[①]，口沿下均饰有回首夔纹。𢦏甗[②]、张家坡M183：3铜甗[③]颈部仅饰有一道弦纹，除此而外形制与前两甗基本相同。𢦏甗是穆王时器，仲伐父甗的年代要更晚一些，因此，回首龙纹甗的年代应该介于二者之间，约相当于西周中期偏晚一些。

2. 盘

1件，B型Ⅱ式。

B型Ⅱ式：三门峡市花园北街一西周晚期墓葬出土一组青铜明器，其中M1：7青铜盘大小、形制与D：P3铜盘相近[④]。据此可知，该器的年代也在西周晚期左右。

3. 盂

1件。

D：YU1盂与扶风刘家村[⑤]和眉县杨家村[⑥]出土的盂形制与纹饰近似，唯口沿下的牺首和圈足处不同。D：YU1盂的圈足外撇、直接切地，后两者的圈足接地处起台，口沿下的牺首长鼻上卷。几件盂的年代均在西周中期。

4. 斗

1件，Bb型。

D：DU3铜斗形制与茹家庄M1乙：36[⑦]相近，时代亦在西周中期。

5. 匕

6件。

---

① 《陕青》（二），图版一三七，169页。

② 《陕青》（二），图版一零二，131页。

③ 《张家坡》，146页。

④ 三门峡市文物工作队：《三门峡市花园北街发现一座西周墓葬》，《文物》1999年第11期，20页。

⑤ 罗西章：《扶风出土的商周青铜器》，《考古与文物》1980年第4期，6～22页。

⑥ 陕西省考古研究所，宝鸡市考古工作队，眉县文化馆，杨家村联合考古队：《陕西眉县杨家村西周青铜器窖藏发掘简报》，《文物》2003年第6期，4～42页。

⑦ 《強国墓》下，图版一六五. 3。

D：B1～D：B6铜匕与故宫藏窃曲纹匕[①]形制纹饰相似，唯后者的尺寸较小，仅有17.8厘米，时代在西周中期。

由于照片质量不高，再加上拍摄角度的不同，器物的形制和纹饰描述都不是很精确，只能根据器形等特点粗略地分为四期（表4-1）。一期的器物种类丰富，器形普遍较大，纹饰精美。二期的器物数量最多，有些铭文内容十分重要。三、四期的器物最少。从铜器的数量和质量上可以看出，一二期是鼎盛时期，从三期开始逐渐走向衰落。一期的年代大致在殷墟四期至商末周初之际，二期的年代约相当于西周初年成王至康王前期，三期的年代约在西周早期晚段康王后期至昭王。四期为西周中期或偏晚一些。

表4-1　铜器型式与分期对照简表

分期	鼎	鬲	甗	簋	尊	卣	觥	罍	爵	觶	盉	盘	禁	斗	其他
一期	BⅠ DaⅠ DcⅠ	Ⅰ		乙类 BaⅠ BaⅡ BbⅠ BbⅡ C	A	Aa AbⅠ B	A	A	Ⅰ	AⅠ BⅠ	A	A	A Ba	AⅠ Ba	豆 彝 斝 角 觚
二期	Aa Ab BⅡ BⅢ C DaⅡ DbⅠ DbⅡ DbⅢ DcⅡ DcⅢ	Ⅱ	Ⅰ	甲类 乙类 BbⅢ BbⅣ BcⅠ BcⅡ	BⅠ	AbⅡ AbⅢ	B	B	Ⅱ	BⅡ	B	BⅠ	Bb	AⅡ	
三期		Ⅲ			BⅡ	AbⅣ				AⅡ					
四期			Ⅱ									BⅡ		Bb	匕 盂

① 《故宫》150。

第二节　个别器物年代的探讨

一、鼎族铜器

1901年，戴家湾出土了“柉禁十三器”，其中，鼎尊、鼎卣和铜禁等器的年代普遍被认为是西周早期，因此对其年代有必要重新加以分析。

D：U1和D：U2（不带方座）鼎卣与郭家庄M160：172卣[①]形制与纹饰极为相似。从高度上看，郭家庄铜卣与D：U2的尺寸几乎相等。不同之处在于：鼎卣提梁两端的兽首为掌状角，提梁上的纹饰为回首龙纹；而郭家庄铜卣的兽首为柱形角，提梁上的纹饰为首尾相连的顾龙纹。但是同出的两件铜方尊M160：152和M160：128肩部的兽头上就装饰有手掌状的角，因此从装饰风格上看还是比较一致的。另外，郭家庄铜卣的腹部圆鼓，最大腹径在腹部中央，鼎卣的腹部已经开始下垂。因此，鼎卣年代上要略晚于郭家庄铜卣。李学勤先生曾撰文对这两件卣进行了研究。他认为郭家庄铜卣的时间在殷墟三期偏晚至四期偏早之间，因此鼎卣的时间“也应如此推定，不会晚到西周”[②]。除了郭家庄M160：172铜卣外，还有一些形制风格近似的铜卣，如湖南宁乡出土的戈卣、江西遂川出土的亚[illegible]卣、广西武鸣出土的[illegible]卣和岐山贺家村出土的[illegible]卣等[③]，其共同的特点是盖缘两侧有角状的凸起，腹部倾垂明显，装饰繁缛，层次丰富。另外，我们亦能发现，这种提梁装在器身窄端两侧的铜卣基本上都是通体满花，铸造精良，纹饰华美瑰丽，为晚商青铜器中的精品之作。

殷墟地区虽然没有发现扉棱贯穿器身，并延伸出口沿的三段式铜尊，但是却发现有类似的仿铜陶尊。例如安阳苗圃PNM129：3陶尊[④]，其形制特征就与西周初年的同类酒器十分的相似。报告认为，M129的年代在殷墟四期偏晚阶段。从以上两点来看，鼎尊和鼎卣出现的时间都不会晚于殷墟四期。另外，华觉明、萧惠芳曾在《端方柉禁诸器的工艺考察》一文中，从工艺角度探索了柉禁器群的归属问题，他们认为：“两件卣和一件尊是和柉禁配伍的。”[⑤]以上证据都表明，作为一组酒器，鼎尊与鼎卣的年代都在商代晚期，与之配套的铜禁年代更不会晚至西周早期了。如果铜禁不是西周初年的产物，那么其身上所赋予的礼制含义就值得再探讨了。

---

① 《郭家庄》彩版九。

② 李学勤：《郭家庄与斗鸡台——从卣的关联看殷周文化异同》，《学习与探索》1993年第3期，128页。

③ 《铜全》四. 160、164、165、168。

④ 中国社会科学院考古研究所安阳队：《1984年秋安阳苗圃北地殷墓发掘简报》，《考古》1989年第2期，131～137页。

⑤ 华觉明、萧惠芳：《端方柉禁诸器的工艺考察》，《东南文化》2003年第3期，88页。

二、四件铜豆

戴家湾墓地出土了大小形制基本相同的四件铜豆。在商代晚期和西周早期墓葬中均找不到与之相类似的铜豆。殷墟地区仅郭家庄东南M1：21出土铜豆一件，平沿，盘腹较深。据岳洪彬先生认为，其“仅见于殷墟青铜器第四期”[①]。另外，山西保德县曾经出土了两件形制相同的铃豆[②]，高10.4厘米、口径9.9厘米，唇尖而窄，沿内折，盘较深。豆柄上有三个长方或十字形镂空（图4-3，1）。与其形制相同的还见于上海博物馆藏铃豆[③]，高12.4厘米、口径12.5厘米。北京市文物研究所藏商代晚期的𠭯豆[④]，高10厘米、口径10.7厘米，侈口、方折沿、圜底（图4-3，2）。与以上铜豆相比，D：DO1～D：DO4豆腹极浅，腹壁略直，平底、豆柄很高，且呈亚腰形（图4-3，3）。最重要的是，戴家湾铜豆的高度接近30厘米，较其他铜豆的两倍还多。除了铜豆外，殷墟及其他地方发现有很多陶豆，但是这种浅腹高柄的陶豆数量却并不多。质地多为灰陶，也有白陶。如HPKM2512出白陶豆（图4-3，5），李济先生将其编为208X高足平底型。他认为，这种白陶是专门用来殉葬或祭祀，非日常用品，“白陶与青铜器的关系，在若干方面似甚密切，但紧要处却各不相涉。如：最常见的白陶豆与喇叭筒形器不见于殷墟的青铜器……”[⑤]但是，该类型的白陶豆与戴家湾铜豆区别还是比较大的。前者为假腹豆，接近腹部的豆柄外鼓，向下逐渐内收至柄中部最细，后又外撇至豆柄底部。洹北花园庄东地灰坑中出土一件Ab型陶豆（T1④：81）[⑥]与戴家湾铜豆相似的地方较多，如豆盘均较浅，豆柄的弧度变化不是很大。不同之处在于前者为大敞口，盘壁斜直，柄壁略直，接地处外撇较甚；后者为直口，柄壁略成弧形，中部稍细。从时代上看，前者属于洹北花园庄晚期。

小屯YM388出土了一对白陶豆，形制相同，宽沿内敛，喇叭状豆柄粗矮，时代与洹北花园庄东地灰坑中出土的高柄灰陶豆大致相同，约为殷墟一期（图4-3，4）。虽然小屯出土的白陶豆与戴家湾铜豆的形制相去甚远，但是它的出土至少告诉我们：墓葬中的豆一般是成对出土。综合以上对商代晚期出土的陶豆与铜豆分析来看，戴家湾

---

① 岳洪彬：《殷墟青铜礼器研究》图二十一. 2，中国社会科学出版社，2006年，60页。

② 吴振录：《保德县新发现的殷代青铜器》，《文物》1972年第4期，62页。保德县铃豆的年代亦在商代晚期。

③ 《铜全》四. 50。

④ 《铜全》四. 47。

⑤ 李济：《殷墟白陶发展之程序》图二 · 9a，《李济考古学论文选集》，文物出版社，1990年，351、367页。

⑥ 中国社会科学院考古研究所安阳工作队：《1998～1999年安阳洹北商城花园庄东地发掘报告》图版五 · 1，《考古学集刊》15，文物出版社，2004年。

图4-3　青铜豆与陶豆对比图

1. 山西铃豆　2. 北京龚叡豆　3. 戴家湾青铜豆　4. 安阳YM388白陶豆　5. HPKM2515白陶豆　6. 洹北花园庄Ab型陶豆

铜豆有可能出自一个墓葬，一组四件；也有可能分属两个墓葬，一组两件，其时代不会晚于殷墟四期。

三、孝民屯铸铜遗址与戴家湾铜器

除了墓葬出土铜器可供参照比对以外，殷墟铸铜遗址出土的陶范也为我们判定戴家湾铜器的年代提供了依据。孝民屯东南地铸铜遗址是继苗圃北地铸铜遗址后，发掘的又一处大规模商代铸铜遗址。出土陶范多达3万块，另外还发现有熔炉残片及磨石等相关遗物。该遗址的发现，不仅为青铜器的研究提供了大量的实物资料，同时也带来了许多新问题。“从陶范的形制和纹饰看，所浇铸的青铜器大部分属殷墟后期，部分器形和纹饰所反映的年代可能晚至商末周初，……孝民屯东南地铸铜作坊遗址的使用年代较长，出现于殷墟二期，发展于殷墟三期，繁荣于殷墟四期，消亡于商周更替之际。”[①]从出土的陶范来看，有一些与戴家湾铜器具有直接的关系。

1. 花冠凤鸟范（图4-4，1-3）与D：U3～D：U5凤鸟纹卣

这种陶范对应的卣共发现5件，分藏于弗利尔博物馆、波士顿美术馆、白鹤美术馆和上海博物馆。其中上海博物馆藏2件，冈父丁卣[②]（无盖、腹部没有凸出的棱脊）和271凤纹卣[③]（图4-4，4）。戴家湾出土3件，分别是D：U3～D：U5，因此，除上海博物馆藏的凤鸟纹卣出处不明外，其余3件都来自宝鸡戴家湾墓葬。容庚、马承源先生认为是商代晚期器[④]，陈梦家、陈佩芬先生认为是西周早期器[⑤]。传世的妇[illegible]卣[⑥]其形制纹饰与上述5件基本相同（图4-4，5）。主要区别在于盖上的捉手，前者为花蕾状，后者为圆形。妇[illegible]组铜器的年代大致在乙辛时期[⑦]，所以将这几件器放在商代晚期应该是没有什么问题的。

据李永迪先生的介绍，在孝民屯东南地遗址还出土了许多凤鸟卣的外范，包括“属于腹部的长尾鸟纹范（带扉棱）、齿冠鸟头范，属于盖壁的长尾鸟纹范、牛首范，属于提梁的龙纹范、鹿角龙首范”[⑧]。另外，在孝民屯还发现了一件“与方彝倒钩状扉棱相当的母模”，说明戴家湾墓地出土的D：F1和D：F2两件方彝也应该是这里的产品。

2. 直棱龙纹方禁范、鼎范（图4-5）与D：K1告田觥，D：D10～D：D14直棱纹鼎

以上告田觥和直棱纹鼎这两种器物的年代也多有争议。容庚先生认为告田觥是商代晚期器[⑨]；李学勤、罗森、吴振烽先生认为告田觥是西周早期器[⑩]。陈梦家、罗森、陈佩芬先生认为直棱纹鼎是西周早期器[⑪]。李永迪先生在对孝民屯陶范进行整理与研究的基础上，进一步指出：“基于现有的材料，并考虑新风格的产生或许有较长的萌芽过程，这批原来一般定为西周早期的铜器，尤其是没有科学考古发掘品可对应、而与

---

① 中国社会科学院考古研究所安阳工作队：《2000～2001年安阳孝民屯东南地殷代铸铜遗址发掘报告》，《考古学报》2006年第3期，377页。

② 马承源：《记上海博物馆新收集的青铜器》，《文物》1964年第7期，11、12页。

③ 《青研》（西周篇上），181页。

④ 《通考》图版六一二，414页；马承源：《记上海博物馆新收集的青铜器》，《文物》1964年第7期，11、12页。

⑤ 《美集录》A591；《青研》（西周篇上），181页。

⑥ 陶斋2.37，三代13.32.6-7，小校4.54.5。

⑦ 王世民、张亚初：《殷代乙辛时期青铜容器的形制》，《考古与文物》1986年第4期，53～59页。

⑧ 李永迪、岳占伟、刘煜：《从孝民屯东南地出土陶范谈对殷墟青铜器的几点新认识》，《考古》2007年第3期，54页。

⑨ 《通考》图版六八一，428页。

⑩ 《遗珠》图版95；《赛克勒》图8.2；《通鉴》12718。

⑪ 《美集录》A26；《赛克勒》ⅡB.8；《青研》（西周篇上），39页。

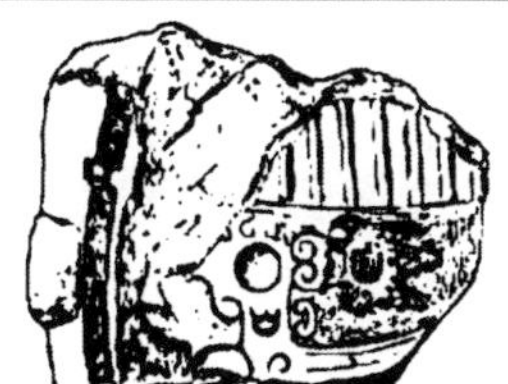

1. 鸟头部的花状羽冠

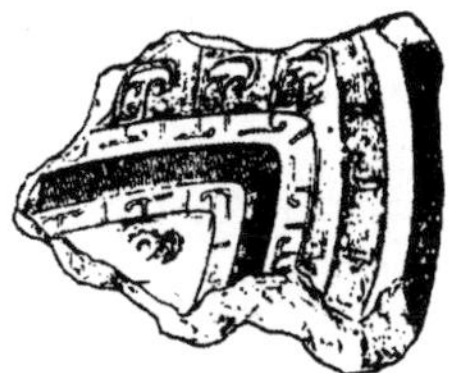

2. 尾羽上三条垂直羽纹

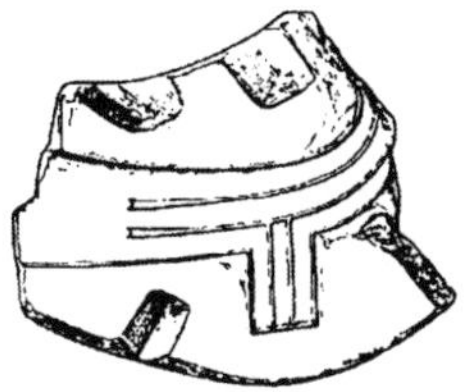

3. 上腹部斜出的棱脊

4. 拓片为上海博物馆藏凤纹卣

5. 妇[illegible]卣

图4-4　花冠凤鸟范与凤鸟纹卣

1. 告田觥

2. 直棱龙纹方禁范

3. 拓片为上海博物馆藏直棱纹[illegible]鼎

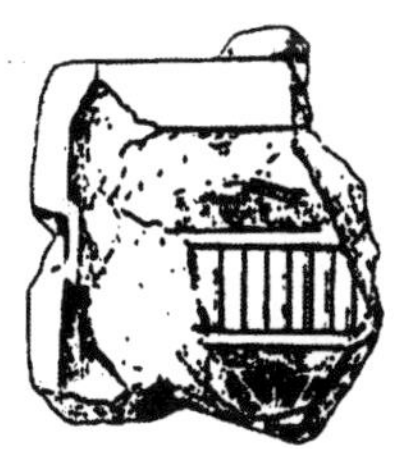

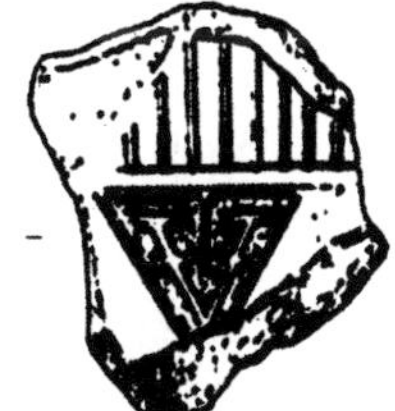

4. 直棱纹鼎范

图4-5　直棱龙纹方禁范与鼎范

孝民屯东南地出土陶范器形及风格基本一致的博物馆藏品，如直棱纹鼎、方禁、长尾凤鸟卣等，其年代或许应提前到商末。”①

刘家庄M1046墓葬的发掘具有十分重要的意义，它“是殷墟四期出土青铜容器数量最多，器物组合最齐全的殷代墓葬，故该墓可作为殷墟四期青铜容器的断代标尺”②。综合器物的形制纹饰、组合方式等来看，这组帝辛时期的礼器群具有承上启下的重要作用。例如发掘报告中提到的带垂珥的簋、带圈状捉手的卣、四足盉、曲柄斗等流行于西周早期的器型，应发轫于商代晚期。再如该墓中一尊二卣的组合方式也是多见于西周早期的。以往对于商末周初之际铜器年代的判定，多参考出土地点。河南出土的一般定在商代晚期，陕西出土的多为西周初年。戴家湾墓地非科学发掘，对于墓葬中时代较为模糊的器物，如果也简单地依据以上标准来判定，将影响到墓葬族属、墓地性质等相关问题的科学分析和深入研究。

最近有学者指出：“殷墟文化第四期最末阶段的部分遗存，尽管文化属性仍可归于商文化，但其年代已进入西周初年”③；另有学者主张：“从武王灭纣至周王分封，共有8年时间，而这8年时间在考古学文化尤其青铜器特征上不易表现。殷墟青铜器第四期的年代下限，若加上商亡以后至周王分封这8年时间，可能为公元前1038年左右”④。这两种观点的共同之处在于，都将殷墟文化第四期晚段纳入了西周的纪年范围。不同之处在于，前者将目前认定的殷墟四期又划分出五段，将第五段放在了西周初年；后者直接将武王灭商至成王分封的这8年加入到现有的殷墟四期当中。这两种看法都有各自的道理。具体到直棱纹铜鼎、告田卣和鼎尊、鼎卣以及第一组铜禁这些争议较大的铜器来说，虽然在孝民屯东南地发现了与之相关的陶范，但是从伴出的陶器来看，属于殷墟四期晚段，那么究竟怎样看待这批铜器的年代呢？首先从铜器的来源看，在陕西地区没有发现类似的高规格的铸铜作坊和相应的陶范，因此这批铜器是可以暂时推定为从安阳输出的。其次，就使用的人来说，以上几件铜器均有族徽，鼎尊、鼎卣的族徽为[illegible]，方座觥的族徽为“告田”，这些明显不是周族用器。另外，这批形制风格特殊的铜器仅仅出自戴家湾地区，宝鸡市区相邻的墓地没有出土类似风格的东西。在周人统治的核心区域如岐山、扶风、丰镐地区等也未见到。因此，单由出土地点判定铜器的年代和族属，显然证据不充分。再加上铜器使用的年限较长，综合以上几点，我们认为以上大部分铜器的制作年代在殷墟四期偏晚，其使用的年代可延续至西周初年。

---

① 李永迪、岳占伟、刘煜：《从孝民屯东南地出土陶范谈对殷墟青铜器的几点新认识》，《考古》2007年第3期，53页。

② 中国社会科学院考古研究所安阳工作队：《安阳殷墟刘家庄北1046号墓》，《考古学集刊》15，文物出版社，2004年，387、388页。

③ 唐际根、汪涛：《殷墟第四期文化年代辨微》，《考古学集刊》15，文物出版社，2004年，36页。

④ 岳洪彬：《殷墟青铜礼器研究》，中国社会科学出版社，2006年，192页。

第五章　戴家湾铜器的风格特点

戴家湾铜器群受到学界关注的一个很重要的原因，就是铜器所体现出来的强烈的风格特点。以往的研究偏重于单个器物或族属的推定等，针对戴家湾铜器群风格特点的研究比较薄弱，因此，本章将从器形、装饰手法和纹饰三个方面对戴家湾青铜器的风格特点进行探讨。

第一节　器形装饰方面

一、青　铜　禁

戴家湾遗址出土的铜禁数量最多、时代最早，且形式丰富。根据尺寸的不同，分为A、B二型。A型体积较小，如告田觥和小鼎卣的方座（图5-1，1、2），与器身均可分离，并且在禁上专门留有与酒器的圈足相套合的子口。该类型的禁是专门用来盛放单一酒器的。B型青铜禁体积较大（图5-1，3、4），可能是在祭祀、宴飨等比较重要的场合下专门用来盛放一组酒器的案子。华觉明在对端方收藏的Ba型禁从铸造工艺上进行考察之后认为，与这件禁相配套的除了鼎尊、鼎卣外，禁面上还有两件觯的痕迹，这“暗示着他们和棜禁确实有着密切的关系，很可能因作为饮器常和卣、尊配合使用，入葬时同置禁面之上”[①]。大小不同的禁可以相互配合使用，如小号的鼎卣（D：U2）只有加上器座，才能从高度与另外两件酒器相称。1928年党毓琨盗掘时出土了3件铜禁，但是关于上面摆放的青铜器却有不同的说法。李先登先生调查后指出：“较小的一件禁上置放着一排三件铜器，中间放的是一件夔纹卣，高约70厘米，右边放置一件虎形觥，而左边一半铜器已残，器形不明。”[②]郑郁文先生回忆说：“三件棜禁中最大一件出土于圆形大墓，陈放于墓室棺椁之南部，大至长约四尺，高约一尺，其上陈放有鼎、罍、壶等。另外两件棜禁虽然形制较小，但色泽远胜过大棜禁……长约三尺，高约一尺，上面放有罍、爵、圆鼎三件器物，圆鼎外饰夔龙花纹。上述三件

① 华觉明：《端方棜禁诸器的工艺考察》，《东南文化》2003年第3期，88页。

② 李先登：《西周夔纹铜禁出土情况与流传经历》，《考古与文物》1982年第6期，1页。

1

2

3

4

图5-1　青铜禁

1. 鼎卣的方座　2. 告田觥的方座　3. Ba型禁　4. Bb型禁

青铜禁桌案上均有凹下之套隼，可以搁置器物的足部……”[①]；参与“挖宝”活动的韩三先生回忆说：“……一张二尺宽，三尺长的青铜条桌，其上安放铜器多件，大约正中安放着一个方形鼎，两侧又是两个圆形的觚，觚的两旁又是两只有梁的卣，其他杯、盘若干，次序井然。”梅原先生文章的照片中，后排居中的是一件四耳乳钉纹簋，左边是告田觥，右边是凤鸟纹方座簋。虽然各家对于禁上放置的青铜器说法不一，但是可以看到与Ba型禁相比，Bb型禁有了明显的变化。首先是放置的内容发生了变化，Ba型禁上放置的是一尊二卣，Bb型禁除了酒器卣、罍、觥等之外，还出现了炊食器鼎、簋等。其次形制发生了变化，为了固定案上的青铜器，Bb型禁的禁面上出现了三个大小相同的圆形套隼，这是需要引起注意的。因为圆形的套隼不论从大小还是形状上都对放置的青铜器进行了限制。也就是说只有较大的圈足器摆放在上面才是比较恰当的，符合这个条件的青铜器有簋、罍、卣、尊等，四足或三足的鼎显然不匹配。对承载器物的形制和数量有所限制，说明铜禁的使用在逐渐走向规范化。与戴家湾墓地相邻的竹园沟墓地虽然没有出土青铜禁，但是出土有盛放酒器的漆盘。例如，

① 罗宏才：《党毓昆西府盗宝记》（续），《文博》1997年第5期，87页。

BZM13漆盘上放置尊1、卣2、觶1、爵1、觚1、斗1[①]。BZM7漆盘上放置有卣2、尊2、觚2、觶1、斗1、玉戚1[②]。这些漆案虽然已经腐朽倒塌，形制不明，但是从遗留的痕迹来看，在案的内外都放置有酒器，没有一件食器。综合以上因素，我们认为，戴家湾墓葬在被盗掘后，器物的位置就已经发生变化了。当事人的回忆或者是梅原的照片上所放置的器物，都已经不是原来的样貌，而是经过了扰动。青铜禁上原有的器物应该是1尊2卣，最多在加上一组爵觶。所谓的鼎、簋、觥这些器物原本是不在上面的。

以往大部分学者认为青铜禁出现在西周早期，是周人"禁酒"的一种物质体现，也有学者认为"禁"的名称与"戒酒"之间没有的必然联系。对这一问题，我们分析如下：从时间上看，A型禁和Ba型禁至少在殷墟四期左右就已经出现了。从产地来看，虽然殷墟的墓葬或窖藏中没有发现早期的青铜禁，但是孝民屯铸铜遗址出土器座的外范应该是最有力的证据了。孝民屯出土的长方形青铜器陶范中有属于长方镂孔位置的外范，禁承坐觥面、带顾首龙纹的范块，以及承坐觥的凸起部分等[③]，说明早期的青铜禁可能就是在安阳一带生产的。从使用者来看，由于周人不用日名和族徽，因此"鼎""告田"等器的主人显然不是周人，那么与之相配套的器座也不应该属于周人了。根据以上三点，我们认为青铜禁不是西周早期周人"禁酒"的产物，它们应该是和配套的酒器一样在殷墟生产后通过赏赐或其他什么途径带到宝鸡来的，最初使用的人也不是周人。虽然青铜禁的产地不在宝鸡，但是用铜质或木质的基座来摆放成套酒器的作法在当地却十分流行。如上文中提到的竹园沟的漆盘，原报告作者认为可能是漆器或漆案之类的用具，因此不排除该器为漆禁的可能性。另外这些墓的年代约在成康之际，从时间上看要晚于戴家湾出土的青铜禁，所以漆禁有可能是从青铜禁发展而来，并参与到墓葬酒器的组合当中。

盛放酒器的青铜禁在传入关中地区后，受到当地重食文化的影响，其功能和形式也随之发生了改变。张懋镕先生在对青铜器的器形进行研究之后，认为古代青铜器器类之间存在着派生、相生和更替三种关系。所谓"相生关系"是指两类不同的青铜器在发展演进过程中，由于组合关系，或者形态、用途、功能相近的缘故，相互吸引，相互影响，从而产生一种在形制上介于二者之间的新品种[④]。在青铜器铸造方面，周人不断地借鉴和吸收商文化，并在此基础上加以创新，因此出现了许多新的器形或纹饰。"宝鸡是西周方座簋的发源地"[⑤]，而周人创作的灵感就来源于青铜禁，因此方座

① 卢连成、胡智生：《宝鸡强国墓地》（上册），文物出版社，1988年，47页。

② 卢连成、胡智生：《宝鸡强国墓地》（上册），文物出版社，1988年，94、95页。

③ 李永迪、岳占伟、刘煜：《从孝民屯东南地出土陶范谈对殷墟青铜器的几点新认识》，《考古》2007年第3期，55页。

④ 张懋镕：《试论中国古代青铜器器类之间的关系》，《华学》第8辑，紫禁城出版社，2006年，53～59页。

⑤ 张懋镕：《西周方座簋研究》，《古文字与青铜器论集》，科学出版社，2002年，91页。

簋是“簋和方形禁案的结合体”[①]，它们之间是一种相生的关系。周人将盛放酒器的器座移到了食器簋的下面，不仅体现了他们的聪明才智，同时体现出了他们重食的文化传统。任常中先生在《西周禁棜初探》一文中曾提及青铜禁的起源问题，他说：“比如西周的簋，在底部另加方座，成为方座簋。恐怕就是这个原因，也许就是这个原因，才出现了禁之类的这种盛放酒器、食具的案形器。”[②]由于作者对戴家湾出土的青铜禁缺乏足够的认识，因此得出的结论正好相反。刘明科先生认为：“夔纹铜禁虽然上无铭文，但这种器只有周天子才能享用，足见其意义非同小可。”[③]实际上，禁作为盛酒器的台座由来已久，并非周人首创。柉禁器组中还有大、小禁相互配合使用的情况，这些均只能表明使用者是殷末的贵族而已。另外，《礼记 · 礼器》云：“有以高为贵者……有以下为贵者……天子诸侯之尊废禁，大夫、士棜禁。此以下为贵也。”[④]据此可知，在铜禁上放置酒器并不一定就代表着九五之尊的身份。因此，说青铜禁只有周天子才能享用，明显证据不足。

综上所述，青铜禁在商代晚期出现后，通过某种形式流入关中地区，在使用过程中，周人对它加以利用和改造，创造出了方座簋这种新的器形。青铜禁的起源与发展不仅体现了商周文化的交流与融合，也为西周方座簋的产生背景提供了理论依据。

二、发达的扉棱装饰

戴家湾青铜礼器另一个显著的特点就是青铜器多有扉棱。李济先生很早就注意到斗鸡台铜器中扉棱的装饰手法十分成熟，他将端方收藏的柉禁诸器与安阳青铜器进行对比，发现“棱脊在觚上的发展，在殷商时代的安阳青铜器中到来较迟；……HPKM1022位于侯家庄的E区；在这个墓葬里发掘的10件青铜礼器之中，有棱脊的有4件之多（1件方彝、1件爵、1件觚、1件斝），可是与端方铜器比较起来，他们看起来真是有些发育不良。端方柉禁器组中的3件巨大的青铜器都有过度发达的脊棱，上面还有将每条棱又分为若干节的乳钉。觚与爵的脊棱也是如此，比任何源于侯家庄者都显著发达的多”[⑤]。

以往对于青铜器扉棱的研究是比较少的，这里我们首先根据扉棱的形状特点将其分成四型。

---

① 《強国》，497页。

② 任常中：《西周禁棜初探》，《中原文物》1987年第2期，131页。

③ 刘明科：《党玉琨盗掘斗鸡台（戴家湾）文物的调查报告》，《宝鸡考古撷萃》，三秦出版社，2006年，67页。

④ 孔希旦：《礼记集解》，中华书局，1989年，640页。

⑤ 李济：《端方柉禁诸器的再检讨》，《李济考古学论文集》文物出版社，1990年，784页。

A型　钩状扉棱。这类扉棱多出现在器物的腹部和足上，除大小不同外，扉棱的构成形式基本相同。装饰虽然简单，但是随着时间的不同，还是有细微的差别，据此分为2个亚型。

Aa型　棱身较直，中部有上下分瓣的牙状凸起。分3式。

Ⅰ式：扉棱的上下两端分别向内卷曲形成倒钩状，腹部和足上的扉棱形制基本相同（图5-2，1）。棱角显得很锐利，线条流畅，遒劲有力，如D：D10、D：D11直棱纹鼎和 D：F1、D：F2直棱纹方彝，时代约在殷墟四期晚段。

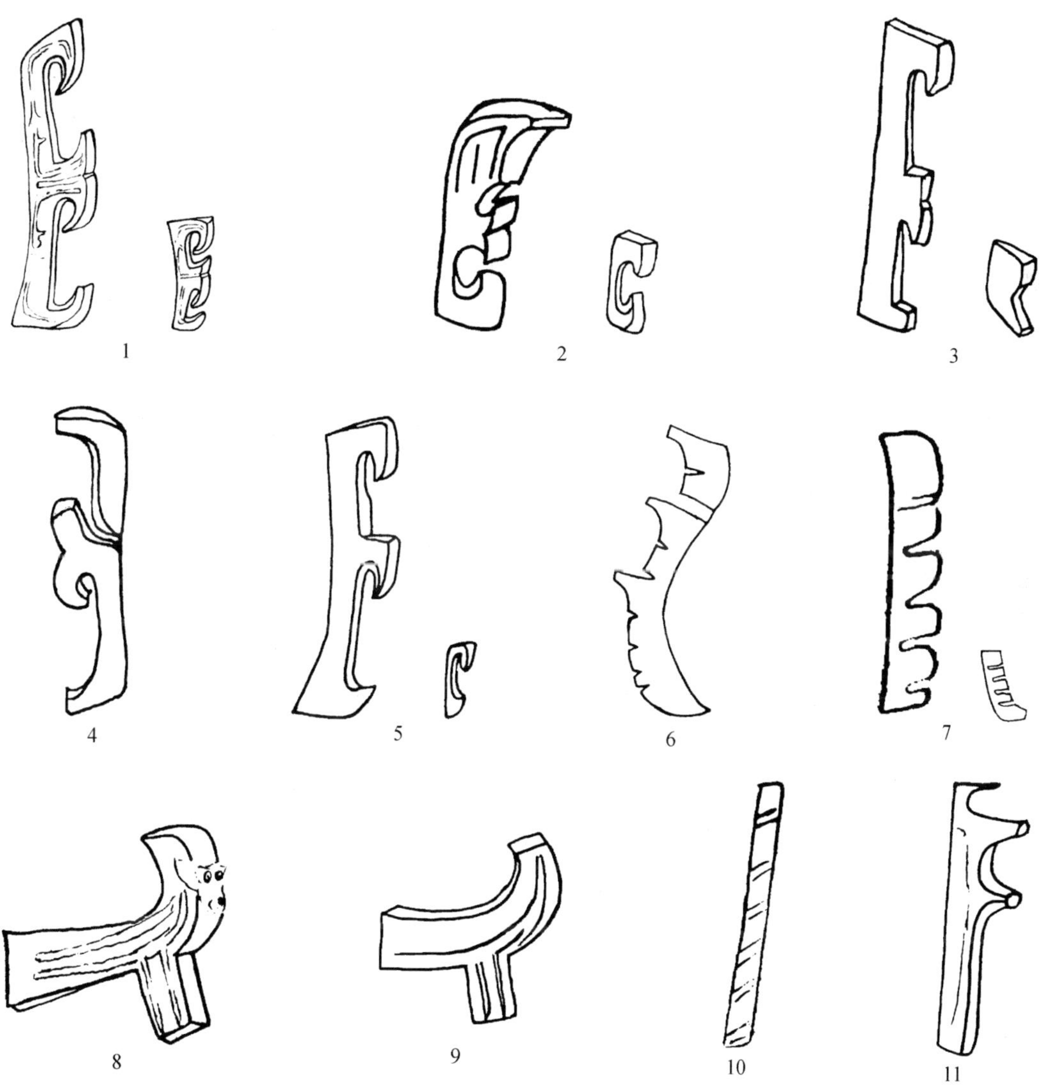

图5-2　扉棱的主要型式

1. Aa型Ⅰ式（鼎D：D10）　2、3. Aa型Ⅱ式（簋D：G3、方彝D：F1）　4. Aa型Ⅲ式（日己方彝）　5. Ab型（鼎D：D12）　6、7. B型（卣D：U3、尊D：ZN6）　8、9. C型（卣D：U3、方彝D：F1）　10、11. D型（鼎D：D02、鼎D：D04）

Ⅱ式：棱角的锐利感逐渐消失，腹部的牙状凸起已经变得扁平起来。足上棱角的形制开始简化，少了中间的牙状分瓣（图5-2，2、3）。与Ⅰ式相比，Ⅱ式显得含蓄内敛，如D：G03四耳簋、D：LE2方罍，另外还见于传世的成王方鼎①、康侯方鼎②等。康侯方鼎仅在器身处装饰有扉棱。Ⅱ式扉棱主要流行于成康之际。

Ⅲ式：扉棱的两端变得较短平，不再向里卷曲成钩状。Ⅲ式扉棱不见于戴家湾青铜器中，扶风齐家窖藏出土的日己方彝、日己方尊③和师趛父鬲④上的扉棱是目前所见最晚的型式，时代在西周中期左右。不同之处在于，方彝和方尊器身中部的扉棱在牙状分瓣处断开，成为两截（图5-2，4）。

Ab型　造型较Aa型Ⅰ式简化，扉棱中部的牙状凸起没有分瓣，而是向下内收，如D：D12～D：D14直棱纹鼎（图5-2，5）。类似的还见于上海博物馆藏网鼎（210）⑤，流行时间亦在商末周初之际。

B型　蕉叶状扉棱。

这种型式的扉棱边缘与芭蕉树的叶子很相似，因此命名为蕉叶状扉棱（图5-2，6、7）。与A型相比没有尖锐的棱角，形制比较简单。多出现在酒器上，随器形的弧度蜿蜒伸展，线条疏朗洒脱，使铜器显得华美尊贵，毫无冗繁之感。卣上的扉棱除腹部和圈足外，盖面上还以捉手为中心，四等分均匀地分布，如D：U1～D：U5卣，郭家庄M160：172青铜卣、湖南宁乡出戈卣、江西遂川出亚㠱卣、广西武鸣出天卣、岐山贺家村出冎卣⑥、扶风出伯卣⑦、山西曲沃出兽面纹卣⑧等。尊上的扉棱通常贯穿整个器身并伸展至口沿外，如D：ZN5、D：ZN6尊，上海博物馆藏鸟父癸尊（145）⑨，琉璃河燕国墓地出土M251：7父戊尊、M253：2作宝彝尊⑩，日本白鹤美术馆藏荣子方尊⑪，传洛阳出土的令方尊⑫等。方彝上的装饰更为复杂一些。除了器盖、腹、足的四隅外，器身中部及盖面顶端均有分布，如美国弗利尔美术馆藏令方彝⑬等。从以

① 《铜全》五.1。

② 《铜全》六.28。

③ 《铜全》五.135、136、162、163。

④ 《故宫》146。

⑤ 《青研》（西周篇上），40、41页。

⑥ 《铜全》四.160～169。

⑦ 扶风县文化馆、陕西省文管会：《陕西扶风县召李村一号周墓清理简报》图八，《文物》1976年第6期，64页。

⑧ 《铜全》六.55。

⑨ 《青研》（夏商篇下），296、297页。

⑩ 《琉璃河》图版105C、106C，177、180页。

⑪ 《铜全》五.158。

⑫ 王世民、陈公柔、张长寿：《西周青铜器分期断代研究》尊7，文物出版社，1999年，113页。

⑬ 《铜全》五.131。

上所收青铜器资料来看，蕉叶状扉棱最早出现在殷墟三期晚段，流行于商末周初之际，西周中期早段数量锐减，之后消失。商代晚期装饰蕉叶状扉棱的铜器以卣的数量为最多，流行的区域也很广。西周早期主要装饰在尊上，西周中期早段还出现在方彝上。

C型　飞出器身的脊棱。

这种装饰手法在铜器中非常少见，它的特点是自器身处斜伸出四条粗壮的脊棱，两两相对（图5-2，8、9）。脊棱的形状呈长方体，顶部有分歧，歧头处有兽面装饰或素面。如D：U3～D：U5卣和D：F1、D：F2方彝，另外还见于端方旧藏妇𨙸卣[1]，上海博物馆藏凤纹卣[2]。其中D：U4卣通高50.9厘米，D：F1方彝通高49.1厘米，与同类酒器相比，身量要巨大许多。根据器物尺寸和装饰部位，我们猜测该型式的扉棱可能并不是简单的装饰之用，而是为了便于移动大型酒器而有意设置的。

D型　长条形扉棱。

这种形式的扉棱最为普通，一般呈长条形，间或有牙状凸起，整体形制比较简单（图5-2，10、11）。该型式的扉棱最普通，自殷墟二期开始大量出现，几乎见于所有的器类。通常装饰在方鼎的四角或圆鼎、簋等器物的口沿下、圈足上。例如，D：D02方鼎上的细长条状扉棱还见于上海博物馆的亚酗方鼎（青研203）等；D：D04方鼎的牙状扉棱与德方鼎（青研194），员方鼎（青研199）等相同。

D型扉棱数量众多，延续的时间很长，不具备特殊性，因此仅简单介绍，不再具体分析。D：D02塱方鼎上的扉棱极为罕见，是由器壁上相背的大鸟喙部交于四隅而成。

戴家湾青铜器中，装饰有扉棱的共40件，其中鼎18、簋5（以D：G03四耳簋的扉棱最具代表性）、方彝2、方罍1、卣5、尊4、觥2、觚1、爵1，盘1（圈足的扉棱较短）约占礼器总数的28%。商代晚期器18件，类型有Aa型Ⅰ式、B型、C型和D型。西周早期22件，类型有Aa型Ⅱ式、Ab型和D型。由此可见，这种带有扉棱的青铜器主要流行于商代晚期至西周早期。商代晚期青铜器的扉棱形制多样，相互间还组合使用。例如，D：F1、D：F2方彝上既有Aa型Ⅰ式的钩状扉棱，还有C型棱脊；D：U3～D：U5卣上饰有B型蕉叶状扉棱和C型棱脊。西周早期，扉棱的种类急剧减少，除了个别器物上有A型钩状扉棱外，D型扉棱占据了绝大多数。戴家湾墓地中商代晚期的青铜器大部分是在安阳一带铸造的，因此我们首先与河南地区商末周初墓葬中出土的带有扉棱的青铜器做对比。

郭家庄商代墓葬中共出土礼乐器87件，其中带有扉棱的24件，占礼器总数的27.6%。计有鼎5（方鼎2）、觚12（其中方觚10件）、爵2、卣1、方尊2、方斝2。在饰有扉棱的青铜器中，食器仅见于鼎，约占21%；酒器约占79%，以觚为最多。鹿邑太清

① 《陶斋》2.37。

② 《青研》（西周篇上），180、181页。

宫长子口墓共出土青铜礼器85件，其中带有扉棱的铜器32件，占礼器总数的37.6%。其中鼎11（方鼎9）、觚8（方觚4）、方爵4、方斝2、尊4（方尊2）、方觥2、方罍1。以上两墓葬的共同点在于：扉棱主要集中在方形器上。郭家庄24件铜器中有16件方形器，约占67%。长子口32件铜器中，方形器24件，占扉棱铜器的75%。扉棱以B型、D型为主，形式单一，缺少变化。圆鼎、尊和觚上的扉棱十分短小，甚至不太明显。

戴家湾青铜器中，扉棱的形制各异，使用手法纯熟。与商末周初其他墓葬青铜器相比具有以下特点。

第一，扉棱分布的器类较多，有鼎、簋、尊、卣、觥、方彝、觚、爵等。食器的数量虽然多于酒器，但是炊食器中仅有鼎和稀少的簋有扉棱，其他如甗、鬲、豆等都没有明显的扉棱装饰，这与上述两个墓葬的情况相同。不同之处在于戴家湾青铜器中带扉棱的酒器种类要更多一些，从盛酒的尊、卣、方彝、觥到饮酒的爵、觶等比较齐全，而且并不仅限于方形器。

第二，扉棱的数量在单个器类中所占比例较大，如鼎中带有扉棱的器占到51%，尊占67%，卣占45%，觥占67%，两件方彝上则都有扉棱。这也与上述两墓葬基本相同。不同之处在于前者的扉棱更多地集中在觚上，而戴家湾铜器的扉棱分布在鼎、尊、卣、觥等多件器上，显得更加丰富多彩。

第三，扉棱的型式多样，且主要集中在商末周初之际。除了普通的D型扉棱外，其他三种型式分布于我们重点讨论的16件铜器中，商代晚期铜器11件，计D：D10、D：D11直棱纹鼎2件，D：F1、D：F2方彝2件，D：U1～D：U5卣5件，D：ZN5、D：ZN6尊2件。西周早期青铜器5件，计D：D12～D：D14直棱纹鼎3件，D：G03四耳簋1、D：LE2方罍1。由此可见，这些特殊的扉棱主要流行在商代晚期，并延续至西周早期，西周中后期逐渐消失。

第四，特殊扉棱的流行区域有限。B型和D型扉棱出现的时间很早，分布面积亦很广泛。A型（主要为Ⅰ、Ⅱ式）和C型扉棱比较特殊，除戴家湾部分青铜器外，其他地区近年来未见出土。这两种型式是否具有地域特色，或者说是周人的一种创新还需要进一步分析。陕西地区属于先周时期的大规模、高规格的青铜器作坊还没有找到。老牛坡铸铜遗址中，虽然冶铜区炼铜残渣的堆积长达18米、厚达0.50～2米，但是铸铜遗址中仅发现了22件陶范残块，主要是人面、牛面形饰，戈、钺等小件青铜器[①]。前不久，周公庙遗址也发现了先周时期的铸铜遗址，但是从出土的陶范来看，也限于小件青铜器[②]。殷墟地区虽然还没有找到实例，但是在安阳孝民屯发现有这种华冠凤鸟纹卣范、卣身上横出的棱脊范、直棱纹鼎范，侧面还可看到钩状的棱脊，这些都为判断青铜器的来源提供了依据。再结合郭家庄M160出土的凤鸟纹卣等一批相关青铜器来看，

① 刘士莪：《老牛坡》，陕西人民出版社，2002年，161～164页。

② 雷兴山：《先周文化铸铜遗存的确认及其意义》，《中国文物报》2007年11月30日7版。

殷墟地区具有青铜器创新的背景和铸造经验。这些型式特殊的扉棱没有在殷墟地区流行，亦没有在宝鸡地区进一步得到发展（如B型扉棱的消失），恰恰说明这些青铜器很可能是“班赐宗彝，分殷之器物”的结果，当然也不能排除殷遗民内迁的可能。

最后，A、B、C型扉棱还具有断代的指示作用。断代是青铜器研究的基础，不论是从器物形制、纹饰、字形书体的演变，还是铭文内容的考证，都充分表明了青铜器断代研究在不断地深入和细化。扉棱作为青铜器上一种重要的装饰手法却没有受到足够的重视。从A型钩状扉棱的发展来看，不同时期形制是有着微妙的变化的，这种变化对于青铜器时代的判断具有补充作用。B型扉棱多出现在卣、尊和方彝这些较大的盛酒器上，不见于炊食器和觚、爵等小型酒器。另外不同时期还侧重于不同的器类，如商代晚期多出现在卣上，西周早期多出现在尊上。这些都说明了B型扉棱的使用是有一定规律的。C型棱脊以往被认为“仅见于周初个别的青铜器”①，现在看来在商代晚期就已经出现了。我们推测，这种粗壮的棱脊除了装饰作用以外，恐怕还应有一定的实际用途。

需要说明的是，本书所列举的A、B、C、D四种型式并不代表所有器类上的扉棱形制，仅仅是戴家湾青铜器中出现过的。与一般青铜器相比，带扉棱的青铜器铸造难度更大一些。为了体现器物的俊朗挺拔，扉棱往往高于器表，且迂回曲折，这些都为脱模起范增加了困难。因此，扉棱出现的时间较纹饰要晚，技术要求更高。扉棱的出现和使用，体现了古人独特的审美观念，那就是通过线条的流转，达到空间上的延伸。戴家湾青铜器群中独具风格的扉棱正是这一铸造理念的体现和最好的范例。

三、个别铜器体量巨大

戴家湾铜器中，除了器物的形制罕见，装饰复杂等特点之外，部分器物的尺寸高度也是极引人注目的。

1. 毛伯鼎

毛伯鼎是戴家湾遗址所出铜鼎中最大的一件，通高62厘米，口径44.1厘米。器内有铭文“毛伯”等字样。西周早期高度在60厘米以上的大鼎是比较少见的，如琉璃河出堇鼎（集成02703），通高62厘米，口径47厘米。上海博物馆藏德鼎（02405），通高78厘米，口径56厘米。中国国家博物馆藏大盂鼎（02837），通高101.9厘米，口径77.8厘米。“堇应是召公及燕侯的直系亲属”②，德与盂的具体身份不明，但是两人均

① 《青研》（西周篇上），181页。

② 《琉璃河》，251页。

直接受到周王的赏赐，因此，以上诸器的主人都应该是等级地位较高的贵族。

与毛伯相关的铜器不多，年代都偏晚。如西周穆王时期的班簋（集成04341），还有河南洛阳北窑西周贵族墓地出土的毛伯戈[①]，这位毛伯很可能就是班簋中的毛伯班。西周晚期的毛伯见于郱簋（集成04297）、毛伯𠻸父簋（集成04009）。毛伯鼎是目前发现的年代最早的毛伯器。毛伯鼎器形硕大厚重，不是一般贵族所能拥有，器主很有可能是文王的儿子毛叔郑，也就是毛班的曾祖父。遗憾的是该器下落不明，铭文内容也未记录完整。不过可以肯定的是，毛伯作为姬姓贵族，地位尊崇，他的器出现在戴家湾遗址绝非偶然。

2. 铜豆

戴家湾出土了四件形制相同的豆，高度都在28.6厘米左右，这也是目前所知商代至西周早期最大的铜豆[②]。宝鸡茹家庄M1乙室出土了四件一组的铜豆（亦有学者称为铜铺），高度约在9厘米左右，敞口，浅盘，假腹。豆柄较粗，上有三角形镂孔[③]。茹家庄墓的年代大致在西周中期偏早，与戴家湾墓地出土的铜器相比，时代较晚。前章我们在论证铜豆的年代时，曾举例小屯YM388出土了一对白陶豆及山西保德出土一对铃豆，据此我们推测，商末周初之际，在陕西以外的地方，铜豆有可能是成对使用，而关中地区的铜豆则为四件一组。而且，戴家湾铜豆与茹家庄铜豆在时间上前后相错，更证明了这种器用习惯在宝鸡地区具有一定的连续性，这恐怕与该地区重食文化的传统是密不可分的。

3. 方彝与卣

戴家湾遗址共出土了两件直棱纹方彝，彝身有斜出的粗壮脊棱，形制罕见。其中一件通高49.1厘米，目前能够超过它的仅有妇好墓出土的偶方彝[④]，通高60厘米。然而，偶方彝比较特殊，形制与普通的单体方彝不同，且仅有一件。因此，戴家湾所出直棱纹方彝依然是方彝中最大的。除了方彝外，还有四件棱脊斜出的凤鸟纹铜卣，高度均在30厘米以上。其中的一件更是达到50.9厘米，这种高度的卣虽非孤品，但已属罕见。两件方彝和三件凤鸟纹卣装饰风格相同，它们有可能出自一座墓葬，也有可能分属几座墓葬。虽然组合关系不明朗，但是从出土地点集中，数量较多，器物功能相近，规格较高等因素综合考量，他们应该体现或代表着戴家湾铜器的主流风格，其背后的使用者身份特殊，地位显赫，远非一般的中小贵族所能比拟。

---

① 《北窑墓》，228页，图123 · 4。

② 张翀：《中国古代青铜器整理与研究 · 青铜豆卷》，科学出版社，2015年。

③ 《強国墓》上，293页。

④ 中国社会科学院考古研究所：《殷墟妇好墓》，文物出版社，1980年，图三三。简称《妇好墓》。

4. 觥

觥的平均高度约为20厘米左右[①]，其中四足觥的高度又普遍较圈足觥高一些。例如妇好墓出土的M5：803觥[②]，整体作兽形，通高36厘米，长46.5厘米。戴家湾出土的三件铜觥，觥体高度都在30厘米以上，这在圈足觥中已经算是大型器了。其中告田觥连禁通高50厘米，尤其显得宏大壮观。

觥与方彝一样，其使用者主要是商人或与商王朝关系密切的贵族。以周人为代表的西部族群则很少使用。西周初年，觥与方彝的使用主体仍以殷遗民为主。戴家湾所出的三件觥均有日名或族徽，也正说明了这一点。另外，从考古发掘情况来看，凡是出土方彝和觥的墓葬规模都比较大，墓主人的身份地位也相对较高。这也从另外一个角度勾勒出戴家湾墓地的文化面貌。

第二节　纹饰方面

戴家湾青铜器上的纹饰可分为动物纹和几何纹两大类。动物纹有鸟纹、龙纹、兽面纹、蜗纹等；几何纹有云雷纹、乳钉纹、直棱纹、弦纹等。本书选取了最具特色的几种纹饰，分类介绍如下。

一、鸟　　纹

戴家湾青铜器的纹饰中，以鸟纹居多，大小不一、形态各异。我们根据鸟纹装饰部位和作用的不同，参照陈公柔、张长寿两位先生对鸟纹的研究成果[③]将其分为两类。

第一类：大鸟纹。

大鸟纹位于器身中部，是整个青铜器的主题图案，“最早出现于殷末周初，而盛行于昭穆时期”[④]。其构图特点是器身中部的两只鸟相对或相背，四周还点缀有小鸟纹等辅助纹饰，云雷纹填底，异常华丽。根据形态样式的不同，可分三型。

A型　鸟纹的特点是圆睛、钩喙、长尾，双翅上翘，尾羽折而下垂，尾羽末端有分叉。《殷周青铜容器上鸟纹的断代研究》将其定为Ⅱ3式，但是根据图案的繁简以及

---

① 刘莹莹：《商周青铜觥综合研究》，陕西师范大学2011年硕士毕业论文。

② 《妇好墓》，彩版九。

③ 陈公柔、张长寿：《殷周青铜容器上鸟纹的断代研究》，《考古学报》1984年第3期，265～285页。

④ 《殷周青铜容器上鸟纹的断代研究》，273页。

装饰手法的不同，这里分为三式：

Ⅰ式：鸟的头部有绥带式羽冠，双翅下的尾羽较短小（图5-3，1）。本书收录的鼎卣（D：U1、D：U2）腹部即为这种纹饰。与之相同的还有郭家庄M160：172提梁卣，湖南宁乡出戈卣等。

Ⅱ式　鸟的头部带有花状羽冠，下垂的尾羽上还并列分布有三条垂直的羽纹，整个鸟身较Ⅰ式修长，花纹更为繁缛（图5-3，2）。由于尾羽加长，因此在尾羽下折处余留的空间内还有一小鸟纹，整个图案构成也较Ⅰ式繁缛。该纹饰见于D：U3～D：U5凤鸟纹卣。与之相同或相似的还有上海博物馆藏凤父丁卣[①]（无盖）和凤纹卣[②]（青研271）两件。

Ⅲ式：鸟纹的形状与Ⅰ式相似（图5-3，3）。如D：D03埶方鼎，不同之处在于鼎的四壁上装饰的这种鸟纹两两相背，鸟喙相交于四隅，构成鼎的扉棱。下折的尾羽上还高耸着一股羽纹，较Ⅱ式相比，更加细长。与之相似的还有武功柴家嘴出土的戈母丁簋[③]。

B型　鸟纹的特点是圆睛、尖喙。头上饰有长飘带形的羽冠，羽冠尾部上卷。鸟身较短小，尾羽较长，并下垂，末端有分叉。羽冠和尾羽上均饰有状如倒刺的羽纹，就好像鸟羽毛绽开的样子（图5-4，4）。《殷周青铜容器上鸟纹的断代研究》将其定为Ⅱ9式。饰有B型鸟纹的青铜器有D：D03凤鸟纹方鼎、D：G01凤鸟纹方座簋、D：K2中子㠱觥和D：K3文父丁觥。这种型式的鸟纹比较少见。

第二类：起装饰点缀作用的小鸟纹。

这种鸟纹不仅数量多，而且形态各异。由于《殷周青铜容器上鸟纹的断代研究》中小鸟纹收录的比较全，加之戴家湾青铜器照片较模糊，无法对细部的鸟纹进一步的提取，所以只简略的说明一下，不作为讨论的重点。以D：G02甲簋为例（图5-5，6～8），根据鸟纹分布的位置，可大致分二型。

A型　横向的鸟纹。一般分布在器物的颈部、圈足或器座的横边上。也有一些用以填补器物纹饰之间的空白。该形式既包括《殷周青铜容器上鸟纹的断代研究》中的第一类小鸟纹，也包括了第三类长尾鸟纹。

B型　纵向的鸟纹。由于受空间的限制，一般分布在器座的纵边上。另外，埶方鼎的四足也为直立的鸷鸟形状（图5-3，9）。

我们主要对第一类大鸟纹进行分析。A型Ⅰ式鸟纹最早见于郭家庄M160：172提梁卣上，其时代在殷墟三期晚段。Ⅱ式鸟纹的陶范见于孝民屯铸铜遗址，该遗址的年代约在殷墟四期晚段。Ⅲ式鸟纹中，武功柴家嘴青铜簋上的鸟纹两两相对，喙部相交构

---

① 马承源：《记上海博物馆新收集的青铜器》，《文物》1964年第7期，11、12页。

② 《青研》，181页。

③ 段绍嘉：《介绍陕西省博物馆的几件青铜器》，《文物》1963年第3期，45页。

1

2

3

4

5
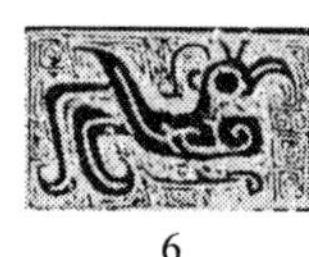
6

7

8

9

图5-3　鸟纹型式举例

第一类（1～4）：1. A型Ⅰ式；2. A型Ⅱ式（上博藏凤纹卣拓）；3. A型Ⅲ式（D：D02）；4. B型（上博藏凤鸟纹簋拓）

第二类（5～9）：5. A型（上博藏凤纹卣拓，补充A型Ⅱ式尾羽空白）；6、7. A型（上博藏甲簋拓）；8. B型（上博藏甲簋拓）；9. B型（塱方鼎立鸟形足）

成腹部的扉棱。而塱方鼎上的鸟纹则是两两相背，在鼎的四角构成扉棱。另外鸟的形状与纹饰均不相同。因此，这两件器仅从装饰手段上看，具有一定的相似性，其余相差还是很大的。塱方鼎是成王时的一件标准器，说明Ⅲ式主要流行在西周早期。

目前能见到的饰有B型鸟纹的青铜器共10件：除了戴家湾出土的4件之外，还有陇县征集的鸟纹方座簋①和韩城梁带村出土的凤鸟纹铜卣（M27：1021）②。传世的还有宝鸡青铜器博物院藏凤鸟纹方鼎③，英国博物馆藏凤鸟纹鼎④（Fig.38.8），上海博物馆藏凤鸟纹簋⑤（青研240）。另外，《西清古鉴》（17.11）上收录了一件凤鸟纹提梁卣，盖面和腹部也是这种纹饰。这10件铜器中，有出土地点的7件都在陕西地区，其中戴家湾4件、岐山1件、陇县1件、韩城1件。陕西以外的地方还没有见到类似的考古发掘品。张懋镕先生认为："宝鸡戴家湾一带很可能是这种凤鸟纹铜器的原产地。"⑥

① 梁彦民：《陇县新发现的鸟纹方座簋》，《文博》2001年第5期，34、35页。

② 陕西省考古研究院、渭南市文物保护考古研究所、韩城市文物旅游局：《陕西韩城梁带村遗址M27发掘简报》，《考古与文物》2007年第6期，8页。卣高25.4厘米。梁带村M27时代在春秋时期，原报告认为这件卣是一件传世品，年代在商周之际。

③ 岐山罗家河出土，高22.9、口纵18.1厘米。

④ Rawson J. Western Zhou Ritual Bronzes from the Arthur M. Sackler Collections, Volume Ⅱ B, Harvard University Press, 1990. 366. 器高26.7厘米。

⑤ 《青研》（西周篇上），106、107页。通高15.6、口径18.4厘米。

⑥ 张懋镕：《上海博物馆藏金读记》，《古文字与青铜器论集》第2辑，科学出版社，2006年，66、67页。

韩城梁带村M27的年代在春秋早期，原报告认为，这件青铜卣是当时的一件传世品，年代在商周之际。因此，这件青铜器也极有可能是从戴家湾一带流传出去的。陕西省历史博物馆的梁彦民先生在纹饰方面多有研究，他认为，在商代晚期，姬周贵族在青铜器形制方面虽然较多地承袭了商人的传统，但是在纹饰装饰方面已经有了很大的变化，“一些新的、前所未有的装饰图案开始出现在青铜器上，尤以鸟纹形象最为突出……其特点是，一扫殷代青铜器装饰的神秘、诡异之气，代之以清新、活泼之风，为青铜器艺术注入了新的活力”①。他将B型鸟纹定名成“长冠大鸟纹”，研究的重点在纹饰的来源及其反映的历史变化。作者首先引用了林巳奈夫对于饕餮纹的理解，即青铜器上的饕餮纹是殷商王朝之“物”，即为殷商王族族徽标志，之后提出“这种纹饰（指长尾鸟纹）代表着姬周族，是姬周王族之‘物’，应该是肯定无疑的。至于在长冠大鸟纹周边，居于次要地位的鸟纹、蛇纹等装饰，应该视为周族统治下的其他国族之‘物’”②。谨慎起见，作者又说：“装饰有长冠大鸟纹的铜器是否是殷商统治下的其他方国的作品呢？我们认为有这种可能，但不能确指。或为其他方国为了逢迎新主而设计的图案纹饰，也未可知。”

我们认为，梁彦民先生的研究颇有新意，毕竟饰有B型鸟纹的青铜器数量还是很少的。以上10件青铜器的年代均为西周早期，方座簋、鸟纹觥的年代可能稍早一些，约在西周初年成王时期；鸟纹方鼎的年代稍晚至成康之时。《国语 · 周语》记载：“周之兴也，鸑鷟鸣于岐山。”《山海经 · 南山经》记载：“有鸟焉，其状如鸡，五采而文，名曰凤凰。首文曰德，翼文曰义，背文曰礼，膺文曰仁，腹文曰信。是鸟也，饮食自然，自歌自舞，见则天下安宁。”周人对凤鸟的崇拜多见于典籍，尤其是立国之时，更以“凤鸣岐山”为祥瑞之兆。纹饰与国族之间究竟有怎样的联系，还有待进一步的研究。但是，这10件饰有B型鸟纹青铜器中铸有族徽和日名的仅3件，虽然不能证明B型鸟纹一定代表的是姬周贵族，但至少可以证明它是一种具有浓郁地方特色的纹饰，其创造者或主要的使用者是以姬周贵族为代表的西部国族。

二、尖刺乳钉纹

乳钉纹是青铜器上一种常见的纹饰，流行的时间长、区域广、器类多，装饰的手法灵活多样，或零星点缀、或整体布局。我们这里将要探讨的乳钉纹是作为青铜器的主体纹饰，按照一定的排列组合方式分布于器表的主要部位。具体来看，戴家湾青铜器中饰有乳钉纹的青铜器共17件，其中鼎3件，约占17.6%；簋14件，约占82.4%。根据单个乳钉纵剖面形状的不同，分为二型。

---

① 梁彦民：《殷末周初长冠大鸟纹略说》，《文博》2006年第4期，17页。

② 梁彦民：《殷末周初长冠大鸟纹略说》，《文博》2006年第4期，19页。

A型　乳钉的纵剖面呈半圆弧状或钝角三角形。例如，田告方鼎（D：D01）和乳钉纹圆鼎（D：D29、D：D30）。

B型　乳钉的纵剖面高而粗壮，呈锐角三角形或尖刺状。例如，甲簋（D：G2）、四耳簋（D：G3）和深腹盆式簋（D：G19～D：G29）。

A型乳钉纹出现的时间可追溯至夏代晚期。例如，1975年河南偃师二里头出土的乳钉纹爵[①]，1955年郑州白家庄出土的乳钉纹斝[②]等。到了商代早期，乳钉纹比较集中的出现在方鼎的腹部，呈回字形分布。例如，向阳回族食品厂、山西平陆前庄出土的兽面纹方鼎[③]均为该种形式。并且这种装饰在方鼎上，并呈凹字形分布的乳钉纹装饰，一直流行到商代晚期，甚至可延续至西周早期，如美国纳尔逊美术馆藏成王方鼎，1973年岐山贺家村出土的乳钉龙纹鼎[④]等。除了鼎之外，A型乳钉纹还见于簋和瓿上。例如，1979年安阳孝民屯南M2508出土的乳钉纹簋[⑤]，1936年安阳小屯M188出百乳雷纹瓿[⑥]等。

B型乳钉纹出现的时间较晚，大致在商代晚期。例如，1977年陕西清涧解家沟出土的㸚簋等。与A型相比，B型乳钉纹主要装饰在簋上，其他的器类目前还没有发现。戴家湾墓地一次就出土了11件尖刺乳钉纹盆式簋（本书列为C型簋），数量之多，分布之密集前所未有。自邹衡先生将这类青铜器的属性认定为是先周文化之后[⑦]，学界已普遍接受这一观点。20世纪80年代末，日本学者武者章发表了题为《先周青铜器试探》一文，实际上是对邹衡先生观点的继承和发展。文章以斜方格乳钉纹簋为主要研究对象，从器物特征和出土地点两方面进行了论述。武者先生认为，这种形式的簋绝大多数都出在以岐山为中心的半径100千米的范围内，说明周原一带在殷墟四期的时候已经形成了以周文王为主体的一个强有力的政治体，他们拥有自己的铸铜作坊和不同于殷商地区的铸铜技术。其次，在陕西以外的地区发现的乳钉纹盆式簋则是周人推行青铜器政策的一种体现。例如，甘肃崇信于家湾发现的乳钉纹盆式簋可能与文王时伐犬戎、密须等事件相关。而远在河北卢龙县、辽宁喀左等地出土的乳钉纹盆式簋则是文王时期与孤竹国关系紧密的凭证[⑧]。

张天恩先生在对先周青铜器进行梳理的过程中提出："但需注意的是，本期（先

---

① 《铜全》一. 7。

② 《铜全》一. 15。

③ 《铜全》一. 36、37。

④ 《铜全》五. 1、21。

⑤ 《铜全》二. 84。

⑥ 《铜全》三. 71。

⑦ 邹衡：《论先周文化》，《夏商周考古学论文集》，文物出版社，1980年，316、317页。

⑧ 武者章：《先周青铜器试探》，《东洋文化研究所纪要》第109册，平成元年（1989年），176、177页。

周文化铜器第四期，相当于殷墟四期）铜器中云雷乳钉纹鼎、簋两类器物特别流行，略与商文化有别，显然是先周文化的一大特色，表明此期的先周青铜文化已初步形成了自己的某些风格。”[①]

郭妍利女士新近在《斜方格乳钉纹簋类型及其相关问题》一文中，也对这类器物进行了详尽的研究。作者首先对收集的117件乳钉纹簋做了型式划分，其次进行了文化因素的分析并讨论各类型兴衰的原因。她将这百余件簋从文化属性的角度分为三种类型，即商式、商先周交混式和先周式三类[②]。本书中饰有B型尖刺乳钉纹的盆式簋即属于郭文中的“先周式”。作者通过墓葬资料说明，“关中地区出土斜方格乳钉纹簋的墓葬大致相当于殷墟三、四期，墓葬的规模小于殷墟，面积在2～12平方米，多有棺椁，随葬青铜器组合以‘鼎、簋’为基本类型，或配以尊、爵、卣、觯，但其数量少；且鼎、簋的配置多为1鼎、1簋”。据此，作者得出结论“先周文化中小型墓主偏爱斜方格乳钉纹簋”[③]，他们以商式青铜器为范本，加以改造和创新，形成了自己的特色。但是这种型式的簋不被上层贵族所欣赏，因而在西周初年即销声匿迹。郭妍利女士对于乳钉纹簋的研究较为全面，在对各种型式的乳钉纹簋兴衰原因的分析上有独到之处。

从以上各家的研究成果来看，C型簋主要出土于千阳、陇县、宝鸡、凤翔、岐山、扶风、武功、淳化等地。据郭女士所收资料，岐山9件、扶风6件、凤翔3件、千阳和眉县各1件。另外据岐山县馆的庞文龙介绍，这种形制的簋十分多见，仅“岐山县博物馆在这一地区就征集到十数件”[④]。宝鸡市区也多有出土，如桑园堡墓地4件，旭光村[⑤]、石桥、峪泉、蔡家坡各1件，再加上戴家湾墓地出土的11件和宝鸡青铜器博物院征集的几件，共计20多件。流行时间从商代晚期至西周早期，簋上都没有铭文或族徽，并且带有族徽的尖刺乳钉纹青铜器是很罕见的。徐锡台先生在对早周陶器特点进行总结时提出：“宝鸡市戴家湾等地皆出现了雷纹中套乳钉纹的盆、罐等残片。在陶器上饰雷纹的作风，可能受了殷商铜器纹饰的影响。”[⑥]这些乳钉纹陶盆与尖刺乳钉纹盆式簋之间有什么关系，究竟是陶器影响了青铜器，还是青铜器影响到陶器，我们暂时还不能确定。与商式青铜器相比，C型簋的器壁较薄，出土后多有变形。口沿下的龙纹较扁平，线条粗疏，尖刺状乳钉表面没有A型乳钉光滑，个别器物上还有浇注不足造成的砂眼，或二次补铸的痕迹。这些都表明C型簋在铸造技术上还是比较落后的。联系戴家湾遗

---

① 张天恩：《关中商代文化研究》，文物出版社，2004年，233页。

② 郭妍利：《斜方格乳钉纹簋类型及其相关问题》，《中国历史文物》2009年第3期，51页。

③ 郭妍利：《斜方格乳钉纹簋类型及其相关问题》，《中国历史文物》2009年第3期，53页。

④ 庞文龙：《岐山县博物馆藏商周青铜器录遗》，《考古与文物》1994年第3期，40页。

⑤ 程学华：《宝鸡扶风发现西周青铜器》，《文物》，1959年第11期，72、73页。

⑥ 徐锡台：《早周文化的特点及其渊源的探索》，《文物》1979年第10期，58页。戴家湾原文作“戴家凹”，审视全文后判断应为“戴家湾”之笔误，特此说明。

址内曾出土有30多件陶范，其中就包括有簋范。我们推测，戴家湾墓地出土的这些C型青铜簋有可能就是在本地铸造的，它们的使用者也很可能是以周人为代表的西部国族。

郭妍利女士将关中地区出土C型簋的墓葬与殷墟作对比，认为墓葬规模普遍小于殷墟，因此，这种型式的簋主要流行于中小型贵族墓葬，不被上层贵族所接受。我们认为这个结论还有待商榷，毕竟一方面我们还没有发现先周时期关中西部所谓大贵族的墓葬；另一方面，商代晚期商周实力对比悬殊，10平方米左右的墓葬在殷墟地区是小墓葬，但是在关中西部也可能就算是较大的墓葬了。至于这种簋消失的原因，我们认为武王灭商后，大量高级铸铜工匠的涌入使得周人铜器的铸造水平得到了很大的提升，原先那种形制单一，制作粗率的铜簋被迅速淘汰也是理所当然的。

需要注意的是，戴家湾遗址出土的带有尖刺乳钉纹的铜簋，除了C型深腹盆式簋外，还有两件精品，分别是甲簋和四耳簋。这两件簋铸造精良，形制端庄，体量也不小，实为青铜器中的珍品佳作。簋腹的乳钉高凸器表，顶端尖锐，与C型铜簋的纹饰风格基本一致。这两件簋的年代在西周初年，方座簋和四耳簋都不是一般的中小贵族能够使用的，因此，这两件器的主人身份地位不可小觑。由此我们亦能看到，尖刺乳钉纹并不是一种档次较低，或者说是囿于铸造技术所限而产生的一种劣质的或者是粗糙的纹饰。戴家湾遗址既出土了纹饰精美的尖刺乳钉纹铜簋，又出土了制作粗率的尖刺乳钉纹簋，这说明，尖刺乳钉纹是戴家湾地区普遍流行的一种纹饰，从上层贵族到中小型贵族，对这种纹饰均持有一种特殊的偏好。通过上手检视，我们能够发现，这种带有尖刺的铜簋并不利于搬移挪动。因此，簋上为什么要铸造这种纹饰目前还无法知晓。

三、直　棱　纹

将直棱纹作为主体纹饰也是戴家湾青铜器的一大特点。戴家湾青铜器中装饰直棱纹的有17件，其中商代晚期器12件，计鼎2、簋2、卣5、觥1、方彝2；西周早期器5件，计鼎3、簋2。其装饰特点主要表现在以下几个方面。

首先，商代晚期直棱纹装饰的器类较多，涉及食器D：D10、D：D11鼎和D：G06、D：G11簋；酒器D：U1～D：U5卣，D：K1觥，D：F1、D：F2方彝。西周早期仅出现在鼎和簋上，如D：D12～D：D14鼎、D：G02方座簋、D：G03四耳簋。装饰的部位主要有鼎、簋的腹部，方座簋和告田觥的方座上，方彝和卣的腹部、盖面等处。直棱纹被普遍装饰在炊器、盛食器、酒器等器类上，说明这种纹饰使用范围广泛，不会受到器物形制的约束。

其次，从装饰手法看，有独立装饰和与其他纹饰搭配两种，后者的数量要多一些。独立装饰的器物有D：G06和D：G11，两件簋腹部主体纹饰均为直棱纹。通常与直棱纹搭配使用的纹饰有龙纹和鸟纹等，如D：D10～D：D14鼎的腹部由龙纹、直棱纹和三角蝉纹组成了复合式的图案；D：G03四耳簋的腹部中间一圈直棱纹，上下各有三排尖刺乳钉纹，凸出器表。卣腹部的主题图案则是直棱纹与鸟纹的组合。从作用上看，直棱纹的运用不仅仅是为了填补视觉上的空白，同时也起到了引领和分隔视线的作用，不仅能有效地缓解纹饰繁复所带来的视觉上的疲劳感，也能够使器物纹饰层次分明，简繁有序，富于变化。

梁彦民先生的《浅析商周青铜器上的直棱纹》一文中，曾专门对这种纹饰进行了研究。他认为：直棱纹最早出现在商代晚期，西周早期是兴盛期，中期之后开始衰落，晚期逐渐消失。该纹饰多见于簋形器[①]。文中所列举西周早期的例子中，涉及的戴家湾铜器有D：G03四耳簋、D：D10直棱纹鼎（旧金山藏）、D：U3凤纹卣（波士顿藏）和D：K1告田觥等4件铜器。我们认为后3件器的时代应在商代晚期。除了戴家湾墓地外，強国墓地也多见饰有直棱纹的例子。例如，梁文中所收集的竹园沟和茹家庄出土的双耳簋5件，纸坊头出的方座簋和四耳簋各1件，以及竹园沟13号墓出土的1尊、2卣和7号墓出的1件铜觯，共计11件。戴家湾墓地与強国墓地相距不远，青铜器间相互影响，风格上有很多近似的地方。不同之处在于青铜器年代早晚有别，戴家湾墓地出土的直棱纹铜器多集中在商代晚期，強国墓地出土的多在西周早期。其次，与戴家湾直棱纹铜器相比，后者在器类上显得单调一些。直棱纹多半装饰在簋上，酒器很少。由此我们推测，強国墓地饰有直棱纹的铜器很可能也是受到了戴家湾铜器的影响。

总之，除了少数的鼎、尊、爵、觯和兵器为素面之外，戴家湾铜器上的纹饰极为丰富，不仅题材多样，而且造型奇特，体现了古人独有的审美情趣。几何纹有常见的云雷纹、目雷纹、涡纹、弦纹、乳钉纹、直棱纹等。乳钉纹和直棱纹的广泛应用也是戴家湾铜器的一个显著的特点。动物纹包括鸟纹、龙纹、蛇纹和蜗纹等。兽面纹有复杂兽面纹和简单兽面纹两种。前者见于分裆鼎的鼓腹部、觯的腹部（如D：ZH2天父乙觯）等，构图比较复杂，兽面的角、眉、眼、鼻、齿等一应俱全。简化兽面纹流行于西周早期，构图简单，仅保留了眼睛，以短扉棱为鼻。这种极度简化的兽面纹被压缩成带状，常常饰于鼎的口沿下。

戴家湾铜器在商末周初之际迸发出的光彩很快就消逝了。诸如夸张的A型和C型扉棱，奇特的B型鸟纹，还有大大小小的青铜禁等，都没有在更多的铜器，或更广泛的区域出现。西周早期以后，生活在这里的方国部落可能由于种种原因迅速衰亡，这些风格独特的青铜器就没有能够传承下来。

---

① 梁彦民：《浅析商周青铜器上的直棱纹》，《文博》2002年第2期，20、21页。

第六章　戴家湾铜器组合问题的探讨

第一节　墓葬与铜器的对应关系

党毓琨的盗掘活动不仅严重破坏了墓葬形制，而且扰乱了器物间的组合关系，这与器物的流失一样令人痛恨，因为墓葬的大小、形制、葬具、葬式，陪葬物的内容、摆放的位置等对于我们确定墓主的身份地位、当时葬礼风俗，进而最大限度地还原历史现状起着至关重要的作用。

上文在介绍盗宝经过时曾经提到，为了确保这些文物不被私藏起来，党毓琨专门聘请了古董商郑郁文进行现场指导，器物出土后要先请他过目，大致确定名称用途等。另外，记录员马午樵、杨紫梁等人还要将墓中出土器物的数字登记准确，以防流失。因此，刘明科先生在以后走访这些当事人时，他们虽然不具备考古知识，但是依然能较为准确地说出诸如鼎、簋、卣、觯等器物的名称。刘明科先生在调查过程中注意收集了这些墓葬资料，经过比对后认为："党这次在斗鸡台戴家沟所挖的墓葬至少有五十多座。……大概能看出组合的有：六鼎三簋墓一座（或二座）M16，杨紫梁记录中记作M15。四鼎一簋墓二座，M7、M10。'白作宝彝'出自M7；'雨'氏器出自M10。记录说此墓器物不全。三鼎二簋墓二座M9、M11，以鸟和树作族徽标识的器物出自M9；'☒'氏器物出自M11。二鼎一簋墓一座（或二座）M5、M12。'∧'氏出自M5；'戈'氏出自M12。一鼎一簋墓四座，M6、M3、M4、M13。'亚'氏出自M6；其他三座均无族徽和铭文。一鼎墓二座，M1、M2。"[①]在刘明科先生调查的基础上，我们制作了戴家湾墓葬和青铜器的对应关系表（表6-1）。其中对于墓葬时代的推定，主要依据墓中年代最晚的青铜器。1980年在戴家湾渠岸取土时发现的一组铜器，从器形搭配来看，也应该是一座墓葬。我们将其与1901年斗鸡台乡人发掘的古墓亦分列表中仅做参考。M1～M16，以及车马坑、祭祀坑均指的是1928年的盗掘。尽管我们不能排除记录员会有记错的可能，但是在现有资料匮乏的情况下，这些记录员的记录或回忆还是具有重要的参考价值。

---

① 刘明科：《党玉琨盗掘斗鸡台（戴家湾）文物的调查报告》，《宝鸡考古撷萃》，三秦出版社，2006年，26、27页。

表6-1　戴家湾墓葬与铜器对应关系简表

墓号	等级	对应铜器	时代
1901M	不清	D：ZN6尊，D：U1、D：U2卣，D：ZH2、D：ZH3、D：ZH4、D：ZH6觯，D：JU1角，D：JA2斝，D：GU1觚，D：J1爵，D：DU5斗，D：JIN1禁	西早
M1、M2	1鼎		
M3、M4、M6、M13	1鼎1簋		
M5	2鼎1簋		
M7	4鼎1簋	D：D04方鼎	
M9	3鼎2簋		
M10	5鼎1簋	D：D10～D：D14直棱纹鼎①，D：G03四耳簋，D：Y1甗，D：LE2罍	西早
M11	3鼎2簋	D：JU2角，D：JA1斝	
M12	2鼎1簋	D：Y3戈甗	西早
M16	6鼎3簋（或7鼎4簋）	D：D02方鼎，D：JIN2禁，D：S1异形兵器。据马午樵记录，共出铜器38件：鼎6、簋3、鬲4、甗2、尊1、爵2、觚1、卣2、方彝1、觯1、盉1、盘2、禁2、铃9、大刀1。杨紫梁的记录为7鼎4簋。有可能带一条墓道	西早
祭祀坑		D：D15毛伯鼎	西早
车马坑		车马器若干，马骨数目不清	
1980M	1簋	D：G29簋，D：ZH5觯，D：DU3斗，銮铃	西早

从墓葬与铜器大致的对应关系来看，戴家湾墓地以鼎、簋的食器组合为主，大一些的墓葬还兼有尊、卣等酒器组合，这与西周初年墓葬中酒食并重的复合型器物组合方式相同。在我们收集的137件青铜容器中，炊食器约占57%，酒器约占39%，水器约占4%。食器中鼎、簋的数量高于其他器物，共计64件，约占容器总数的44%； 56件酒器中卣和觯的数量遥遥领先，均为11件，分别占酒器总数的19.6%，铜容器总数的7.6%。其中一期铜容器60件：炊食器31件，酒器28件，水器1件；二期铜容器68件，其中炊食器43件，酒器23件，水器2件；三期铜容器5件，其中炊食器2件、酒器3件。四期铜容器4件，其中炊食器2件，水器1件、酒器1件。虽然炊食器的数量要略高一些，但是总体来说，酒器在墓葬中的比例也不低。西周早期水器有所增加，出现成套的盘盉组合。西周中晚期后就仅剩食器和水器，酒器消失（相对于目前掌握的铜器资料而

---

① 刘明科先生在《报告B》中统计该墓出土4鼎1簋（第26页），同时在对雨鼎的介绍中又指出："同组的尚有四耳簋并与此同形制的大小鼎四器"（第41页）。这5件直棱纹鼎形制相同，大小有别，我们暂时认定为同一墓葬所出。

言）。鉴于墓葬资料有限，我们还需要进一步从铜器间的相互关联，如器形、纹饰、铭文等相同或相似，来推断可能出现的组合关系（表6-2）。

表6-2　戴家湾铜器组合简表

组合	器名	编号及尺寸	件数	铭文	墓葬	备注
食器	直棱纹铜鼎	D：D10：高29.2 D：D11：高44.5、口径35.5 D：D12：高22.4、口径15.9 D：D13：高23、宽20 D：D14：高23、口径15.7	5	[illegible]D：D13、D：D14	M10	与之同出的还有甗和罍各一件，铭文均为[illegible]
酒器	1尊1卣	D：ZN1：高21.3、口径19.7 D：U6：高23.2、口径10～12.5	2	用征		尊、卣均为素面，铭文相同
	1尊2卣1禁	D：ZN6：高34.8 D：U1：高46.4、宽29 D：U2：高36、宽25.5 D：JN1：高18.7、长87.6	3	1字：鼎，禁上无铭文	1901年斗鸡台古墓	尊、卣纹饰不同，但铭文相同，禁也应看成是组合的一部分
	1尊2卣	D：ZN2：高24.5 D：U10：通高24.3、口径11.8×8.9 D：U11：通高31.7、口径14.4×12				夔纹尊卣
	卣和方彝	D：U4：高50.9、宽34.8 D：U3：高35.5、宽22.8 D：U5：高33.9 D：F1：高49.1 D：F2：高28.9	5	无		3件铜卣、2件方彝纹饰布局及风格一致，可能为1彝2卣或1彝1卣的组合关系
	斝和角	D：JA1：高30.4、口径21.5 D：JU2：高21.5、口径10～19.7	2	1字：爻	M11	铭文相同
水器	盉盘	D：H2：高21.5、口径13.5 D：P1：高10、口径30	2	2字：乍彝		铭文相同

从表6-2中，我们可以看到食器组合以M10出土的5个鼎为代表，酒器组合较多的是尊卣的组合，或者彝卣的组合。另外戴家湾遗址出土觯的数量很多，由于出土情况不明，无法集中进行讨论。水器组合以盘盉为主，这是西周早期常见的一种组合方式。以鼎簋为主的食器组合是关中地区重食文化盛行的一种表现。另外，酒器中尊、卣和觯的比例很大，这与殷墟传统的以觚、爵为中心的酒器组合方式也有很大的不同。这两种器物组合的形式通常被认为是周人的特色，实际上，戴家湾墓地出土的5件鼎和尊卣时代都早至商代晚期，那么这里就有必要探讨一下用鼎制度以及尊、卣制度的起源问题。

第二节　食器的组合

戴家湾墓地出土的5件直棱纹鼎，编号分别从D：D10～D：D14，《报告A》和《报告B》均认为它们出自同一个墓葬，这应该是没有问题的，从器物尺寸上看，D：D11最大，高44.5、口径35.5厘米；其次是D：D10，高29.2厘米；D：D12～D：D14大小相差不多，高分别是22.4、23、23厘米，口径分别是15.9、20（宽）、15.7厘米。从器物的型式来看，D：D10和D：D12比较接近，属Da型Ⅰ式，底部近圜，柱足较粗短，扉棱为Aa型；D：D12～D：D14属Da型Ⅱ式，底近平，柱足较长，扉棱为Ab型。从铭文来看，仅D：D13和D：D14口沿下有1字铭文“䎽”，其余的鼎上均没有铭文。从纹饰的构成来看，除D：D14口沿下的夔龙纹两两相背外，其余的4件鼎口沿下的夔龙纹都是两两相对的。这不排除铸造时可能有失误的情况发生。通过上述分析笔者认为这5件铜鼎在铸造的时间上可能有先后的差别。因为D：D10和D：D12的腹部较深，柱足粗短，年代在殷墟四期左右；而D：D12～D：D14的腹部较前者已经变浅，柱足细高，扉棱装饰简练，可能要稍晚一些进入到西周初年。墓主生前有可能根据不同的需要相互配合使用，死后就一起放置在墓中了。遗憾的是我们无法确定与鼎相配的簋的数目和形制。宝鸡強国墓地茹家庄M1出土了5鼎4簋，时代在西周中期，要远远晚于戴家湾M10，所以我们有必要讨论一下这5件鼎与西周“列鼎”制度的关系。

“列鼎”问题是郭宝钧先生最先提出来的，他认为：“列鼎的制度在山彪镇发掘以前，我们是不晓得的。山彪镇5鼎出土后，在整理过程中，感觉这一组铜鼎的形状、花纹相似，只是尺寸大小依次递减，恐怕就是古人所谓‘列鼎而食’的‘列鼎’吧？”[①]“列鼎”概念的提出在学术界引起了很大的争议，我国台湾学者邱德修明确表示“列鼎之说不可信”[②]；俞伟超、高明两位先生则认为“所谓‘列鼎’之列，在先秦文献中，原义是指鼎的陈列形式，而不是用来表明其性质”，所以“列鼎”之说“其义不合古训，所规定的大小相次的概念，仅仅捕捉到当时鼎制中的局部现象而忽略了主要内容，容易引起某些混乱”[③]。戴家湾所出的青铜鼎就是这种情况。虽然形制、纹饰相同，却并不是大小相次，根据我们上文的分析，D：D11的尺寸要比其他的4件鼎大很多，而剩余的D：D10、D：D12和D：D13三件鼎的大小几乎相等。那么这种组合关系究竟在不在“列鼎”的范畴呢？林沄先生在对各家的观点进行比较研究之后，认为“由铜器铭文的启发，我觉得今后在分析考古资料时，完全可继续使用‘列鼎’一

① 郭宝钧：《山彪镇与琉璃阁》，科学出版社，1959年，11页。

② 邱德修：《商周用鼎制度之理论基础》，五南图书出版公司，1989年，267页。

③ 俞伟超、高明：《周代用鼎制度研究》，《北京大学学报》1978年第1期，88页。

名，而且可以再扩大范围，只要是形制相同的成组铜器，可分别名为'列簋''列盨''列壶''列罍'等，但应强调，这种命名只是对现象的客观描述，应视为现代考古学术语"[①]。林沄先生的观点不仅解决了考古材料与文献相矛盾的问题，同时，作为一种考古学现象，也扩大了"列器"制度研究的范围。根据林沄先生的观点，戴家湾出土的形制纹饰相同的5件鼎也应该被认为是"列鼎"。由于没有经过科学的发掘，所以不排除器物流失的可能，或者与后世相比，早期的"列鼎"制度还不规范。

关于"列鼎"制度的起源，也是各家说法不一。杜迺松先生认为"在西周中期已有了反映'礼制'的列鼎制度"[②]；俞伟超、高明先生认为，鼎簋相配的制度在周初已具备完整形态，而把一套正鼎作成大小相次的形态，要到昭、穆时期才比较普遍[③]。曹玮先生认为："我们所能看到先秦文献记载中的鼎簋为核心，各种器用严格配置的一整套列器制度，是在西周后期才形成的。"[④]我们知道一种制度的形成必有其萌芽、发展和成熟的一个过程，"列鼎制度"也是如此。2005年6月，陕西甘泉县阎家沟出土青铜礼器共15件，其中的4鼎5簋比较引人注意。简报认为："4件铜鼎形制相似，大小递减，似存在列鼎现象。这在以往发现的商代墓葬中绝少出现，反映出显著的地方特色。"[⑤]简报的作者还同时认为这种重食的风气后来影响了周人。我们在张懋镕教授的指导下，曾多次对阎家沟商墓出土的青铜器进行了讨论，议题主要围绕两个方面：首先是阎家沟青铜器组合重食倾向的来源？其次是阎家沟墓葬所出青铜鼎与西周列鼎制度的关系？通过对比研究我们得出以下结论："首先，西周重食文化并非始自周初，而是源于商代。虽然西周的'列鼎'制度肇始于商代晚期，但商代晚期的'列鼎'从形式到内容均不规范；其次，'列鼎'制度首先发轫于先周文化及其影响范围之内。也就是说，阎家沟商墓的重食倾向，很可能来源于先周文化的影响。第三，尽管阎家沟与戴家湾墓葬的主人都不是姬周族，但是，西周重食文化的主要推动者应是姬周族，或者是姬周族与关中以西地区其他国族联手合作的结果。"[⑥]

综上所述，与后世的"列鼎"制度相比，戴家湾出土的5鼎作为一种食器组合，还处在非常原始的阶段，仅仅是关中地区重食文化的产物。

---

① 林沄：《周代用鼎制度商榷》，《史学月刊》1990年第3期，15页。

② 杜迺松：《从列鼎制度看"克己复礼"的反动性》，《考古》1976年第1期，17～21页。

③ 俞伟超、高明：《周代用鼎制度研究》，《北京大学学报》1978年第2期，87页。

④ 曹玮：《从青铜器的演化试论西周前后期之交的礼制变化》，《周原遗址与西周铜器研究》，科学出版社，2004年，99页。

⑤ 王永刚、崔风光、李延丽：《陕西甘泉县出土晚商青铜器》，《考古与文物》2003年第3期，20页。

⑥ 陕西师范大学中国青铜文化研究中心：《西周重食文化的新认识——从甘泉县阎家沟新出青铜器谈起》，《考古与文物》2009年第1期，37页。

第三节　酒器的组合

酒器中尊卣的组合形式主要有以下两种。

A. 1尊1卣。

1尊1卣的组合形式比较常见，马军霞在对青铜卣的综合研究中提出，1尊1卣的组合形式流行的时间很长，可分为两段：首先是殷墟四期至西周早期，其次是西周中期至春秋时期；组合的形式有三种：分别是纹饰相同，铭文相同，纹饰和铭文均相同[①]。戴家湾墓地出土的用征尊和用征卣就属于第三种情况：两者均为素面，铭文“用征”二字，另外用征卣（D∶U6）的盖上两侧有高耸的角状凸起，这是康昭之际新出现的一种青铜卣样式。因此用征尊和卣的年代在西周早期晚段。

B. 1尊2卣。

目前学术界普遍认为：“一尊一卣配置在商代已经出现，而同铭一尊二卣配置则始见于商末周初。”[②]陈梦家先生认为：“尊卣成组的铜器，最常见于成王及成王相近的铜器组中。”[③]但是戴家湾出土的鼎尊和鼎卣的年代在商代晚期，因此有必要对这种组合方式起源的时间，特点及流行的区域做以探讨（表6-3）。

根据统计，1尊2卣的组合方式通常有四种。

（1）尊与卣的纹饰、铭文均不相同。例如，山西灵石、扶风红卫和泾阳高家堡墓葬中尊和卣上分别铸有不同的族徽，表明他们不仅不是同时铸造的成套酒器，而且族属也不同。

（2）尊卣纹饰相同：宝鸡弜国墓地BZM1、湖北随州安居出土的尊卣纹饰相同。

（3）尊卣铭文相同。例如，安阳刘家庄M1046、戴家湾（1901年）、甘肃灵台白草坡M1出土的尊卣铭文相同。

（4）尊卣的纹饰和铭文均相同：山东寿光县（窖藏），河南鹿邑长子口M1（椭圆卣与雷纹尊），宝鸡弜国墓地BZM7和BZM8，甘肃灵台白草坡M2出土的尊卣纹饰和铭文均相同。

根据上述情况，我们可以看到，在殷墟三期到四期左右，尊与卣的组合关系并不稳定，（1）（3）（4）种形式均可见到；到了西周早期，（1）种形式消失，（2）（3）（4）中以第（4）种形式最为常见。

从1尊2卣的组合方式入手，我们不难得出以下结论。

---

① 马军霞：《出土商周青铜卣研究》，西北大学硕士学位论文，44、45页。

② 河南省文物考古研究所、周口市文化局：《鹿邑太清宫长子口墓》，中州古籍出版社，2000年，206页。

③ 陈梦家：《西周铜器断代》上册，中华书局，2004年，354页。

表6-3　历年来墓葬或窖藏中出土的1尊2卣统计表①

地点	年代	面积（平方米）	卣高（厘米）	铜器组合	墓主	器铭	备注
安阳刘家庄M1046②	商代晚期	8.3 腰坑	A：26.6 B：19.7	鼎6、甗1、簋2、尊3、方罍1、方彝1、卣3、盉1、斝1、觯2、觚3、爵5、角2、盘1、斗1	“亚朋”族贵族	盖铭“亚”，器铭“亚朋”	尊卣铭文相同
山西灵石M1③	商代晚期	10.1 腰坑	A：30.3 B：23.5	鼎2、鬲1、簋1、尊1、卣2、觯1、觚4、爵10、罍1	“[illegible]”族贵族	器盖同铭“[illegible]”	尊卣纹饰铭文均不同
山东寿光县④	商代晚期	2.16 窖藏	A：31.8 B：18.5	鼎5、甗1、簋1、尊2、卣2、爵5、觚3、斝1、斗2、罍1	“己”族贵族	卣B圈足内侧有族徽“己[illegible]”	Ⅰ式尊与卣的纹饰、铭文相同
河南鹿邑M1⑤	商末周初	45.4 腰坑	长子口椭圆卣 A1：26.8 B1：20.7 长子口方圆卣 A2：38.8 B2：残高18.6	鼎22、鬲2、簋3、甗2、觚8、爵8、角2、斝3、尊5、觥3、卣6、壶2、觯5、罍2、斗4、盘1、盉1、铙6	长子口：长国诸侯	A1、B1器盖同铭：“长子口作旅宗䵼”；A2、B2器盖同铭：“长子口”	雷纹尊M1：127纹饰、铭文与两件长子口椭圆卣相同

① 说明：书中收集和讨论的卣都是形制纹饰相同，仅大小有别，笔者将其命名为“列卣”，并有专文进行论述，见文章《关于对扶风红卫村出土“列卣”的思考》，《周秦文明论丛》第2辑，三秦出版社，2009年，124～129页。

② 中国社会科学院考古研究所安阳工作队：《安阳殷墟刘家庄北1046号墓》，《考古学集刊》第15集，文物出版社，2004年，367～369页。

③ 山西省考古研究所：《灵石旌介商墓》，科学出版社，2006年，38～47页。

④ 寿光县博物馆：《山东寿光县新发现一批纪国铜器》，《文物》1985年第3期，1～11页。

⑤ 河南省文物考古研究所、周口市文化局：《鹿邑太清宫长子口墓》，中州古籍出版社，2000年，106～110页。

续表

地点	年代	面积（平方米）	卣高（厘米）	铜器组合	墓主	器铭	备注
陕西扶风M1[①]	商末周初	不清	A：34.5 B：23	鼎1、簋2、甗1、尊1、卣2、罍1、斗1	不清	卣A器盖同铭：“未祖壬”；卣B器盖同铭：“作太子丁尊彝”	尊卣纹饰铭文均不同
陕西泾阳M4[②]	西周早期	8.7 腰坑	A：31 B：22.1	鼎3、甗1、簋1、盉1、尊1、斝1、罍1、瓿1、盘1、卣2、觚2、觯2、爵2	“戈”族贵族	卣A盖内、卣B器盖同铭“[illegible]”	尊卣纹饰铭文均不同
陕西宝鸡BZM13[③]	西周成康时期	15.4	筒形提梁卣 A：29 B：23.5	墓主：鼎7、甗1、簋3、豆1、尊1、卣2、觯1、爵1、觚1、斗1、盘1、壶1、盉1、铙1； 小妾：鼎2、簋1	不清	无	尊卣纹饰相同
陕西宝鸡BZM7	西周康昭时期	12.7	伯格卣 A：29.7 B：23.6	墓主：鼎3、簋2、卣2、觚2、尊1、大口尊1、觯1、编钟3； 小妾：鼎1、带盖簋1、提梁小方罍1、觯1	伯格： 強国贵族	器盖同铭：“伯格作宝尊彝”	尊卣铭文、纹饰相同
陕西宝鸡BZM8	西周康昭时期	5.68	提梁卣 A：29 B：24.3	鼎1、簋1、尊1、爵1、觯1、卣2	不清	器盖同铭：“作宝尊彝”	尊卣铭文纹饰相同

① 扶风县博物馆：《陕西扶风县新发现一批商周青铜器》，《考古与文物》2007年第3期，3～10页。

② 戴应新：《高家堡戈国墓地》，三秦出版社，1994年。

③ 卢连成、胡智生：《宝鸡強国墓地》，文物出版社，1988年。（以下7、8号墓均同）

续表

地点	年代	面积（平方米）	卣高（厘米）	铜器组合	墓主	器铭	备注
甘肃灵台M1①	西周成康时期	8.25 腰坑	㴱伯卣 A：29 B：25	鼎7、甗1、簋3、尊2、卣3、斗2、觯1、爵1、角1、斝1、盉1	㴱伯	器盖同铭："㴱伯作宝尊彝"	尊卣铭文相同
甘肃灵台M2②	西周成康时期	6.7 腰坑	𣧍伯卣 A：32 B：26	鼎2、簋2、尊1、卣2、觯1、爵1、盉1	𣧍伯	器盖同铭："𣧍伯作宝尊彝"	尊卣纹饰、铭文相同
湖北随州安居③	西周早期或中期偏早	6.6	A：28 B：20	鼎1、簋1、尊1、卣2、爵1、觯1	不清	无	尊卣纹饰相同

① 甘肃省博物馆文物队：《甘肃灵台白草坡西周墓》（M1），《考古学报》1977年第2期，110页。
② 甘肃省博物馆文物队：《甘肃灵台白草坡西周墓》（M2），《考古学报》1977年第2期，110页。
③ 随州市博物馆：《湖北随县安居出土青铜器》，《文物》1982年第12期，51页。

首先，这种组合形式从商代开始就已经出现了，但是早期的使用并不规范。例如，刘家庄M1046的“亚髭”尊卣、戴家湾出土的鼎尊和鼎卣，尽管铭文相同，但是器物的纹饰风格不同。山西灵石旌介所出的“列卣”与尊不仅纹饰不同，铭文也不一样，分别标识着两个不同的族属。到了西周早期，卣与尊的关系变得稳定起来。甘肃灵台白草坡M1和M2出土的1尊2卣不仅铭文相同，连纹饰风格也统一起来。这种变化说明了西周礼制较之商代更为严密，人们祭祀时对礼器的要求也越来越严格。从所列的12例出土资料看，有5例在陕西，其中泾阳1处、宝鸡4处，可见该组合相对集中于陕西地区，尤以宝鸡数量居多，且发展序列完整，从商代晚期（扶风红卫村）到西周早期（竹园沟M13、M7、M8）。看来这种组合方式在宝鸡地区是非常流行的。

其次，这种组合形式均出现在墓室面积为5平方米以上的中型和大型墓葬中。从铭文可知，它们的主人往往是方国首领（如长子口、㵒伯、㬋伯）或高级贵族（如伯各）。另一方面，这些方国首领或高级贵族将自己的族名、私名铸在上面，表明这种组合形式在墓葬青铜器组合中具有特殊的地位。由此可以推定，戴家湾出土鼎尊、鼎卣的墓葬级别一定很高，因为除了1尊2卣之外，还专门配备了盛放酒器的铜禁，这是其他墓葬中所没有的，墓主有可能也是方国的首领。

最后，在商代晚期及商末周初墓葬中，除了扶风红卫村墓葬被破坏之外，其余均可见腰坑，器物都有日名或族徽。说明这种组合方式应源自商文化，商朝周边的方国文化也可能起到了一定的推波助澜的作用。自西周初期开始，1尊2卣成为等级较高的贵族墓葬中酒礼器的主要组合方式，这与最初的“列卣”[①]制度不同，反映了周文化对商文化的传承和变革。穆王以后，周人在青铜器造型纹饰、字形书体等多个方面逐步摆脱了商人的影响，形成了自己独有的器用制度，许多酒器如卣、觚、斝等退出了历史舞台，代之而起的是更为严谨的食器与水器、乐器的组合方式，在这种背景下，尊卣组合的方式也自然就失去了生存的空间。

以上对器物组合的研究是青铜器研究中不可缺少的一个环节，郭宝钧先生在《商周铜器群综合研究》中较为系统地整理了商周时期青铜礼器的组合情况，并且提出了殷人是“重酒组合”，周人是“重食组合”。这一看法已经被学术界普遍认可了。随着研究的深入，诸多的学者们又进一步提出殷人“重酒的组合”是以觚、爵为中心，而周人“重食的组合”是以鼎、簋为中心。但是对于戴家湾青铜器群中器物组合所表现出来的特点，不能不让我们继续去思考。

首先，5件直棱纹鼎作为“列鼎”最初的萌芽，它的使用者和制造者都是商人，结合阎家沟商墓所出的4鼎5簋，我们可以看到重食文化的形成源自商代；陈梦家先生曾经说过：“西周初期铜器，除了那些与殷代殷人铜器相同之外，哪些是它自己所有

---

① 任雪莉：《关于对扶风红卫村出土“列卣”的思考》，《周秦文明论丛》第2辑，三秦出版社，2009年，124～129页。

的特色？今天可知的约有以下数端：……某些异于殷代的器类组合，如同铭尊卣的组合。”[①]陈梦家先生的研究成果成为划分商末周初墓葬的一个重要的依据。但是今天看来，这种组合方式仍然起源于商代晚期东方的某个部族，并不是周人的“首创”；而真正意义上的纹饰、铭文完全相同的1尊2卣恐怕要在成王时才彻底形成。在对戴家湾青铜器群风格特点的归纳和总结中，我们认为商周文化的相互影响不仅体现在青铜器形制、纹饰的相互借鉴上，更加体现在器用制度上。毕竟青铜器制作的最终目的还是为了使用。本章所探讨的食器和酒器的组合就是以这些典型商文化青铜器为中心的。虽然青铜器是商式的，但是组合方式却与殷墟传统的器物组合方式差别很大。这说明在使用过程中，受到了以周文化为主体的当地文化因素的影响，并逐步形成了一种独具特色的地方文化。这种带有区域性质的青铜文化当然不见于传统的殷墟地区，亦不属于周人所独有，但因周人的参与和创新，逐渐成为当地的主流文化。

其次，我们还应看到，商周时期的贵族们在使用青铜礼器时，除了讲求器物的形制、纹饰、功用外，更加注重的是器物间的相互组合。食器、酒器、水器、乐器、兵器等器物只有相互组合运用，才能真正做到“明尊卑、分上下”，才更加能够体现礼制的细化与完备。因此，“列器”如果仅仅指的是“形制相同”的成组青铜器的话，这个定义就显得有些局限了。例如，墓中出土的纹饰风格相近、铭文相同的1尊2卣、1尊1卣等器物，很明显也是关系密切的成组青铜器，对于这些相互关联的青铜器，是否也应属于“列器”的范畴？既然“列器”的概念仅是对考古现象的一种描述，那么这个概念是不是可以更宽泛一些，即“形制相同的成组铜器，或者是纹饰风格或铭文相同的成套器物”。如果我们的研究不拘泥于单个的器物，或是单组的器物，而着眼于墓葬中不同器类间的组合的话，也许会有更多的新发现。

---

① 陈梦家：《西周铜器断代》上册，中华书局，2004年，354页。

第七章　戴家湾铜器族属及文化因素分析

有关戴家湾墓地的性质和族属问题是很多学者所关注的。这里需要指出的是：铜器本身的族属与墓葬的族属是两个概念。虽然戴家湾遗址出土的商式青铜器很多，但是其来源有可能是殷遗民或者周人灭商后掠夺而来并重新进行分配的。如果是前者，那墓葬的主人也就有可能是殷遗民；如果是后者，那墓葬的主人反而很难确定了，有可能是姬周贵族的一支，也有可能是立过战功后封在这里的其他国族。因此本章主要探讨的是铜器本身的族属问题，以及其所包含的文化因素。

第一节　戴家湾族徽铜器的统计

据统计，戴家湾铜器中出现的族徽共有28种，其中单一族徽18种，复合族徽10种。涉及的器类有鼎、甗、鬲、觥、罍、尊、角、觯等共36件，占青铜容器总数的25%左右。具体见表7-1。

表7-1　戴家湾青铜器族徽统计表

1.鼎3件：尊1、卣2	2.[illegible]4件：鼎2、甗1、罍1	3.田告2件：方鼎1、觥1
4.[illegible]1件：方鼎1	5.镬2件：扁足鼎1、觥1	6.[illegible]1件：鼎1
7.[illegible]1件：鼎1	8.冔1件：鬲1	9.[illegible]1件：甗1
10.戈1件：甗1	11.[illegible]1件：卣1	12.女母1件：卣1
13.巽1件：觥1	14.爻2件：斝1、角1	15.[illegible]1件：斝1
16.亚𪓿1件：爵1	17.[illegible]1件：觯1	18.天1件：觯1
19.酉1件：觯1	20.中1件：觯1	21.中亚址1件：觯1
22.[illegible]1件：觯1	23.册劦竹1件：角1	24.◆1件：鬲1
25.子眉[illegible]1件：簋1	26.亚旛1件：尊1	27.亚巽1件：觚1
28.子1件：盉1		

从总体来看，带有族徽的炊食器有13件，酒器23件，族徽主要集中在酒器上。各部分的比例如下：鼎35件，有族徽的7件，占20%；鬲4件，有族徽的2件，占50%；甗5件，有族徽的3件，占60%；尊6件，有族徽的2件，占33%；卣11件，有族徽的4件，占

36%；罍2件，有族徽的1件，占50%；觥3件、斝2件、角2件，觚1件均带有族徽；爵9件，有族徽的1件，占11%；觯11件，有族徽的6件，占55%。本地特色的尖刺乳钉纹盆式簋、方座簋均不见族徽和日名，另外水器如盘盉（“作彝”器组）、盂等也没有族徽和日名。

下面我们对出现次数较多，且比较特殊的几个族徽进行分析。

1. 鼎族

鼎族的器物除了上述3件之外，还有18件，其中传世品17件，有明确出土地点的仅1件（表7-2）。

表7-2　鼎族青铜器统计表

器名	尺寸（厘米）	时代	出土地	著录	收藏单位	族徽
鼎鼎		商代晚期	不详	汇编1610，集成01188，通鉴00205		
鼎鼎		商代晚期	不详	三代2.3.5，窓斋3.2，奇觚1.2，殷存上1.2，簠斋1鼎19，小校2.1.1，集成01189，总集0031，通鉴00206	原藏陈介祺、李山农（罗表）	
鼎鼎	通高20.5、口径16.9	先周时期	凤翔南指挥西村	陕金1.054，考文1982年第4期23页图14.1，集成01190，通鉴00207	陕西省考古研究院	
鼎簋		商代晚期	不详	三代6.2.4，西乙6.43，宝蕴46，贞松4.27.4（称彝），续殷上33.2，故图下118，集成03015，总集1685，通鉴03405	台北“故宫博物院”	
鼎父己尊1	通高34.4、口径25.6	商代晚期	不详	三代11.9.8，贞松7.6.2，海外66，续殷上54.3，泉屋1.22，泉博76，日精华2.133，集成05648，总集4598，通鉴10618	日本京都泉屋博古馆	
鼎父己尊2	通高8.6、口径6.6（寸）	商代晚期	不详	博古6.10，薛氏14，啸堂22，续考古5.8，集成05649，通鉴10619		
戎鼎父乙尊		商代晚期	不详	三代11.14.3，贞松7.7.3，续殷上56.5，集成05731，总集4656，通鉴10701		
鼎方彝1	通高21.7、口径9×12.1	商代晚期	不详	青研160，铜全4.72，集成09837，总集4932，通鉴12620	上海博物馆	

续表

器名	尺寸（厘米）	时代	出土地	著录	收藏单位	族徽
鼎方彝2	通高24	商代晚期	不详	富士比（1990，6，12.7），近出988，通鉴12691	伦敦富士比拍卖行	
秝[illegible]方彝	通高21.5	商代晚期	不详	遗珠42，近出992，通鉴12685	伦敦埃斯肯那齐拍卖行	
鼎觚		商代晚期	不详	集成06724，通鉴08565	故宫博物院	
鼎父乙爵1		西周早期	不详	三代16.5.8，贞松10.2.4，善斋6.55，小校6.38.1，故图下下362，集成08419，总集3782，通鉴07066	台北"故宫博物院"	
鼎父乙爵2		西周早期	不详	集成08420，通鉴07067	故宫博物院	
鼎父丙爵		商代晚期或西周早期	不详	三代16.7.2，贞松10.3.1（误摹为父乙），续殷下12.8（缺柱铭），小校6.37.8，集成08439，总集3795，通鉴07086	注：族徽位于左柱上	
鼎父己爵		商代晚期或西周早期	不详	集成08566，通鉴07209	故宫博物院	
鼎父辛爵1		商代晚期	不详	三代16.18.3，窓斋23.20.1，殷存下15.6，小校6.52.8，集成08638，总集3914，通鉴07278	故宫博物院	
鼎父辛爵2		商代晚期或西周早期	不详	集成08639，通鉴07279	故宫博物院 注：族徽位于左柱上	
鼎父辛爵3		西周早期	不详	三代16.19.1，贞图中33，续殷下12.11（鋬），集成08640，总集3915，通鉴07280	注：族徽位于左柱上	

加上戴家湾出的3件，我们所能收到的鼎族器共21件，其中食器4件，酒器17件。从表7-2来看，"鼎"字的写法主要有以下4种。

（1）[illegible]：这种写法最为常见，其特点是勾画出了鼎的基本形制，敞口、立耳、深腹、圜底、三足。具有这种写法的青铜器共14件,其中鼎1、尊3、卣2、方彝1、爵7，时代大致从商代晚期到西周早期偏早。

（2）[illegible]：与第一种写法较为相似，不同之处在于第一种写法的鼎足为三条实线，形同柱足，而第二种写法的鼎足呈实心或空心的三角形，形如早期鼎上流行的尖锥足。带有这种族徽的器共5件，其中鼎2、方彝1、尊1、觚1。从时间上看均属商代晚期。因此，如果参考鼎的器形演化过程来看，第二种写法可能要早于第1种，后被第一种写法逐步取代。

（3）□：这种写法与第二种相似，但是鼎的口沿处没有立耳。该种写法仅见于商代晚期的一件簋上。“简化是古文字形体结构演化的基本特征之一”①，因此，这种写法应视为“鼎”字的一种异构形态，可能与早期书写不规范有关。

（4）□：仅见于秝□方彝。有学者将其视为“秝□”两字，李学勤先生认为，“□”为“鼎”字，“写法类于殷墟自组卜辞”②。吴镇烽先生在《金文通鉴》（编号12685）的备注中认为：该器“当为清光绪辛丑（1901年）秋陕西凤翔府宝鸡县三十里斗鸡台出土”。虽然该器所饰的鸟纹比较奇特，但是从铭文来看，“□”与“□”的写法差异很大，甲骨文中的“鼎”字，有名词活用为动词作烹食讲的；有读为贞，作占卜讲的；有疑似为祭名③的等多种解释，就是没有作为族氏名的，因此在没有足够的证据的前提下，恐不能将其认定为戴家湾出土。

“鼎”族器以传世品居多，有明确出土地点的仅4件，均为宝鸡地区出土，时代都在商代晚期。其中，尤以戴家湾地区出土的鼎族铜器组合完整，形制罕见，铸造精良，在戴家湾铜器群中地位显著。

2. □族

带有“□”族徽的器除了戴家湾墓地出土的鼎2、甗1、罍1之外，还有2件甗和1件卣。

（1）□甗：通高37、口径27厘米。山西翼城县凤家坡出土，西周早期器，现藏山西翼城县文化馆④（《集成》00772，《总集》1545，《通鉴》03112）。

（2）□甗：通高46.8、口径30.5厘米。陕西泾阳出土，西周早期器，现藏陕西省历史博物馆⑤（《集成》00773，《总集》1546，《通鉴》03113，《陕铜》4.147）。

（3）□卣：传世器，高10.4寸（《博古》9.17，《薛氏》24.1-2，《啸堂》32.1-2，《集成》04804，《通鉴》12554）。

以上铜器在族徽的写法上略有不同：鼎、甗上写作“□”；罍作“□”，与第1种写法相比，在文字的中间少了一竖；卣作“□”，文字的构成与第2种相似，但是方向不同。张懋镕先生在对族徽文字结构特点的研究中提到：“简化主要针对族徽文字

① 张懋镕：《试论商周青铜器族徽文字的结构特点》，《古文字与青铜器论集》（第二辑），科学出版社，2006年，10页。

② 李学勤、爱兰：《欧洲所藏中国青铜器遗珠》，文物出版社，1995年，325页。

③ 徐仲舒：《甲骨文字典》，四川辞书出版社，1998年，771、772页。

④ 李发旺：《翼城县发现殷周铜器》，《文物》1963年第4期，51页。

⑤ 段绍嘉：《介绍陕西省博物馆的几件青铜器》，《文物》1963年第3期，44页。

的笔画和偏旁而言，位置变易则是指族徽文字的结构的变异。”[①]因此，与第一种写法相比，后面的两种要简化一些。“𠕁”属于文字简化中的“单笔简化”；而“𠕁”和“☵”应看成是“正侧互作”。这样做的目的是不至于因为书写方式的不同，而将结构上有差异的族徽文字割裂开，使得研究工作更加复杂无序。我们认为，这几个族徽的写法虽有出入，但是所指应该为同一个部族。除了1件传世的卣之外，5件出自陕西，1件出自山西，时代从商代晚期至西周早期。

需要说明的是，关于“𠕁”字，亦有部分学者认为是易卦爻画。最早的记载见于王黼的《博古图》，他认为☵卣“盖与器铭共二字，作卦象。……是卦也，上下爻皆阳，有乾之象；中二爻皆阴，有坤之象。虚其中亦取象于器”。张亚初、刘雨两位先生将上文所收的2件青铜甗及1件青铜罍也收录在内，并且提出“上述五个符号，是占筮的卦画符号，与八卦可能是同源而不同流，这是我国目前所见最早的卦画”[②]。李宗焜先生则认为：“如果‘𠕁’、‘𠕁’不同于‘册’，自然就更不可能是‘册’字。它会不会也是易卦的一种形式？这种可能性恐不能完全排除。卦象卣与山东古陶文这类符号不必然是误转九十度的结果，更与‘册’字无关。这类符号，不但不是易卦的起源，反而可能是受到易卦的影响才如此画记的。于此可见在古代占筮的方法是多元的。”[③]

我们认为“𠕁”字是族徽文字的可能性要更大一些。首先，商周之时铜器上如召卣（《集成》04868）、效父簋（《集成》03822）、中方鼎（《集成》02752）、堇伯簋（《集成》10571）等，铭文中所见的一般为数字卦，在甲骨文与陶文中亦多有发现，可见这种卦辞的记录方式是比较流行的（图7-1）。“𠕁”作为卦画，不见于同一时期的甲骨和陶文中，故而认定其为卦画显得证据不够充分。其次，以往所出铜器上的卦辞各不相同，而本书所举的2件𠕁鼎和3件𠕁甗，时代上跨越商末周初，地域上分布于宝鸡、咸阳和山西，但卜筮的结果都一样，这种情况是无法解释的。另外，戴家湾墓地中鼎、甗、罍均出自M10，彼此间有一定的组合关系。由此判定“𠕁”和“𠕁”只是笔画不同而已，应该是同一个人的器。实际上，这些字符究竟是否卦画，张亚初和刘雨两位先生说得也很含糊，他们在结论部分提道：“是否卦画，尚不得而知。目前所见，商代和西周的八卦大多是由数字符号构成的八卦符号。商周金文玺印文中类似于卦画符号的铭刻，与杨雄《太玄经》中‘太玄术’的‘争首’‘锐首’

① 张懋镕：《试论商周青铜器族徽文字的结构特点》，《古文字与青铜器论集》，科学出版社，2006年，13页。

② 张亚初、刘雨：《从商周八卦数字符号谈筮法的几个问题》，《考古》1981年第2期，163页。

③ 李宗焜：《数字卦与阴阳爻》，《“中央”研究院历史语言研究所集刊》第七十七本第2分，2006年，300页。

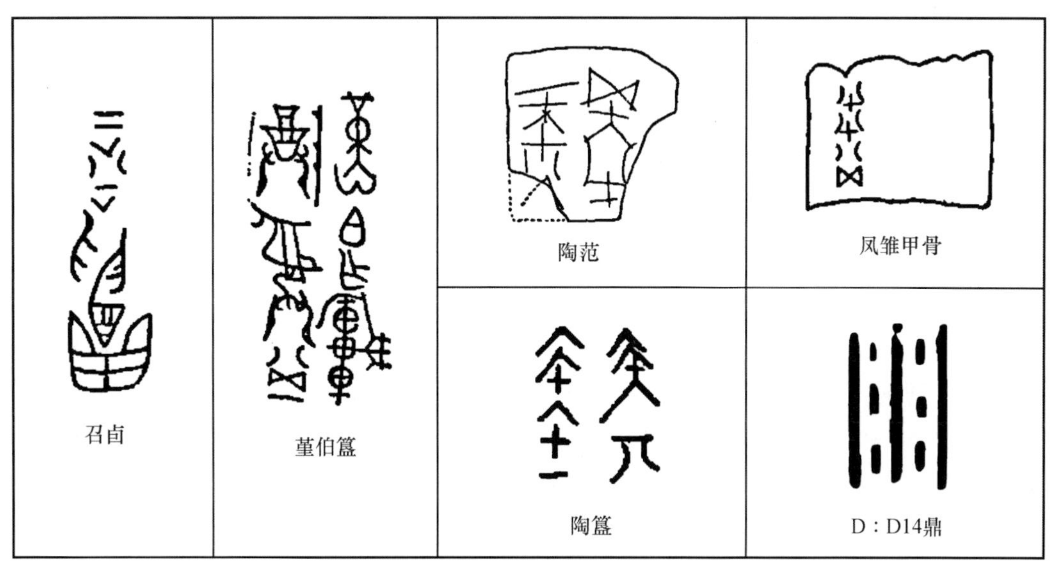

图7-1　数字卦与“𠁩”的比较

符号一致或相接近，应有一定关系。”[①]陈佩芬先生释为“川”字，并认为是族氏徽记[②]。“甲骨文中川水皆象水流之形，其初应为一字，后世意义渐有分化”[③]，我们认为，不论释为“川”还是“水”，从铭文出现的时代、地域和器物组合等因素综合考虑，它们都应该是一种族徽文字。

3. 𩰫（镬）族

此族徽见于戴家湾墓地出土的D：D08䲹父丁鼎。另外，传世的镬族器还有文父丁鼎，通高81.6、口径54.5厘米，现藏台北故宫博物院（《集成》02318，《总集》0892，《通鉴》01335）。

上文在与鹿邑太清宫出土的两件觥做对比时，我们从器形纹饰等方面推测D：K2（中子㠱觥）和D：K3（文父丁觥）2件器均为戴家湾墓地出土。实际上，这3件器与台北故宫博物院所藏的文父丁鼎铭文之间具有紧密的联系。䲹父丁鼎铭：“䲹父丁，镬。”（图3-38，5）文父丁鼎铭：“引作文父丁鼎，镬。”中子㠱觥铭：“中子㠱引作文父丁尊彝，镬䲹。”（图4-6，3）文父丁觥铭：“文父丁，䶸。”（图4-7，1）4件器全部是为“文父丁”所作，有2件注明做器者是“引”，3件的族徽为“镬”，1件为“䶸”。通过铭文间的相互联系，我们应该可以确定这几件器是“引”

① 金文资料均为器群，玺印资料仅东周1例，不仅时代上与上述器相差较远，且二者在字形书体上亦差别较大。

② 《青研》（西周篇上），39页。

③ 徐仲舒：《甲骨文字典》，四川辞书出版社，1989年，1228页。

为其先祖“臤父丁”所作的，“引”所属的镬族与冀族的关系仍需进一步研究。中子冀觚与文父丁觚的器形、纹饰、大小均相同，铭文书写的方式也相似，只不过铭文简繁不同罢了。“镬”族器发现较少，分布范围不清。从目前掌握的资料来看，4件“镬”族器中2件出自戴家湾地区，这不能排除“镬”族有可能作为殷遗民在周初迁移到此地居住的可能。

4. 田告

有学者认为“田告”和“告田”是两种不同的族徽，不能混为一谈。但是本书所收录的告田觚，器盖上铭“田告”，器身上铭“告田”，因此这两种定名实际上是一回事，这样一来许多田告器和告田器就可以相互联系起来，使我们的研究范围更加广阔了。本书所能收集到的“告田”器均为传世品（表7-3）。

表7-3　田告（告田）青铜器统计表

器名	尺寸（厘米）	时代	出土地	著录	收藏单位	族徽
田告						
田告父丁鼎	通高24.3、口径14.6×19.5	西周早期	不详	集成01849，青研202，通鉴00866	上海博物馆	
[illegible]鼎	高8.5、口径7.8（寸）	西周早期	不详	三代3.29.1，缀遗4.6.1，陶斋1.26，续殷上24.3，小校2.64.4，集成02506，总集1029，通鉴01523	原藏端方（陶斋）	
田告甗		西周早期	不详	集成00889，通鉴03229	上海博物馆	
田告父丁簋		西周早期	不详	三代6.21.1，续殷上40.6，集成10536（称器），总集1998（称簋），通鉴05119		
田告父丁爵		西周早期	不详	集成08903，通鉴07593	故宫博物院	
田告觚		西周早期	不详	集成07013，通鉴09344	故宫博物院	
田告父乙卣		西周早期	不详	三代13.1.3，贞续中17.3，集成05056，总集5221，通鉴12806		
田告父丁卣		西周早期	不详	集成05273，通鉴13023	故宫博物院	
田告罍		西周早期	不详	三代11.40.4，贞松7.21.3，续殷下67.5，集成09777，总集5533，旅顺博27、47页，通鉴13742	旅顺博物馆	

续表

器名	尺寸（厘米）	时代	出土地	著录	收藏单位	族徽
告田						
告田鼎		商代晚期	不详	三代2.15.9，周金2补14.2，贞松2.9.2，希古2.1，小校3.52.5（称鬲），集成01482，总集0282，通鉴00499		
告田鼎		商代晚期	不详	集成01483，通鉴00500	故宫博物院	
告田祖乙簋		西周早期	不详	三代6.44.3，窸斋7.9，奇觚3.10，殷存上18，小校7.76.1（误为敦），陕金2.144，集成03711，总集2335，通鉴04201	上海博物馆	
告田觯		商代晚期	不详	三代14.38.11，陶斋3.31，续殷下54.3，小校5.74.6，集成06191，总集6391，通鉴10225	原藏端方	
告田觯		西周中期	不详	三代14.38.12，窸斋20.10.2，周金5.132.4，续殷下54.4，小校5.74.7，集成06192，总集6390，通鉴10226	中国国家博物馆	
告田父丁觯		西周早期	不详	三代14.51.2，从古14.28，攈古1.2.61，窸斋20.10.1，缀遗24.11.2，奇觚6.20.2，敬吾下44.5，殷存下29.2，小校5.90.6，簠斋二觯3，集成06391，总集6561，通鉴10425	上海博物馆	
告田父乙卣		商代晚期	不详	三代13.14.3-4，贞图上44，续殷上83.3-4，集成05347，总集5319，通鉴13097	原藏罗振玉	

从所收集的“田告”和“告田”青铜器来看，除了比较特殊的告田觥之外，“田告”器10件，其中商代晚期的仅本书收录的田告方鼎1件，其余均为西周早期。从字形书体上看，相差也不是很多。“告田”器7件，其中商代晚期5件、西周早期器1件、中期器1件。需要说明的是西周中期的青铜觯文字横置，与其他器不同，如果铭文从左到右看，为“告田”，从右到左看，为“田告”，暂列其为“告田”器。

通过以上比较，我们看到，“告田”器中商代晚期的器占71%；“田告”器中商代晚期的器占10%。两者之间的比例悬殊较大。由此可知，在商代晚期，多称“告田”，而到了西周早期，多称“田告”。关于“告田”的定名，有学者认为是复合族徽；亦有学者认为“告”是族徽，而“田”是职官名，如同“册”和“亚”的性质一样，由于篇幅所限，将另文论述。这里我们能看到由于大多数的“告田”和“田告”器都是传世品，没有明确的出土地点，仅凭戴家湾出土的2件，尚不能完全判定其族属活动的地域范围。

5. 爻族

戴家湾墓地出土D：JA1爻父己斝和D：JU2爻父乙角，陈梦家先生的笔记和王光永先生的《报告A》中均释为“𤕝”；吴镇烽（见《通鉴》）和刘明科（《报告B》）等学者将其释为“爻”。D：JU2爻父乙角铭文拓片已失，D：JA1爻父己斝的铭文只有两个㐅，但是陈梦家先生在笔记中补成三个后释为“𤕝”。传世的和出土的“𤕝”和“爻”族青铜器不少，为便于讨论，我们将有明确出土地点的器物收集如下（表7-4）。

表7-4　出土的爻族青铜器

器名	尺寸（厘米）	时代	出土地	著录	收藏单位	族徽
𤕝父乙方鼎	通高24.8	商代晚期	扶风（收购站拣选）	陕铜3.65，陕金1.071，考古与文物1980年4期图8.6（P13），集成01560，总集0532，通鉴00577	扶风县博物馆	
爻尊	通高30.8	商代晚期	山东滕县	山选74，综览一图版觚形尊25，集成05506，通鉴11166	山东省博物馆	
爻父丁卣		商代晚期	山东滕县	山选75，集成04948，总集5209，通鉴12698	山东省博物馆	
𤕝觚		商代晚期	山东滕县	山选76，集成06798，总集6206，通鉴09129	山东省博物馆	
爻觶		商代晚期	山东滕县	山选77，集成06263，总集6535，通鉴10297	山东省博物馆	
𤕝爵	通高17.5	商代晚期	安阳孝民屯	考古学报1979年1期图60.14（P83），河南铜1.214，集成07764，总集3369，通鉴06849	社科院安阳工作站	

以上6件器中，山东滕县出土4件、扶风1件、安阳1件。虽然“[illegible]”族活动的区域范围还不能确定，但是山东滕县井亭煤矿发现的应该是一处爻族墓葬。该墓出土铜器30余件，计卣1、斝1、尊1、鼎2、觚4、觯1、爵6等[①]。其中尊、卣、觯铭“爻”，觚铭“[illegible]”，这说明“爻”也是一种简化的写法。[illegible]族铜器的出土地点除了山东滕县外，还有安阳殷墟。由此可知，商代晚期的[illegible]族大致生活在山东西部与河南东部一带。

第二节　戴家湾族徽铜器的特点

自张懋镕先生提出“周人不用日名”和“周人不用族徽”这两个命题后[②]，学界多将其作为划分商周两系青铜器的一个标准。虽然在召公青铜器中偶有使用日名的特例，其数量与能够确定为周人，且未出现日名的青铜器数量相比微不足道。张懋镕先生的新作《再论“周人不用日名说”》就做了很好的补充说明[③]。根据以上标准检视关中地区商代晚期至西周早期墓葬，我们发现带有族徽和日名的青铜器数量很多，尤其是带族徽的铜器数量仅次于以安阳为主的中原地区。这种现象在戴家湾墓地出土的青铜器中也是十分普遍的。

戴家湾青铜器中族徽的种类和数量非常多，共28种36件，占青铜礼器总数的25%左右。这个比例与宝鸡市区同一时期墓葬出土青铜器的族徽数量和种类相比，是比较高的。例如，渭河南岸的峪泉墓出土青铜礼器共9件，其中带有族徽的2件，约占总数的22%；強国墓地中纸坊头墓地[④]共出土青铜礼器26件（墓葬破坏严重，铜器出土不全），其中有族徽的6件，占总数的23%；竹园沟墓地共出土青铜礼器102件，其中有族徽的19件，约占总数的19%。墓葬的年代越早，带有族徽的青铜器就越多，到了西周中期前后，墓葬中带有族徽的青铜器数目锐减，甚至没有了。茹家庄墓地出土青铜礼器70件，如果将M1中出土的5鼎4簋上的“儿”字看成是族徽的话，就仅有这9件；M2出土的22件铜礼器，没有发现族徽。

关于这些不同文化来源和属性的青铜器在墓葬器物组合中的地位和作用，有很多学者进行过研究。曹玮先生认为，这种现象与商末周初时期的祭祀制度有关，商人“不仅随葬祭祀死者的铜器，同时埋葬与之有‘关系’的其他人的铜器，以此在祭祀

---

① 孔繁银：《山东滕县井亭煤矿等地发现商代铜器及古遗址、墓葬》，《文物》1959年第12期，67页。

② 张懋镕：《周人不用日名说》，《周人不用族徽说》，《古文字与青铜器论集》，科学出版社，2002年，217、223页。

③ 张懋镕：《再论“周人不用日名说”》，《文博》2009年第3期。

④ M1：卢连成、胡智生：《宝鸡強国墓地》，文物出版社，1988年，36页；M2、M3：宝鸡市考古研究所：《陕西宝鸡纸坊头西周早期墓葬清理简报》，《文物》2007年第8期，34～42页。

死去亲人的同时，带去对自己死去先祖考的告慰”[①]。西周初年的丧葬习俗正是从殷商时期承袭而来的，所以一个人的墓中会出现多人祭祀自己祖考的青铜器。随着西周宗法制度的确立，丧葬的风俗习惯也发生了变化，逐步摆脱了祭祀多位先祖的习惯，因此“墓中的铜器逐渐向只放墓主本人祭祀先祖的器物发展”。曹玮先生的研究结论，很好地解释了墓葬中族徽青铜器由多到少变化的原因，这就是“西周时期的赗赙制度”。

黄铭崇先生对此持不同意见，他认为曹玮先生此前所提出的东周时期的赗赙制度是存在的，“对于理解东周墓葬的某些现象，贡献极大”。但是，对于周初墓葬的解释有可商榷的地方，“特别是在一墓中，充满他人的铜器，并且这些铜器分别告慰他人已死家属，实在难以解释，当与曾侯乙墓有楚王赗赙的现象是完全不同的”。黄铭崇先生进一步提出：“在考古出土的西周早期墓葬当中出现了大批与殷墟Ⅳ期青铜器难以区分的商式青铜器，同一墓中出土青铜器的铭文现实其来源自不同族氏，甚至祭祀对象也不相同，应当是武王克商后‘分殷之器物’，这些器物，最终葬入西周早期的周人与西土之人的墓葬中。”[②]李学勤先生亦提出：“随着商朝的灭亡，有很多珍贵的青铜器落入周人之手，这便是好多周初青铜器群中夹杂商代器物的原因。……宝鸡斗鸡台、戴家湾等地的器群，包含了很多族氏各异的器物，很可能也出于这种原因。”[③]

在以上诸家观点的指导下，我们对戴家湾青铜器群中族徽出现的次数进行分类。

1. 族徽出现3次以上

鼎族：族徽出现3次，相关器物包括D：ZN6鼎尊，D：U1、D：U2鼎卣和D：JIN1青铜禁（禁上无族徽）。鼎族器为1尊2卣1禁的酒器组合。

[illegible]族：族徽出现4次，相关器物组合包括D：D13、D：14[illegible]鼎，D：Y1[illegible]甗和D：LE2[illegible]罍。另外还包括D：D10～D：D12三件没有铭文的直棱纹铜鼎。[illegible]族器主要为5鼎1甗的食器组合，另有酒器罍1件。

从器物数量和组合上看，它们有可能是墓葬中陪葬青铜器的主体。根据我们在上文中的论述，这两个部族很明显应该是东方的部族，有可能作为商遗民，在西周早期或更早一些时候迁移过来，在戴家湾一带生活定居。两个部族的铜器都带有浓郁的中原青铜器的特点。李学勤先生认为：“在诸侯国青铜器，特别是西周早期的青铜器

① 曹玮：《试论西周时期的赗赙制度》，《周原遗址与西周铜器研究》，科学出版社，2004年，174页。

② 黄铭崇：《从考古发现看西周早期墓葬的“分器”现象》，2011年“凤鸣岐山——周文化国际学术研讨会”会议发言，文章待刊。

③ 李学勤：《西周时期诸侯国铜器》，《新出青铜器研究》，文物出版社，1990年，35页。

群中，常可看到带有‘殷遗民’族氏铭文的铜器。所谓‘殷遗民’，即商朝原来的统治阶层成员，经过商周变革，有些人在周王朝分封诸侯后仍保持一定的身份和地位。……这些青铜器的器主，被吸收到各诸侯的机构中，巩固了各国的统治，同时也是商、周文化传统相连续的一个具体体现。”[①]据此我们推测，1901M和M10有可能是殷遗民的墓葬，年代在西周初年，部分青铜器的年代早至商代晚期，是墓主人从原住地带来的。

2. 族徽出现2次

“田告”：D：D01田告方鼎、D：K1告田觥。

“镬”：D：D08臤父丁鼎、D：K2中子㠱觥，还有D：DK3文父丁觥。

“𢓊”：D：JA1𢓊父己斝、D：JU2𢓊父乙角。

以上三族的铜器以传世品居多，族属的来源不好确定。与鼎族和“𠂤”族青铜器相比，数量较少，青铜器间的组合关系不明确，因此在墓葬中的地位较难判断。我们推测这些铜器有可能是以贵族间助葬的形式埋在这里的。从殷墟妇好墓随葬的青铜器来看，助祭的习俗在那时就已经很盛行了。墓中除了妇好的109件青铜礼器和2件钺之外，还有“某些王室成员为墓主所做的祭器，如司母辛组的五件铜礼器和刻有‘司母辛’二字的石牛；墓主母族为她所作的祭器，如司㚸母组的二十六件铜礼器；方国或族的贡品，如亚弜组一件大圆鼎和一套编铙以及亚其组的二十一件铜礼器”[②]。鹿邑太清宫长子口墓随葬的54件带铭文的青铜器中，属于墓主人的48件，其余6件分别为“戈丁”圆斝、“盉”觯各1件，“父辛”觚、“析子孙”方鼎各2件[③]。以上助祭的青铜器有一个相似的地方，即通常成对或成组出现，数量依据墓主人的身份有所增减。2件𢓊族青铜器均出自M11三鼎二簋的墓葬中，该墓在整个墓地中地位不低，𢓊族与墓主的关系尚不清楚。

3. 族徽出现1次

这部分青铜器所占的比例较大。常见的戈族、冎族、𠦪族、酉族、凤族、中族等在河南地区均有发现。带有这些族徽的青铜器较单一、凌乱，相互之间也没有组合关系，无法确定作器者与墓主人之间的关系。虽然不能排除这是和墓主人有关系的贵族用来助葬的礼器，但是更有可能是青铜器“二次分配”的结果，也就是通常所谓的“分物”或“分器”。我们认为在西周初年，由于青铜器铸造技术相对落后，不能满足需求的扩大，供需之间的差异使得对商人青铜器的分配和再利用成为当时一种非常

① 李学勤：《西周时期的诸侯国青铜器》，《新出青铜器研究》，文物出版社，1990年，35页。

② 中国社会科学院考古研究所：《殷墟妇好墓》，文物出版社，1980年，15页。

③ 《长子口墓》，211页。

流行的做法。大量带有族徽标记的商式青铜器以掠夺、或赏赐等多种形式流入到关中地区周人腹地，造成了早期墓葬中族徽数量和种类繁多的局面。

第三节　铜器的文化因素分析

在对戴家湾青铜器进行分期的基础上，结合上文中对其风格特点、铜器族属等的归纳和总结，可将戴家湾铜器群分成商代晚期和西周早期两组进行分析。

（一）商代晚期铜器文化因素分析

商代晚期青铜礼器共计61件，约占礼器总数的42%根据文化因素的不同来源可分为以下几种。

1. 典型的商文化

典型商文化的铜器有37件，约占商晚期铜器的60%，铜礼器总数的26%。其中炊食器15件、酒器21件、水器1件。例如，[illegible]父己鬲，父辛簋、父乙簋、[illegible]卣，女母卣，交父己斝、交父乙角，[illegible][illegible]斝、天父乙觯等。这些形制的青铜器在河南等地的商代墓葬中很常见。

2. 先周文化

先周文化铜器有11件，约占商晚期铜器的18%，铜礼器总数的8%，且均为饰有尖刺乳钉纹的盆式簋。这种形制的簋颈部和圈足多饰有与商式青铜器相似的夔纹，因而有学者认为是“郑家坡文化和商文化结合的铜器”①，多见于关中地区，关中以东商文化区域内少见。应该看到虽然颈部和圈足的纹饰与商式青铜器相似，但是以尖刺乳钉纹作为主题图案的青铜器在商文化区域内是罕见的，另外这些青铜簋上都没有日名和族徽。

3. 混合型文化

混合文化即多种文化相互交融，尚不能区分其具体的文化属性。这类铜器大概有12件。例如4件铜豆，形制奇特，罕有与其相类者。另外，直棱纹鼎（D：D10、D：D11）、告田觥、凤鸟纹卣（D：U3～D：U5）、直棱纹方彝等一直被认为是西周早期的铜器，然而从孝民屯出土的陶范来看，应该是在殷墟四期偏晚的时候在当地制造的。可是当地生产的器物却未见于当地的墓葬或窖藏，而是出现在了千里之外的关

① 李海荣：《关中地区出土商时期青铜文化因素分析》，《考古与文物》2000年第2期，43页。

中腹地，这其中的缘由值得深思，究竟是殷遗民带来的，还是周人“分殷器”所得，这关系到对戴家湾墓地性质的解读。

4. 巴蜀文化

仅D：GE19戈一件，是城洋青铜兵器中比较常见的类型。

（二）西周早期铜器文化因素分析

西周早期铜器共计100件，其中铜礼器74件，兵器26件。西周早期铜器与商代晚期铜器一脉相连，具有很强的传承性。殷遗民出于对旧有的商文化的眷恋，在铸造铜器时还保留有浓郁的商文化的特点。依据张懋镕先生多年来提出的一个论点，即周人及其当时处于西部的其他国族不用日名和族徽①，可将西周早期的铜器分为商周两大系统②。

1. 商系统

商系统的铜器共计18件：鼎5、鬲1、甗3、尊1、罍1、觚2、爵2、觯3。与商代晚期铜器相比，商系统铜器的形制已经发生了变化，然而器内仍铸有日名或族徽，有些还是活跃于商代晚期的大族。商系统的铜器占西周早期铜器的24%，礼器总数的12%。典型铜器如𠂤癸甗，𫹉甗、𫹉罍、中子㠱觚、文父丁觚、酉父甲觯等。

2. 周系统

从铭文或形制可判断为周系统的铜器约33件，其中礼器20件，约占西周早期铜器的27%，礼器总数的14%。从铭文内容或字形书体上看，典型器物有毛伯鼎（D：D15）、𡒞方鼎（D：D02）、作宝彝方鼎（D：D04）、鲁侯熙鬲（D：L2）、用征尊（D：ZN1）、用征卣（D：U6）、作彝盉（D：H2）、作彝盘（D：P2）等。从形制上看，兽面纹鼎（D：D23～D：D25）、圆鼎（D：D32～D：D35）柱足细高，腹部变得很浅。纹饰简朴，如带状兽面、涡纹，或仅饰一道凸弦纹，甚至素面。方座簋是周文化的产物，因此B型凤鸟纹方座簋（D：G01）和甲簋（D：G02）也是西周早期周人的代表作品。兽面纹簋（D：G05）的圈足很高，圈足接地处起高台。这些铜器的年代在西周早期偏晚，形制与商人的铜器已经有了很大的不同。另外带盖簋（D：G14、D：G15）出现的时间也较晚。毁兵随葬是周人一种普遍的葬俗。斗鸡台

① 张懋镕：《周人不用日名说》，《历史研究》1993年第5期；《周人不用族徽说》，《考古》1995年第9期。

② 张懋镕：《西周青铜器断代两系说刍议》，《古文字与青铜器论集》（第二辑），科学出版社，2006年，182页。

沟东区墓葬出土的13件兵器中，12件都被损毁。苏秉琦先生将这些出土兵器的墓葬归为瓦鬲墓中期，相当于西周早期左右，因此这些兵器也应属于周人所有。

3. 具有混合文化因素的铜器

这一部分既包括了受以周文化为代表的当地文化因素影响的商式铜器（与商系统铜器有部分重复），又包括了受商文化影响的周人的铜器（与周系统铜器有部分重复）。例如□方鼎（D：D03）、中子𠬪觥（D：K2）、文父丁觥（D：K3）的纹饰是当地流行的B型鸟纹，但是铜器的族徽表明他们的使用者是以商人及其后裔为代表的东方的一些国族。受商文化因素影响的铜器主要有B型凤鸟纹方座簋（D：G01）、甲簋（D：G02）、尖刺乳钉纹四耳簋（D：G03）和Bb型铜禁。虽然方座簋是周人的首创，但它是周人在吸收了部分商文化的因素之后，对铜器的一种改造和创新。结合告田觥（D：K1）和鼎卣（D：U2）来看，酒器下的方形器座（小方禁）在殷墟地区就已经开始流行了。因此从这个意义上说，方座簋也应是混合文化因素的产物。孝民屯东南地铸铜遗址发现有乳钉直棱纹簋范，饰纹方式是“在口沿下饰三排乳钉，且设有小兽头，上腹饰直棱纹，下腹又饰三排乳钉，圈足饰一周不填地纹的夔龙纹”[①]。与孝民屯所出陶范纹饰接近的铜器仅有强国墓地纸坊头一号墓出土的一件四耳簋（BZFM1：9）[②]。四耳簋陶范的出土说明这种形制的簋也应是殷墟的产品。戴家湾出土的乳钉纹四耳簋形制与纸坊头四耳簋（BZFM1：9）相似，但是器身的纹饰则是流行于当地的尖刺乳钉纹。形制上体现的是商文化，纹饰上则表现出了周文化的特点。

4. 受巴蜀文化影响的铜器

典型器物为三角援戈（D：GE1～D：GE8）。戴家湾铜器中能见到的戈有20件，其中三角援戈8件，剩余的戈都是中原地区常见的型式。这一点与强国墓地不同。竹园沟和茹家庄共出土了实战用戈49件，其中大部分为三角援戈，原报告认为这种三角援戈应发源于商代中晚期的城固地区[③]。戴家湾遗址出土的三角援戈也应属于上述情况，但是也有可能来源于强国墓地。

5. 具有地方特色的铜器

例如罕见的异形兵器（D：S1），饰有蜗纹的铜簋（D：G04）和柳叶形的青铜短

① 李永迪、岳占伟、刘煜：《从孝民屯东南地出土陶范谈对殷墟青铜器的几点新认识》，《考古》2007年第3期，56页。

② 《強国》（上册），30、31页。

③ 《強国》（上册），443页。

剑（D：JIAN1、D：JIAN2）也主要出在宝鸡地区[①]。

6. 其他

这一部分铜器约有35件，其本身没有族徽和日名，形制、纹饰自商代晚期一直沿用到西周早期，例如分裆鼎（D：D05～D：D07），扁足鼎（D：D09）等。张懋镕先生认为：西周初年，周人在铜器铸造上还处在向商人学习的阶段，以模仿为主，因此周系统与商系统的铜器不易区分。可以说这时候商系统风格的铜器占有主导地位。[②]因此这部分铜器的文化性质目前尚难判断。

通过以上对铜器文化因素的分析，我们能够看到戴家湾铜器主要受中原地区商文化和关中地区周文化的双重影响。其特点体现在以下几个方面：

（1）文化因素在不同时期的分布比例体现了商周文化之间的消长。在商代晚期的铜器中，典型商文化的铜器与以先周文化为代表的当地文化相比，占有很大的优势。到了西周早期，这部分铜器的数量减少了很多。与商晚期相比，周人铜器的数量激增，说明周人在铜器铸造方面较以前有了很大的提高。周人在吸收和借鉴商文化的基础上，对铜器加以创新，新器形、新纹饰不断涌现出来，极大地丰富了关中地区的青铜文化。另一方面，商式铜器也会受到周文化的影响，例如中子䇂觥（D：K2）和文父丁觥（D：K3）器形与商末周初之际鹿邑长子口墓出土的觥形制相近，纹饰却采用了当地流行的B型鸟纹。这说明在商末周初之际，商周文化之间相互影响，相互融合，并逐渐趋于同一。在整个戴家湾铜器群中，青铜兵器27件，其中戈21件。带有巴蜀文化特色的三角援戈9件，其余的在中原一带非常普遍。巴蜀文化因素在戴家湾地区仅占了5.5%，由此可见，虽然戴家湾遗址与強国墓地相距不远，但是所受巴蜀文化影响的程度远没有強国墓地高。

（2）商代晚期具有典型商文化特色的铜器在整个戴家湾铜器群中占了四分之一，它们为关中地区的青铜文化注入了活力。例如铜禁的传入为新器形的产生提供了物质准备。戴家湾遗址共出土了四件铜禁，虽然其中两件已经下落不明，但是由此也可以看出铜禁在该地的流行程度。据郑郁文先生的回忆可知，出土铜禁的墓葬级别都是很高的，例如最大的一件铜禁就出自圆形大墓之中（编号16）。铜禁的出现，不仅完善了酒器的组合方式，同时也为新器形的出现提供了物质基础。在关中地区重食文化的影响下，铜禁的功能逐步发生了变化，由盛酒器的器座变成了食器的器座。由此看来

---

① 任雪莉：《蜗纹的相关问题及研究意义》，《宝鸡文理学院学报》（社会科学版）2007年第4期，38页。泾阳地区是蜗纹的发源地之一。宝鸡地区蜗纹铜器的时代也较早，且出土的数量多，沿用的时间长，是具有地域特色的一种纹饰。卢连成、胡智生：《宝鸡強国墓地》，文物出版社，1988年，444页。

② 张懋镕：《西周青铜器断代两系说刍议》，《古文字与青铜器论集》（第二辑），科学出版社，2006年，183页。

宝鸡地区成为方座簋的发源地不是没有原因的。

（3）两种文化因素的交融，使铜器的面貌焕然一新。周人在吸收借鉴商文化的同时，还不忘保留本民族自己的风格特点，如甲簋（D：G02）是典型商文化的铜禁与先周文化的尖刺乳钉纹盆式簋相结合而产生的；当这种尖刺乳钉纹簋吸收了四耳簋的形制特点后，又产生出了奇特的尖刺乳钉纹四耳簋（D：G03）。反之，商式铜器也会受到周文化的影响。例如中子㠱觥（D：K2）和文父丁觥（D：K3）器身上布满的B型凤鸟纹，就具有浓郁的地方特色。但是器壁上的族徽和日名又清楚地标识了它们的族属。商周文化之间这种强烈地碰撞与交融，在戴家湾地区表现十分明显。典型商文化的铜器从开始进入到逐步被吸收和改造，这一过程淋漓尽致地展现在了铜器上。

第八章　有关戴家湾墓地性质的推论

第一节　诸家对戴家湾墓地性质的蠡测

关于戴家湾地区墓葬的性质，历来有以下几种说法。

1. 虢国说

以李学勤先生为代表的学者认为："西虢在宝鸡，是周人故地，始封较早自更可能。西虢都于今宝鸡东五十里，斗鸡台在东三十里，那里的墓葬群应该属于西虢。……无论怎样，斗鸡台尊、卣、禁这组青铜器大约是西虢最早的器物了。"[①]在论及夨与西虢的关系时，李先生说："三十年代以来，在以宝鸡斗鸡台、贾村为中心的方圆十余里地区中，多次发现有'夨'的铭文的器物，并有夨王所作器；在陇县南坡，也出土有夨仲的器物。有学者据此主张当地曾有夨国，所出青铜器为夨器，是很有道理的。不过，宝鸡由文献记载看，是西虢封地。今宝鸡县附近的虢川，清代曾出虢叔旅钟；虢季子白盘也传出于虢川司。'夨王'是少数民族之长，夨究竟是一个方国，还是在西虢的治下，似尚待探讨。"[②]

2. 夨国说

以卢连成先生为代表的学者认为："依据现存资料分析，斗鸡台墓地有明显分区。端方等所获几批铜禁的出土地点，居于斗鸡台北部较高地带。……很可能是夨国王室、宗室贵族墓地。……因此，不应再将斗鸡台墓地看作一般西周墓地，而应确切地称之为宝鸡斗鸡台夨国墓地。"[③]具体到斗鸡台出土的柉禁十三器，卢连成先生认为："十三件酒器（缺少食器，显然不是墓葬的全部遗物）以一尊二卣为组合核心，尊、卣均有铭文一字'鼎'。夨人为一大部族，部族中必有较多分族、分支，'鼎'

---

① 李学勤：《郭家庄与斗鸡台——从卣的关联看殷周文化异同》，《学习与探索》1999年第3期，129页。

② 李学勤：《西周时期诸侯国铜器》，《新出青铜器研究》，文物出版社，1990年，32、33页。

③ 卢连成：《西周夨国史迹考略及相关问题》，《西周史研究》人文杂志丛刊第2辑，1984年，234页。

族当为其中一支。这十三件酒器时代相近，约在周初武、成之际。”①尹盛平先生认为：“古夨国在千水西岸，宝鸡斗鸡台沟东区墓葬B3出土带夨字的铜当卢，因知斗鸡台是夨国墓地。”②虽然他们都认为斗鸡台墓地属夨国，不同之处在于卢连成先生认为夨国为姬姓，而尹盛平先生认为夨国为姜姓。

3. 姬姓贵族一支说

王光永先生认为：“这一墓地各代的主墓，无疑是属于姬姓贵族中的一支。”③他根据青铜器的铭文及年代，并参考文献的记载，从时间上和族属上将戴家湾墓葬大致做了如下的划分：第一代的主墓应是文王之子毛伯墓，时代在武王时期；第二代的主墓可能为塱氏墓，时代在成王时期；第三代的主墓当为鲁侯熙墓，约在康王时期。“至于其他墓，如戈氏、子氏、冉氏、亼氏、告氏……等为标识的族氏，大多数应是各代主墓的陪葬墓。”作者认为他们原来是臣属于商，后来又臣服于周了。

4. 与周公家族有关

高次若、刘明科两位先生首先对何尊的来源进行了考察，得出一个结论：何尊应当出自斗鸡台墓地。之后他们将塱方鼎、鲁侯熙鬲与何尊的铭文联系起来认为：“斗鸡台墓地出土如此数量和高等级的青铜器和带有墓道的规格，且又和周公联系之紧密，如若不是周公或其家族又能是谁呢？”④

以上是关于戴家湾青铜器群及墓葬归属问题的四种主要的说法。他们的共同之处在于，不论青铜器是具体到虢国、夨国还是毛伯、周公等，均属于姬姓贵族所有（夨国姜姓说除外）。造成这种观点的主要原因恐怕与宝鸡地区是周族的发祥地，从周人腹地出土的大批青铜器理所当然属于姬周贵族所有，这种根深蒂固的传统观念有关。上文中我们对青铜器的族属进行了分析，实际上，戴家湾还出土了相当一部分没有日名和族徽的周式青铜器，以及带有浓郁的本土文化因素的青铜器，因此不论是鼎族青铜器还是“𠁩”族青铜器，都不能成为推导墓葬主人，或判断墓葬性质的依据。李学勤先生从文献和地域的角度判定斗鸡台墓葬是早期的西虢墓葬，时代大致在商代晚期。但是如果将鼎卣、鼎尊等看成是西虢最早的器物，这个结论就值得商榷了，毕竟带有族徽的青铜器不是以周人为代表的西北部族的习惯。卢连成先生的推导方式是首

① 卢连成：《西周夨国史迹考略及相关问题》，《西周史研究》人文杂志丛刊第2辑，1984年，238页。

② 尹盛平：《从先周文化看周族的起源》，《西周史研究》人文杂志丛刊第2辑，1984年，226页。

③ 王光永：《陕西宝鸡戴家湾出土商周青铜器调查报告》，《考古与文物》1991年第1期，15～21页。

④ 高次若、刘明科：《斗鸡台出土青铜器与周公家族问题的思考——兼谈何尊原始出土地》，《宝鸡社会科学》2006年第1期，42页。

先通过斗鸡台及其相邻地区多次发现的夨国遗物来确定斗鸡台一带就是夨国墓地。但是这些遗物的发现地点比较分散，时代从西周早期到晚期，是不具备典型性的。另外，在处理青铜器的族属与墓葬关系问题时，卢连成先生得出结论：鼎族是夨人的一支，5件䀠鼎、告田觥、父辛觯等“大都应出自夨国王室或重要的贵族墓葬”[①]。从戴家湾出土的百余件青铜器看，铭文中没有出现“夨”字，后来苏秉琦先生在斗鸡台沟东区墓葬的发掘，仅B3出土了一件制作较为粗糙的青铜鼎和2件带有“夨”字的铜当卢（这两件夨当卢是卢连成先生判定斗鸡台为夨人墓地的核心证据）。这种强烈的反差使人很难确信戴家湾遗址就是夨人墓地。附带说明的是，1973年8月，陇县曹家湾南坡M6出土了一批青铜器，计鼎1、甗1、簋1、尊1、戈2及铜泡若干[②]。刘启益先生认为墓葬的年代不会晚于成王。并通过墓中出土的两件带有“夨”字的青铜器认定该墓葬属夨国墓葬[③]。实际上，该墓仅出土了一件“夨仲”戈，另外一件带銎戈没有铭文。M6出土的小铜泡也是没有铭文的。刘启益先生在《陕青》中看到的“夨”泡出自陇县梁甫村[④]。既然历史上曾经出土过诸如夨王方鼎、夨王觯等器，就说明夨国并没有不喜在青铜器上铸铭的嗜好。不论是斗鸡台B3还是陇县南坡M6，出土的青铜礼器上均没有“夨”铭，仅在诸如戈、当卢等小件器上铸铭，据此推断该地为夨国墓地实在是证据不足。

王光永先生认为戴家湾墓地的第一代墓主为毛伯，时代在武成之时。但是刘明科先生在采访了当事人之后，得到的结论是：毛伯鼎出自一个祭祀坑内，鼎内还曾置有一只黑羊，骨架保存完整，黑毛依稀可见。同时出土的还有玉圭、玉璧、玉琮等礼器[⑤]。如果所说属实的话，毛伯鼎就不是出自墓葬了。王光永先生认为，第一代墓主毛伯，第二代墓主塱（身份存疑），第三代墓主为鲁侯熙，他们都是姬姓，从时间上看有前后相连的关系，因此，他们“无疑是属于姬姓贵族中的一支”。但是如果从做器者来看，一个是文王子毛伯，一个是文王子周公的孙子，还有一个身份不明。他们各属一支，亲疏远近的关系比较明确，因此，虽然西周墓葬的主人有可能是姬周贵族，但是还不能具体到某个人的身上。

在周人的铜器中，最重要的两件莫过于塱方鼎和鲁侯熙鬲了。塱方鼎是成王时期的一件标准器，铭文记载了周公伐东夷的事件。鲁侯熙鬲是一件康王时期的标准器。

① 卢连成：《西周夨国史迹考略及相关问题》，《西周史研究》人文杂志丛刊第2辑，1984年，238页。

② 《陕青》（三），图版一四八至一五三。

③ 刘启益：《西周夨国铜器的新发现与有关的历史地理问题》，《考古与文物》1982年第2期，42页。

④ 《陕青》（三），图版一五四。

⑤ 刘明科：《党玉琨盗掘斗鸡台（戴家湾）文物的调查报告》，《宝鸡考古撷萃》，三秦出版社，2006年，25页。

学界公认鲁侯熙鬲是鲁炀公所做，用来享祭亡父鲁公伯禽的。这两件器都与周公家族有关，在时间上也有前后相继的关系。刘明科等学者据此蠡测，“周公还政奔楚后也是到了宝鸡一带，因为其先祖太伯早年曾奔到了这里。宝鸡一带是周王室的一支进入关中以后最早建立的根据地……”[①]但是塱方鼎的作器者是塱，他与周公的关系不明确，其受赏的原因是随周公东征有功还是参与了周庙的祭祀均不得而知。单凭一件鲁侯熙鬲也不能证明鲁侯熙的墓葬在这里。《史记 · 鲁周公世家》记载：“鲁公伯禽卒，子考公酋立。考公四年卒，立弟熙，是谓炀公。”鲁侯熙是鲁国第一代国君伯禽的小儿子。作为鲁国的第三代国君，不可能死后千里迢迢葬在这里。另外他父亲与兄长所铸的青铜器在该地也都没有发现。所以戴家湾西周墓葬与周公家族有关的说法没有什么理论依据。

综上所述，对于戴家湾墓葬性质的探讨，还需要更多的证据。现有的虢国说、夨国说、周公家族说等各种说法都提供给我们很好的思路，但是具体分析起来，还是觉得缺乏足够的证据。由于戴家湾地区墓葬分布十分密集，墓葬之间存在着相互叠压和打破的关系，所以，只有了解该地区考古学文化的变迁过程，推测族群的构成和变化，在对青铜器进行分类的基础上，寻找其背后的使用者，才能正确认识戴家湾遗址的文化面貌。

第二节　戴家湾墓地的考古学分析

由于党毓琨盗掘时，对墓葬破坏很严重，墓葬的形制大小、葬俗以及伴出的陶器等重要的资料都被损毁，给戴家湾墓地族属的推断带来很大的难度。1933～1937年，北平研究院在戴家沟东区发掘了商周墓葬56座，所获大部分为陶器，青铜器很少。实际上，斗鸡台沟东区墓葬与1928年党毓琨盗掘的地点相距不远，均位于戴家湾村北的坡地上。出土大量青铜礼器的戴家湾墓地位于坡的高处，沟东区墓葬则位于坡下，两片墓葬区界限分明[②]。古时墓地的划分和布局都由冢人或墓大夫专门负责。冢人负责的是王族墓地，“掌公墓之地，辨其兆域而为之图，先王之葬居中，以昭穆为左右”。墓大夫负责的是国民墓地，“掌凡邦墓之地域，为之图。令国民族葬而掌其禁令，正其位，掌其度数，使皆有私地域”[③]。整个戴家湾墓葬群分布在戴家沟东侧，依沟势蜿蜒而下，有序分布，二者间应有紧密的联系。

---

① 高次若、刘明科：《斗鸡台出土青铜器与周公家族问题的思考——兼谈何尊原始出土地》，《宝鸡社会科学》2006年第1期，41页。

② 戴家湾墓地主要指1928年党毓琨盗掘的那块区域，沟东区墓地指20世纪30年代北平研究院发掘的区域。

③ 《周礼 · 春官》：《冢人》和《墓大夫》。

一、沟东区墓葬的分析

1933～1937年，北平研究院在戴家沟东区共发掘墓葬104座，时代上迄商周，下至秦汉以后。苏秉琦先生根据墓葬形制、葬俗及出土器物将其中的82座墓分为三个时期：瓦鬲墓时期，共45座，以南北竖穴墓、北首仰身葬和瓦鬲为主要特征；屈肢葬时期，共11座，以东西竖穴墓、屈肢葬和瓦鬲瓦鬴为主要特征；洞室墓时期，共26座，以洞室及陶制明器为主。"以上三个时期之间，界限厘然，说是三个时期固可，说是三个文化亦未尝不可。"[①]

苏秉琦先生对斗鸡台瓦鬲墓的研究是中国首次运用考古类型学的方法来研究古史，脱离了传统的金石学的研究方法。瓦鬲墓初期通常被认为是先周时期，即武王克商以前，相当于太王、王季之时。9座墓中有7座出土了高领袋足鬲，学界普遍将这种陶鬲的考古学属性归于"刘家文化"，并提出这种文化代表的可能是羌族的一支[②]。张天恩先生在《高领袋足鬲的研究》一文中，将这7件鬲归为第五期，该期年代上限大致在殷墟三期晚段至四期或偏晚，下限在商周之际或略晚。其中斗鸡台N5的年代约在殷墟三期[③]。另外，20世纪80年代初，考古队在斗鸡台地区采集到一件袋足鬲，形制与以往不同，张天恩先生将其划入第一期，年代不晚于二里冈上层。以往学界在探索刘家文化时，都会用到斗鸡台瓦鬲墓初期的这几个例子，然而当我们重新审视这几处墓葬后，发现它们与单纯的刘家文化是有区别的，呈现出的是一种混合的文化因素，或者称为斗鸡台地方文化因素（表8-1）。

表8-1　刘家墓葬与斗鸡台瓦鬲墓初期的对比

文化属性	墓葬形制	葬具	葬式	头向	随葬品	资料来源
刘家文化	偏洞式	无盖和底的长方框形棺	仰身直肢（屈身和侧身直肢葬各一例）	东北	多鬲多罐，器物口部有石块覆盖。鬲为高领袋足鬲，罐有单耳罐、双耳罐、折肩罐等。另有一些铜、骨或蚌质小件装饰品	《扶风刘家姜戎墓葬发掘简报》：《文物》1984年第6期

① 苏秉琦：《斗鸡台沟东区墓葬》，1948年，275页。

② 陕西周原考古队：《扶风刘家姜戎墓葬发掘简报》，《文物》1984年第7期，29页；尹盛平、任周芳：《先周文化的初步研究》，《文物》1984年第7期，48页；张天恩：《高领袋足鬲的研究》，《文物》1989年第6期，42页；《关中商代文化研究》，文物出版社，2004年，316页。

③ 张天恩：《高领袋足鬲的研究》，《文物》1989年第6期，38页。

续表

文化属性	墓葬形制	葬具	葬式	头向	随葬品	资料来源
瓦鬲墓初期	土坑竖穴	有棺木痕迹	仰身直肢	北向	B1：1鬲1罐，另有蚌钱和卵石	《斗鸡台沟东区墓葬图说》，1954年
					D2：1陶鼎	
					I5：1鬲1罐，骨刀1，蚌器2	
					K1：1罐，骨刀1，贝若干	
					K4：1鬲1罐	
					N4：1鬲1罐，骨刀1，蚌钱若干	
					N5：1鬲1罐	
					N7：1鬲	
					N11：1鬲	

刘军社先生将斗鸡台的几座瓦鬲墓归为刘家文化第五期，大致相当于殷墟文化三期或更早一些①。然而除了陶器都是高领袋足鬲外，葬制、葬俗均有所不同。刘家文化特有的偏洞式墓葬，或墓壁上带有壁龛，陶器口上覆有卵石均不见于斗鸡台墓葬。由此可见，这几座墓已经受到了先周文化的影响和改造。先周文化占据了主体，刘家文化因素在急遽下降，并呈现出了一种融合的现象。这与商代末期先周文化在关中地区不断发展壮大有直接的关系。苏秉琦先生也注意到这一点，因此他总结说："前期的终了，此期的开始，在时间上，在文化传统上，似乎是先后衔接，并无间断。但若干新成分的加入与若干旧成分的被淘汰，似乎发生在一个相当短的时间之内。而且，自此以后，此地的文化生活似即由过去的平静状态一旦活跃起来。此一大变革的原助力，大概是受外来的影响。"

二、戴家湾墓地的分析

我们选取了宝鸡市区与戴家湾墓地相距最近，保存完整的竹园沟墓地进行了比较，二者不仅在器物形制、纹饰、组合上有相似的地方，连墓葬分布的情况也极为相似。这也从侧面证明了杨紫梁、马午樵等人的记录是可信的。

竹园沟墓地共发现22座墓葬和3座马坑，可分为南北两区，大部分墓葬位于北区。北区又可分为甲、乙两组，甲组4座墓葬"居于墓地最高处，各墓之间相隔有一定距离，在它们之间没有发现其他小组墓群……甲组墓葬在整片墓地中都居于主导地

① 刘军社：《先周文化研究》，三秦出版社，2003年，127、128页。刘军社文中所列斗鸡台初期的瓦鬲墓分别为K1、K4、K5。K5已经是瓦鬲墓晚期，疑为I5或N5其一，特此指出。

位”[①]。北区乙组一期墓葬基本形式是一鼎一簋，“这种组合形式屡见于陕西周原、丰镐以及河南、河北、山西等地的西周早期墓葬之中，西周早期较低等级贵族普遍使用这一组合。除BZM8以外，乙组一期其他墓葬没有酒器组合，西周早期成套食器和成套酒器的复合组合，只有较高等级的贵族才能享用。能够陪葬成组的酒器与否，是区别墓主等级地位的一条重要界限”[②]。

从卢连成、胡智生两位先生的总结来看，竹园沟墓地的墓葬分布情况同样可以适用于戴家湾墓地。墓葬中礼器组合以鼎簋为主，等级较低的1鼎墓中基本不出酒器。在整片墓地中居于领导地位的是一座7鼎墓（表8-2）。竹园沟BZM13墓主身份不明，墓中出土7鼎3簋和大量的酒器。简报作者将其与甘肃灵台白草坡墓进行对比后认为，墓主应是一代𢐗伯，活动于成康之际。

表8-2　竹园沟与戴家湾墓葬等级与时代简表

<table>
<tr><th>分区</th><th>分组</th><th>分期</th><th>竹园沟墓葬</th><th>铜器组合</th><th>年代</th><th>戴家湾墓地（参考）</th></tr>
<tr><td rowspan="8">北区</td><td rowspan="4">甲组</td><td rowspan="3">一期前段</td><td>BZM13</td><td>7鼎3簋</td><td>成康</td><td>M16</td></tr>
<tr><td>BZM7</td><td>3鼎2簋</td><td>成康</td><td>M9、M11</td></tr>
<tr><td>BZM1</td><td>5鼎3簋</td><td>康昭</td><td>M10</td></tr>
<tr><td>一期后段</td><td>BZM4</td><td>4鼎3簋</td><td>昭晚</td><td>M7</td></tr>
<tr><td rowspan="3">乙组</td><td rowspan="3">一期</td><td>BZM20</td><td>2鼎2簋</td><td rowspan="3">西早</td><td>M5、M12</td></tr>
<tr><td>BZM8
BZM14
BZM18
BZM19</td><td>1鼎1簋</td><td>M3、M4、M6、M13</td></tr>
<tr><td>BZM11</td><td>1鼎</td><td>M1、M2</td></tr>
<tr><td></td><td>二期</td><td>BZM9</td><td>2鼎2簋（1鼎2簋为锡质）</td><td>西中偏早（穆王）</td><td></td></tr>
<tr><td>南区</td><td></td><td>一期</td><td>BZM3</td><td>1鼎1簋</td><td>西早</td><td></td></tr>
</table>

关于竹园沟等墓地的性质问题，原报告认为是史籍上缺载的一个小国，𢐗国名称由此而来。近年来，张天恩先生从考古的角度对西周的采邑制度进行了研究。他指出，“纸坊头、竹园沟、茹家庄墓地不是国君墓地，𢐗伯亦不是国君，只是享受大夫级待遇”[③]，因此“茹家庄遗址可能属于王臣（散氏？）的大夫𢐗氏家族的采邑，茹家庄、纸坊头等地的墓葬，也属于该家族”[④]。张天恩先生将采邑分为两个层次：第一个

① 卢连成、胡智生：《宝鸡𢐗国墓地》（上册），文物出版社，1988年，262页。

② 卢连成、胡智生：《宝鸡𢐗国墓地》（上册），文物出版社，1988年，268页。

③ 张天恩：《西周𢐗氏遗存几个问题的探讨》，《周秦文化研究论集》，科学出版社，2009年，163页。

④ 张天恩：《考古发现的西周采邑略析》，《周秦文化论集》，科学出版社，2009年，190页。

层次是周王直接封赐的，等级较高的王臣，如周公采邑、单氏采邑等；第二个层次是身份较低的王臣大夫之类，不是周王直接赏赐的，因此墓葬中出土的青铜器铭文很少见到天子赏赐的记录，如㢑氏采邑、戈氏采邑[①]等。张天恩先生的研究对于重新认识宝鸡市区较大型墓地的分布与性质很有启发。

宝鸡市区青铜器的出土主要有墓葬、窖藏和零散出土等方式。科学发掘的墓葬少，大部分被严重损毁。除盗掘之外，山体滑坡、乡人耕作、建筑施工等都是破坏的主要原因。墓葬的发现又可分为两种情况：一种是较大的墓地，即墓葬群；另一种是零星的墓葬。墓地主要分布在渭河两岸，以南岸最多。主要有桑园堡、峪泉、竹园沟和茹家庄墓地。北岸以戴家湾墓地和纸坊头墓地为主（图8-1）。

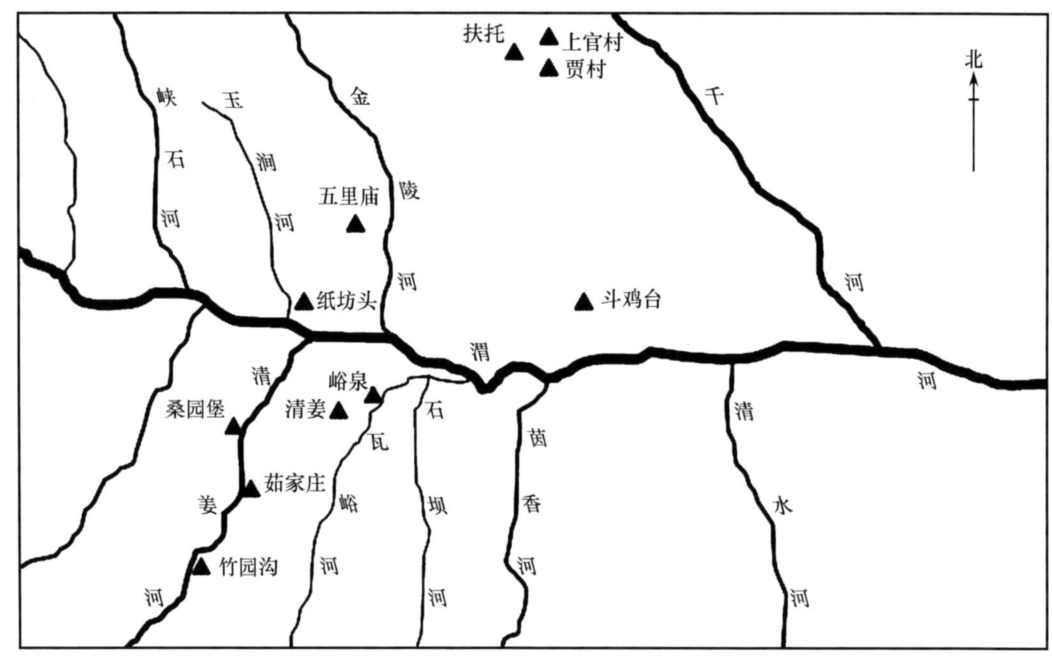

图8-1　宝鸡市区青铜器墓葬示意图

通过对比，我们发现戴家湾墓地具有以下几个特点。

首先，从墓地的分布情况来看，峪泉、茹家庄、竹园沟和桑园堡几处地点较为集中，主要在清姜河流域。该区域范围有限，且各墓地间文化面貌相差较大，这也是张天恩先生认为㢑氏如果“作为一个封国似嫌局促”的原因之一。反观戴家湾墓地，位于渭河北岸的二级台地上，依塬临河，土肥水美，且周围还未发现与之文化属性迥异的墓地或遗址。戴家湾遗址以上是贾村塬，亦称西平塬，由桥镇、贾村、蟠龙三个乡

① 张天恩先生亦认为泾阳高家堡戈国墓地应是戈氏家族的采邑，另外白草坡西周墓地也有可能是姬姓密国下属的采邑。

镇组成。它“东起汧河，与凤翔塬隔河相望；南依渭河，与秦岭对峙；西至金陵河，与陵塬为邻；北靠汧阳岭，与吴山相连，东西宽约15里，南北长约30里”[①]。经考古调查，贾村塬地区以商周和秦汉遗址为多。1963年何尊就出土于贾村一户农民家后院的土崖之上[②]。1974年贾村公社上官村出土青铜器4件：夨王簋盖、執其簋盖各1件，瓦棱纹铜簋2件，时代在西周中期偏晚[③]。1983年1月28日，贾村公社扶托大队出土青铜器2件，分别为夨賸盨和窃曲纹青铜鼎，时代为西周晚期[④]。1987年，灵陇村出土菱形乳钉纹青铜簋、矛、铃各1件，时代均为西周早期[⑤]。在以往出土的青铜器中，西周早期的何尊与乳钉纹青铜簋与戴家湾墓地出土的青铜器风格一致，其余则年代偏晚，尤其是夨国的青铜礼器年代已到西周中晚期。因此说，夨国的势力有可能在西周中晚期之际才从陇县千阳一带蔓延过来。在先周至西周早期较长的一段时间里，戴家湾遗址都是以一个较为独立的文化面貌出现的。

其次，虽然戴家湾墓地与竹园沟墓地相似之处很多，但是戴家湾M16的墓室面积要远远大于BZM13，且墓中出土了两套青铜禁。据刘明科先生考证，至少应有一条墓道，另有祭祀坑和车马坑各一[⑥]。由此可知，该墓的等级要远远高于BZM13。就单个的墓葬来说，M16有可能是宝鸡市区目前发现的最大的一座西周早期墓葬。但是戴家湾遗址无论从规模还是墓葬的数量、等级都无法与周公庙遗址相比。如果将整个墓地与周公庙的陵园区相比则相差很远。19座大墓均带有墓道，其中11座墓是4条墓道的“亞”字形大墓。学界现多以已肯定其为周公家族的采邑。因此，戴家湾墓地的等级应该远低于周公、召公等采邑，更不可能是夨国、虢国这样的大国墓地。它与𢐗国墓地的等级相当，应该也属于大夫一级的采邑。另外，我们从青铜器的族属考察后推测1901M、M10有可能是两座殷遗民的墓葬。那么该处采邑的主人也有可能和𢐗氏一样是非姬姓的功臣受封于此地。

最后，戴家湾墓地的文化呈现多样性。在经历了考古学文化的变迁和族群间的互动后，戴家湾地区的文化面貌已经变得十分复杂了。通过对青铜器文化因素及族属的分析，结合沟东区墓葬出土的陶器，我们认为商末周初之际居住在戴家湾地区的人群

---

① 巩宝生、刘明科：《关于“昔周邑”的文化背景和地理范围的考古学观察》，《宝鸡社会科学》2007年第1期，34页。

② 王光永：《宝鸡市博物馆新征集的饕餮纹铜尊》，《文物》1966年第1期，4页。

③ 王桂枝、高次若：《宝鸡新出土及馆藏的几件青铜器》，《考古与文物》1983年第6期，6～8页。

④ 高次若：《宝鸡贾村再次发现夨国铜器》，《考古与文物》1984年第4期，107页。

⑤ 王文学、高次若、李新秦：《宝鸡灵陇出土西周早期青铜器》，《文博》1990年第2期，77、78页。

⑥ 刘明科：《党玉琨盗掘斗鸡台（戴家湾）文物的调查报告》，《宝鸡考古撷萃》，三秦出版社，2006年，25页。

主要分三层。

（1）原住民（以刘家文化为代表的羌族的一支）。约相当于二里冈上层时期，刘家文化曾在这里蓬勃发展。但是到了殷墟三四期左右，刘家文化的因素迅速消退，原来生活在这里的人群有可能迁移到了其他地方，也有可能接受了外来文化后改变了自己的面貌。

（2）周人（以武功郑家坡先周文化为代表的一支在殷墟三期左右迁到了这里）。周人在商代晚期取代了生活在这里的羌人，成为戴家湾一带新的主人。周人灭商前后，青铜器铸造水平虽不能与殷墟地区相比，但是也逐步形成了具有浓郁地方特色的青铜文化，如尖刺乳钉纹盆式簋、羽毛绽开的B型鸟纹等都是以周文化为代表的西部各国族共同创造的成果。当然具有这种地方特色的青铜器还远不止这些，遗憾是没有足够的证据能够证明这支周人的身份。

（3）商遗民（以鼎族和[illegible]族为代表的商文化的一支）。商遗民是一支不可忽视的队伍。他们的参与对戴家湾地区，乃至整个宝鸡市区的青铜器都具有很大的影响力。从戴家湾青铜器中可以看到，典型商文化的青铜器所占的比例是很大的。墓葬中助葬的青铜器一般不会成套出现，因此诸如鼎族器，[illegible]族器和纹饰风格相同的凤鸟纹卣和凤鸟纹方彝等来看，应是这些商遗民所用之物。

虽然斗鸡台墓地从出土器物、墓葬形制和葬俗上看，周文化因素占据主导地位，但是从整个铜器群的文化风貌上看，商文化还要略胜一筹。与洛阳北窑墓地一样，戴家湾墓地既有周人的墓葬，亦有商人的墓葬，商周关系十分密切。“洛阳地处中原，西周时是周王朝控制南方的据点。这里既有强大的周人势力，也有被迁移来的人数众多的殷遗民，所以这里势必成为两种文化相互融合的前沿地域。……从这批墓的形制和随葬遗物的特征看，占主导地位的首先是周文化因素。”①戴家湾墓地与北窑墓地刚好相反，占主导地位的可能是商文化因素。它们在进入戴家湾地区后，迅速与当地的文化相融合。当然，这只是在没有足够的墓葬资料的前提下，依据铜器所做的一种推测。学界对于戴家湾遗址及其出土铜器的关注程度一直不够，这与其惨遭盗掘、资料分散等客观原因不无关系。上文中，我们在对戴家湾铜器进行搜集和整理的基础上，就其风格特点、器物组合、族属等方面进行了深入分析和研究。在与其他地区出土的相关器物进行比较后，我们亦能强烈地感受到戴家湾铜器群在商末周初铜器中所占据的重要地位。它们不仅继承了商代晚期的传统风格，又为周初新风格的产生奠定了基础，从而起到了承上启下的关键作用。

戴家湾铜器所呈现出来的鲜明特点与其不同族属间文化的融合与撞击是分不开的。同时，也与使用者独特的身份地位密切相关。戴家湾墓地虽非科学发掘，但是，我们将出土铜器逐一分析、层层排比的目的就是为了由表及里，尽量勾勒出戴家湾遗

① 洛阳市文物工作队：《洛阳北窑西周墓》，文物出版社，1999年，373页。

址的文化面貌，并对其地位做出科学的评价。

首先，渭河南岸的峪泉墓地被认为是典型的周文化墓葬，其年代与戴家湾墓地大致相同，从商代晚期至西周早期。从陶器的过渡来看，也经历了一个由刘家文化向先周文化转变的过程。但是铜器的形制和风格一直比较单一，与戴家湾铜器相差甚远。

其次，从器物的组合习惯来看，食器中鼎、甗、簋的组合和酒器中尊卣、爵觯的组合并不是周人所特有的。这一点高家堡戈国墓地出土的青铜器亦可证明。“……泾阳戈人墓群的发现，证明在殷末到西周初年，夏人的这支后裔仍在泾阳一隅活动着。”[①]由此可见，戈族迁移到了关中东部地区后，受到当地重食文化的影响，铜器表现出了与殷墟不同的组合方式。同样戴家湾墓地也可能是以商人为主的东方国族的一支，迁移到了该地，使铜器的面貌发生了改变。

再次，从葬俗上来看，虽然斗鸡台墓地（中期瓦鬲墓）表现的是周人的文化因素。但是墓葬的级别都不高，随葬品大多为陶器和少量的兵器。与峪泉周人墓地相比，地位很低。

最后，从戴家湾铜器的精美程度和完善的器用制度来看，这个采邑规模不小。但是西周早期以后就突然消失了。那些极具特色的铜器没有传承下来，也没有在更广泛的区域之内流行和推广，说明它们并不属于周人的主流文化。假设戴家湾遗址是夨国或虢国的墓葬，这两个国家存在的时间都很长，那些造型纹饰奇特的铜器就不会消失，而会延续下来。铜器从时代上看也不会出现大的断层。

根据以上分析，我们认为在商末周初之际羌人与周人是混合居住在戴家湾一带的。后来部分殷遗民可能在灭商的过程中发挥了积极的作用，因此获准迁到了戴家湾地区，并建立了自己的采邑。这种异姓小方国或采邑在周原并不是孤证。由于商人铸造铜器的水平本身就很高，所以迁移到戴家湾地区后，与当地的文化相融合，在特定的区域和极短的时间内使铜器面貌异彩纷呈。其消失的主要原因是诸如夨国等姬姓国族，在西周早期后段迅速扩张，弶氏部族被迫迁到了渭水南岸的山区丘陵之间。戴家湾一带原本就是周人的地盘，由商遗民建立的采邑自然根基不稳，再加上与夨国、虢国相邻，所以很快就被姬姓的国族吞并了。

① 戴应新：《高家堡戈国墓地》，三秦出版社，1994年，118页。

附　　录

附录一　刘安国《长编》

雍宝铜器小群图说長编（节录）[①]

通　　述

我国古代多称铜器曰彝器，”此谓之青铜器，即旧称金石类中之金类也。

案说文金，五色金也。黄为之长。所谓五色者，银为白金，铅为青金，铜为赤金，铁为黑金，合黄金而为五也。五金之中以铜质较为坚固而耐久，产量又丰富，故古人制器，铜为最多。今述金器，以铜为主。

古人所用之铜，大约与锡相杂而为合金，由其合金原料成份不同，则其所发之色泽及斑锈亦异。周礼考工记，言金有六齊，其别如下：

一、六分其金而锡居一谓之钟鼎之齊。

二、五分其金而锡居一谓之斧斤之齊。

三、四分其金而锡居一谓之戈戟之齊。

四、三分其金而锡居一谓之大刃之齊。

五、五分其金而锡居二谓之削殺之齊。

六、金锡半谓之鉴燧之齊。

此与唐兰先生所谓「钟鼎用锡较少，兵器用锡较多，硬度因之增加……镜子所含之锡最多，但更脆，更容易破裂。」标准大体一致。（袁翰青之分析结果，中外尚有出入。）

---

① 《雍宝铜器小群图说长编（节录）》由罗宏才先生提供，特此致谢。

古人制器，虽不尽如记中所载，然据此可知古人对于合金，甚为注意。彝器之铜，大抵六分其金而锡居一，所谓钟鼎之齐也。

出器之地据为祀鸡台东之戴家沟。案祀鸡台为清凤翔所属宝鸡县东二十里。史记秦本记所云：获若石于陈仓北坂，城祠之，祠一牢，命曰陈宝，即其地也。水经注云：陈仓县有陈宝鸡鸣祠。案陈仓县秦置，唐乾元初改为宝鸡，列异传曰，秦穆公时（或作文公）陈仓人掘地得物，若羊非羊，若猪非猪，牵以献穆公，道逢二童子曰，此为媪述（羌语谓鬼曰唐述）常在地中食人脑，若欲杀之以柏插其首，媪曰，此二童子名鸡宝，得雄者王，得雌者霸，陈仓人言之，逐二童子，化为雉，飞入于陈仓，人告穆公，发徒大猎，得其雌，又为化石，置于汧渭之间，至文公立祠名陈宝。县志云：祀鸡台址今尚存，据是则祀鸡台，秦时所置，今古器出于其地者，多在秦前，可知台址所在，久为人类发达之地，不过至秦时而特著耳。

周人兴起此地，周器之出，固在意中，而其中商器不少，令人不解。岂商器入周人之手，因殉葬而埋藏于地下耶，不然何商器如许之多耶。

（计数）此地不唯有商周器，又有汉器，而秦器祇有械陽一鼎而已。

考中国古器，以商周二代为最盛者，亦非无故，殷俗质而尚鬼，尚鬼故尚祭，尚祭则重器。周俗文而尚礼，礼乐既兴，则用器繁，此商周二代，铜器所以为最多也。且其人殁，必备具其生时之用器以殉，故地下所藏之古器亟多，至今犹取之不竭。然其时殉葬，有用生时常用之器者，有另作明器者，故出土之器，有质地完善，制作精良者，大约皆生时常用之器，否则质麻制劣者皆为明器专供埋葬之用者。书中二种器具均有，然其尺寸甚小，无过大者，恐为明器居多。

祀鸡台虽至秦始为显着，然在周时必为丛葬之地，故秦穆公时掘地得媪，谓之在地下常食人脑，既为丛葬之地，故其遗留地下之明器甚多也。（媪当为蜎蜎之属类）

商周古器之别，初无划然之界限，然深于考古者，一见即能判某为商，某为周，某为周初之器，某为春秋之器，某为战国之器，是盖于铜质、锈色，花纹、文字之间，均有一种特别之表示，可意会不可言传者也。今强为别之。

一. 以铜质言：商及周初缴密，春秋时比周稍松，战时则尤甚。

二、以锈色言：无论绿、兰、赤、黑等锈，因所出之地不同，则颜色稍异旧古董家谓之坑口，坑口不同，锈色当然有异，就以斑言，商器之锈况实，周初与商器略同，至春秋则较为虚浮，战国则更甚。

三. 以花纹论：昔时论古者，每曰商器质素无文，周器雕篆细密，有一班古器如此，然亦有商器雕篆细密，甚于周器者，又岂可以花素判商周也哉。不过商器素者地净而沉实，花者纹理深切简明，不似周器之繁缛，至战国之器花纹间带一种草率或纤巧[illegible]亦矣。（但花纹则为进步的）

四，以文字论：商器文简，周器文繁，商器每用象形字，周器则鲜有，殷人以日为名，无若卑男女一也。白虎通曰，殷以生日为名，不以子丑为名，汤之先世有微者，史记索隐皇甫谧云：微字上甲，其母以甲日生故也。商家生子以日为名，盖自微始，谯周以为死称庙主为甲，二者未知孰是，于是古器中有曰祖某者，有曰父某者，有曰母某或妣某者，有曰兄某者，有曰子某或兕某者，有曰帝某者，有曰主某者，有单曰某者，一见于铭文中，即定其器为商物，然则夏之季世若胤甲，若孔甲，若履癸，已有以日为名者，是则殷人以日为名，盖承夏制而然也，周武王之大史曰辛甲，而甲上加辛，室日为名，与庚丁为类，可见周初犹有沿殷俗以日为名者，是则以日为名，古籍所载，夏商周三代皆有之，不过殷商为最多，夏器则尚未见之耳。

今遇器有以日为名者，则以铜质、绣色、及花纹等条件，徵其属商，属周，亦不难确定之也。

古器不仅以铜质、绣色、花纹、文字、等判之，即边缘线条之间，有一见即知其为某代之制者，如汉器多无花纹，其时之性，终不能掩识者之目也。

研究古器，先时仅注意于文字，后渐及于花纹，只要花纹精细，虽无文字，亦足以代表文化也。此册虽少数有文字，然拓本无存，无由附之而行，本器均有原物摄出，亦自名贵异常，故亟编录之，使得流布于世，以资研究。间关中有留得各器文字拓本者，将来或另行景印，或与本编补印，使各器均得完备，是尤编辑者之至望也。

自古传播古器者，有目录之学，有文字之学，有图象之学：

传目录者：以宋欧阳棐之集古录目二十卷赵明诚之金石目录，郑樵之金石略为起始，其后专写目录者，有张廷济清仪阁藏器目一卷，清仪阁集古款识目一卷，曹载奎怀米山房藏器目一卷，吴云两罍轩藏器目一卷，程振甲木庵藏器目一卷，丁彦臣梅花草堂藏器目一卷，吴大澂愙斋藏器目一卷陈介祺簠斋藏器目一卷，王锡棨选青阁藏器目一卷，李方赤爱吾鼎斋藏器目一卷，李佐贤石泉书屋藏器目一卷，吴式芬双虞壶斋藏器目一卷，罗振玉雪堂藏器目一卷，后又因目录而变为表，王国维有宋金文著录表一卷，国朝金文著录表六卷，此皆传播古器目录之学者也。

传文字者：以宋刘原父先秦古器记，欧阳修集古录为起始，其后有王俅啸堂集古录，王厚之复斋钟鼎款识卷，薛尚功历代钟鼎彝器款式法帖卷，阮元积古斋钟鼎彝器款识十卷，吴式芬攈古录金文三卷，吴大澂愙斋集古录二十六卷，此皆传播古器文字之学者也。

传图象者：以宋李公麟古器图录为起始，公麟善画，将古器画出形象，镂板印行，以倡明古器之学，惜其书不传，其后吕大临之考古图录，多采公麟旧图为之增益，至徽宗赵佶时，命刘某于[illegible]带大肆发掘，由王黻等纂宣和博古图录，仍未脱李公麟之窠臼，至清朝古学大兴缵宋人之绪，而日新之，于是官书有西清古鉴四十卷，西清续鉴二十卷，附录一卷，宁寿鉴古十六卷，私人著述有钱玷十六長乐堂古器款识考四卷，曹载奎怀米山房吉金图不分卷，吴荣光筠清館金石文字五卷，潘祖荫攀古廔彝器款识二册，刘喜海長安獲古编三卷，吴大澂恒轩所见吉金录二册，端方匋斋吉金录八卷，续录二卷，此皆传播古器图象之学者也。

有此学术三种，已将古器物发挥尽致，至近世摄影之术发明，一变古人绘图镂板之法，而为影印之法，使古器之花纹，絲毫毕猷，远近无差，此科学进步，有非古人所能及者，如羅振玉梦郼草堂吉金图二卷，鄒安双王鉨斋金石图录一册，关百益新郑古器图录二册，皆用影印成书，原神宛在，乃传播古器之最善者，此册虽不得其原拓文字而将其图象用珂罗板景印成书，姿态毕真，是原物虽亡，其精神因此不亡，亦传古之最要者也。

商周古器，名目繁多，分类不一，其法或以礼器、乐器分，或以祭器（包礼乐）用器分，或以宗器行器媵器分，或以祭器，明器，用器分，实则每器之本身自有用，不能以人之看法归纳其用而分之。如有器上自载其名者，曰鼎、曰鬲，曰甗，曰盨，曰簠、曰簋，曰簋，曰段，曰霝，曰盂，曰盦，曰豆，曰匜，曰舟曰鑑、曰壺，曰罍，曰罇、器上未载名者，有卣，有爵，有觚、有觶、有角，有斝，有觥，有盉，有勺，有匕，有禁，此等器物，其上多无铭文，即有之多混称彝，今之名称，多本宋人所定，宋人考說古器，多有可议，独其所定古器之名称，差可徵信而无疑，此古人见识之高，不得不令人深佩也。即其间有可疑者，如殷之为簋，彝之为毁，后人虽各有见，未能通行，今标名仍本宋人之旧，取其易于辨别也。至于近人对于古器，有烹器，食器，容器、飲器、用器，兵器之别，亦无非取其辨于识别，今取以分诸器，有一器而兼两类者，今就其重要者归之，不细为分别，如罍为飲器，亦为容酒之器是也。

説　　明

烹器类

鼎属

图一　饕餮鼎一　原大七

器高四寸五分，口径五寸二分。（高一六公分，口径一八·八公分。）用旧裁衣尺计，每尺当三五·二公分以下同。通体细云雷纹上作饕餮面形，盖所谓粗花压细花者是也，可见古人制作之精巧矣，无文字。

图二　饕餮鼎二　原四六

器高五寸三分，口径五寸。（高一九公分，口径一七·八公分。）器身分列三面各作饕餮面，制作古朴，惜无文字。

图三　饕餮鼎三　原一六七

器高四寸四分，口径五寸五分。三足俱折其半。（高一五·七公分，口径一九·七公分。）满面饕餮纹制作工细，并分金色旧足折无文字。

图四　星旂鼎　原二五

器高七寸，口径七寸二分。（高二五公分，口径二五·七公分。）全面饕餮纹，文极奇异，一大星形、一旂形，盖商器也。

图五　百乳鼎一　原六五

器高五寸五分，连耳高七寸，口径四寸六分。（高一九·七公分，连耳高二五公分，口径一六·四公分。）口下龙纹一列，百乳一列，再下为蕉文，六面飞戟棱足上兽头亦起棱，无文字。

图六　百乳鼎二　原六六

器高五寸五分，口径四寸七分。（高一九·七公分，口径一六·七公分。）形制与前器相类，因入土遗逢地火故色泽晦暗，不似前器之光耀照人也。

图七　百乳鼎三　原二四

器高一尺零八分，口径一尺。（高三八·二公分口径三五·二公分。）形制同前无文字。

图八　甬　鼎　原二一

器高五寸六分，连耳六寸八分，口径四寸八分。（高二〇公分，连耳二四·二公分，口径一七·四公分。）形制与前同，惟有文字在口，一字曰☰盖雨字也或古时祷旱得雨所作乎。

图九　毛白鼎　原三

器高一尺四寸，代耳一尺七寸五分，口径一尺二寸五分。（高四九·五公分，代耳六二公分，口径四四·一公分。）有文五行，行八字，字多泐不能尽识，中有毛白丙门字故曰毛白鼎，白与伯通。光绪二年秦中由废铜内检出毛公厝鼎，为山东陈介祺所得，共四百九十七字，此云毛白，想与毛厝为同类也。

图十　父癸鼎　原二二

器高七寸九分，连耳高九寸七分，口径八寸三分。（高二八·三公分，连耳高三四·七公分，口径二九·一公分。）口下花纹一道为云雷天鸡式，全身泛金色，文三字在口内，曰举父癸，按商代无名癸者，此名父癸非其君也。

图十一　雲纹鼎一　原九六

器高五寸五分，口径五寸五分。（高一九·七公分，口径同。）口下一道雲纹，无文字。

图十二　雲纹鼎二　原九七

器高五寸五分，口径五寸五分。（高一九·七公分，口径同。）形制同前，外锈甚厚。

图十三　雲纹鼎三　原一五

器高一尺二寸八分，连耳高一尺五寸八分，口径一尺二寸五分。（高四五·二公分，连耳五六公分，口径四四·一公分。）形制与前同，无文字。

图十四　雲纹鼎四　原一〇九

器高四寸五分，口径五寸。（高一六公分，口径一七·九公分。）形制同前，外为锈掩，无文字。

图十五　雲纹鼎五　原一一〇

器高五寸，口径五寸。（高一九·七公分，口径同。）形制同前，亦多为锈所掩。

图十六　子執弓鼎　原一六五

器高四寸，口径三寸七分。（高一四·三公分，口径一三·二公分。）形制同前而花纹有别，口内有文字，为子執弓形。

图十七　球紋鼎　原九九

器高五寸八分，口径五寸。（高二〇·八公分口径一七·九公分。）口下有花纹一列，中含球形六枚，通身锈色斑烂，不能见地无文字。

图十八　乳鼎一　原七三

器高六寸二分，口径六寸二分。（高二二·一公分口径同。）口下花纹一列，其下为方形块：中各有一乳，与乳彝同形，当为同时所造，无文字。

图十九　乳鼎二　原一六六

器高六寸，口径六寸。（高二一·四公分，口径同。）形制同前，无文字，当是列鼎之失群不全者。

图二〇　　饕餮龙足鼎（原作雷紋擲子鼎）　　原一九

器高五寸八分，口径五寸四分。（高二〇·八公分，口径一九·三公分。）鼎身甚浅，口下花纹一列甚古，茂中作饕餮形，左右雲雷，三足作龙形，有文象宫阙形，共五字，身上水银沁色泽古雅可宝。

图二一　　棫陽鼎　　原七二

器高四寸，口径四寸二分。（高一四·三公分，口径一五公分。）胸部有文曰棫陽共厨銅鼎一合三斤云云。此器有蓋而失去者，棫陽秦宫名，地在岐山，即羽陽也，秦瓦有羽陽千秋羽，棫古音通用。

图二二　　浅　鼎　　原一六八

器高三寸八分，口径五寸二分。（高一三·五公分，口径一八·六公分。）器腹甚浅，与他鼎不同，三足外撇，作马蹄形花纹甚细，摄影不清无文字。

图二三　　饕餮方鼎一　　原四三

器高五寸四分，口径直四寸八分，横三寸八分。（高一九·三口径直一七公分，横一三·五公分。）此鼎長方形，四足两耳，足作避邪面，鼎身全面作饕餮形，四角各有飞戟棱，口有作宝彝三字，通身水银沁，精美异常。

图二四　　饕餮方鼎二　　原　二

器高六寸，连耳七寸五分，口径横五寸九分，直四寸五分。（高二一·四公分，连耳二六·八公分，口径横二一·一公分，直一六公分。）此亦方鼎，四足两耳，面作兽面向校而不向中，足尤奇特，有文五行，述周公征伐之事，惜未能见实物。

图二五　素鼎一　原九八

器高五寸八分，口径六寸。（高二〇·八公分口径二一·四公分。）光素无文字，无花纹，腹上有线一道，足特细瘦。

图二六　素鼎二　原一一一

器高四寸六分，口径四寸八分。（高一六·五公分口径一七公分。）光素无文字，无花纹，腹有线一道，足细同前。

图二七　素鼎三　原七九

器高四寸八分，口径五寸。（高一七公分，口径一七·八公分。）光素无文字无花纹，口下有线两道，三足分当，寻常器也。

图二八　父辛鼎三　原一六四

器高四寸五分，口径三寸六分。（高一六公分，口径一二·七公分。）足下有线二道，别无花纹，亦素鼎之一类也，口内有父辛字，腹大足短，异于常式。

图二九　汉素鼎一对一名鼒　原八六·八七

器高四寸，口径五寸。（高一四·三公分，口径一七·九公分。）光素无花纹，有盖上有三半环，无文字，盖汉器也。

𩰫属

图三〇　𩰫彝　原一七五

器高一尺二寸，口径一尺六寸。（高四二·四公分，口径五六·一公分。）口下花纹一列，前后各有兽头一，其下作大叶纹，两耳从下而出，座下花纹一列，制作精美，文在器底二十七字略云：某某为皇考武君作𩰫彝云。

鬲属

图三一　父己鬲　原七二

器高四寸，口径四寸四分。（高一四·三公分，口径一五·七公分。）口下花纹一列，口内有文一字形，下父己二字。

图三二　𪔑鬲　原六九

器高四寸二分，连耳高五寸，口径四寸二分。（高一五公分连耳一七·九公分，口径一五公分。）文六字在口内曰□伯作𪔑鼎□，此本鬲也而铭曰𪔑鼎，盖鬲与鼎用相类也。

图三三　云雷纹鬲　原一一二

器高四寸三分，口径七寸。（高一五·三公分，口径二五公分。）口下作云雷花纹一道，拍照匆匆，未曾摄清，无文字。

甗属

图三七　母癸甗　原二八

器高一尺二寸五分，腹径四寸三分，口径九寸一分。（高四四·一公分，腹径一五·三公分，口径三二·四公分。）光素无紋，下截兽面，有文在口内右子執壺形，左「亜癸彝」。

图三八　立戈献　原四○

器高一尺　二分，连耳高一尺二寸三分，口径七寸五分。（高三六公分，连耳四三·三公分，口径二六·八公分。）口下花紋一列，腿作兽面文在器内，内面为一立戈形。

图三九　甬　甗　原三五

器高九寸七分，连耳高一尺二寸，口径七寸。（高三四·六公分，连耳四二·四公分，口径二五公分。）口下一列花紋，三足各作饕餮形，有文一「甬」，盖以祷旱得霖，制以庆贺者。

图四○　雲雷纹甗　原四五

器高九寸三分，连耳高一尺一寸二分，口径七寸。（高三三·一公分，连耳三九·六公分，口径二五公分。）口下作雲雷花紋一列，足作大兽面，无文字，周器也。

图四一　天鸡紋甗　原四四

器高一尺○五分，连耳高一尺三寸，口径八寸八分。（高三七公分，连耳四五·九公分，口径三一·四公分。）口下作天鸡花紋一列，足作兽面，无文字盖周器也。

食器类

毁属

图四二　犧首毁　原五六

器高四寸五分，口径四寸。（高一六公分，口径一四·三公分。）盖器座各有花纹一列，两耳各有兽头，盖器前后有犧首一对故名，无文字。

图四三　　百凤殷

器高七寸三分，连盖高一尺，口径六寸。（高二六·一公分，连耳三五·二公分，口径二一·四公分。）天圆地方带盖，色泽古雅，花纹精细，混身百凤相错作百织纹，真奇品也。

图四四　　立戈百乳殷　　　　原九

器高八寸，口径六寸五分，座高三寸，宽六寸。（高二八·六公分，口径二三·二公分，座高一〇·七公分，宽二一·四公分）此器有座无盖，有文在器内为立戈形，金石家言：立戈立戟诸形以为用其器者有勘平离乱之功。又或以为器中立干戈形多于酒器中见之，谓酒足以兴戎，铸以自省也。

彝　属

图四五　　父乙彝　　　　原二〇

器高三寸八分，口径五寸五分，底径四寸二分。（高一三·五口径一九·六公分，底径一五公分。）此器通身无花纹，前后有两兽头，左右两耳上亦有兽头，而色黑漆古而雅观，有文五字曰「子□□父乙」。

图四六　　犧首彝一　　　　原五四

器高四寸五分，口径五寸五分。（高一六公分，口径一九·六公分。）此器满身连座圈足，俱有粗压细的花纹，两耳各作兽头，四面有四犠首故名，惜无文字。

图四七　犠首彝二　原五五

器高五寸四分，口径六寸五分。（高一九·二公分，口径二三·二公分。）此器满身莲座花纹，前后犠故名，两耳各作兽头。此器与前器相似，惟彼满一列花，此则分为二列，稍有区别。古人作器，多有变化，不似后人一范多种，於此益信，惜无文字。

图四八　百摺彝一　原一〇

器高三寸四分，口径四寸八分，底径四寸二分。（高一二·二公分，口径一七公分，底径一五公分。）通身花纹，中间百折纹，上下双龙纹。有文曰「□作父辛□」按商之名辛者，即紂也。制作奇巧，非多欲之君不能尚也，商之亡虽曰慢神虐民，然玉杯象箸，亦有关焉。

图四九　百摺彝二　原四七

器高四寸五分，口径六寸一分，底径四寸九分。（高一六公分，口径二一·八公分，底径一七公分。）口下及座各列雲雷纹一道，中间作百折纹，两耳作兽面，下有珥，惜无文字。

图五〇　犠首彝三　原五一

器高四寸，口径五寸五分。（高一四·三公分，口径一九·六公分。）口下及座上各有雷纹一列，中央有犠首，两耳有兽面，下有珥，惜无文字。

图五一　　牺首彝四　　原六八

器高四寸，口径五寸五分，底径四寸二分。（高一四·三公分，口径一九·六公分，底径一五公分。）口下及座上俱有花纹一列，口下花纹，中央有牺首故名牺彝又名牺敦，无文字。

图五二　　牺首彝五　　原七六

器高三寸七分，口径五寸一分，底径四寸四分。（高一三·二公分，口径一八·三公分，底径一五·六公分。）形制同前，口部微外拓，珥上带钩。

图五三　　牺首彝六　　原七五

器高三寸五分，口径五寸二分，底径四寸。（高一二·五公分，口径一八·六公分，底径一四·三公分。）形制同前而有珥，珥上带钩。

图五四　　牺首彝七　　原七四

器高四寸，口径五寸六分，底径四寸六分。（高一四·三公分，口径二　公分，底径一六·四公分。）形制同前，无珥，无文字。

图五五　　四耳百乳彝　　原一一

器高六寸，口径六寸九分。（高二一·四公分，口径二四·七公分。）通身花纹，腰间百枳，上下两层乳纹，两旁四耳实所罕见，无文字。

图五六　方形百折彝（商夔龙方彝）　原　六

器高八寸一分，口径宽六寸二分，底径五寸八分，長七寸。（高二八·九公分，口径二二·二公分，底二〇·七公分長二五公分。）此器方形，盖器均作百折紋，[illegible]，华美异常。

图五七　乳　彝（代耳）　原一六九

器高四寸五分，口径六寸八分。（高一六公分口径二四·三公分。）口下花纹一列，前后有犧首（各一）以下作方格，每格一乳头，座上有花紋一列，无文字，以有双耳故与诸器异，而与乳鼎相类。

图五八　乳彝一（以下均无耳）　原六〇

器高四寸九分，口径七寸一分。（高一七·四公分，口径二五·四公分。）此器口侈如碗形，故谓之彝碗，与寻常之彝异也，无文字。

图五九　乳彝二　原六一

器高四寸九分，口径七寸三分。（高一七·四公分，口径二六·一公分。）与前器同类同紋。

图六〇　乳彝三　原六二

器高四寸八分，口径七寸一分。（高一七公分，口径二五·四公分。）与前器同类同紋。

图六一　乳彝四　原六三

器高五寸，口径七寸。（高一七·九公分，口径二八·六公分。）与前器同。

图六二　乳彝五　原六四

器高四寸五分，口径七寸。（高一六公分，口径二八·六公分。）见前。

图六三　乳彝六　原一七二

器高五寸二分，口径七寸。（高一八·六分，口径二八·六公分。）形制同前而无文字。

图六四　乳彝七　原六三

器高五寸，口径七寸。（高一七·九公分，口径二八，六公分。）形制同前而无文字。

图六五　乳彝八　原一七〇

器高五寸四分，口径七寸八分。（高一九·三，口径二七·九公分。）以上八器均同前，与乳鼎同类。

豆　属

图六六　素　豆　原二九一三二

共四器各高七寸，口径五寸四分，底径三寸四分。（高二八·六公分，口径一九·三公分，底径一二·二公分。）通身光素无花纹，无文字。

容器类

罍　属

图六七　牺首罍（原作商）　原　四

器高一尺二寸，连盖高一尺五寸，口径五寸二分，腰径一尺零七分。（高四二·四公分，连盖五三·一公分，口径一六·六公分，腰径三七·八公分。）罍盛酒器也，全体光素，下部有牺首故名，盖与器有对文，惜未之见。

卣　属

图六八　王姬卣　原二七

器高六寸，连盖高八寸五分，口径横四寸，直三寸。（高二一·四公分，连盖二六·八公分，口径横一四·三公分，直一〇·七公分。）提梁两端各有牺头。口下花纹一道，极细，文八字曰「王姬口高名用作彝」按周有𩞁鼎文曰「吴王姬」王姬二字与此正同。

图六九　父乙卣　原三六

器高八寸，连盖高一尺，口径三寸。（高二八公分，连盖三五·二公分，口径一〇·七公分。）盖器各有花纹一道，文底盖相对曰「亼匕父乙尊」盖姜氏物也。

图七〇　用征卣　原三四

器高五寸，连盖六寸五分，口径直二寸八分，横三寸五分。（高一七·九公分，连盖二三·二公分，口径直一〇公分，横一二·五公分。）通身光素无花纹，提梁两端及器之前后各有牺头，没水银沁奇古可玩，有文二字曰「用征」此古者天子征伐以犒军，军书旁午，不需作奇巧废功也。

图七一　女母卣　　原三三

器高六寸，连盖高八寸，口径三寸二分，横四寸。（高二一·五，连盖二八公分，口径一一·二公分，横一二·五公分。）有文六字曰「女母」女即没或作器者之名也，色泽浑樸，花纹精妙，惜照不清耳。

图七二　饕餮紋提梁卣　　原[illegible]五

器高七寸，口径横三寸二分，直四寸，连盖高九寸五分。（高二五公分，口径一一·一公分，直一四·三公分连盖高三三·九公分。）此器制作精美，華文繁缛，惜无文字。

图七三　哭纹卣　　原五〇

器高六寸八分，口径横三寸三分，直二寸五分。（高二四·三公分，口径横一一·八公分，直八·九公分。）盖器座各花紋一列，哭起如文字，状古雅可玩，惜无文字。

又，当时有外流，「百织提梁卣」亦属同群，现存陕西省文物管理委员会。

盉　属

图七三　亾彝盉　　原四二

器高六寸，口径三寸八分。（高二一·五公分，口径一三·五公分。）器上有盖，前嘴後柄，盖与柄以銅鏈相连，口下嘴上有花紋一列，文在柄下曰「作彝」二字，与作彝盤同。

鍾　属

图七四　汉鍾一　原七七

器略大不计尺寸。鍾量器也，此为汉制，无花紋身有三带，器底陽文“十八”二字，盖作器时记数也。

图七五　汉鍾二　原七八

器比前略小不计尺寸。此器制作比前器略精，身有双带三环，两耳上有兽头，底下无字。

图七六　汉鍾三（两個）　原九二·九三

第一器高七寸七分，口径三寸，腹有三双带环上有兽头。（高二七·五，口径一〇·八公分。）

第二器高七寸八分，口径三寸，腹有双线三道，环上无兽头，皆汉物也。（高二七·九公分，口径一〇·八公分。）

图七七　汉鈁、鍾　或名方壶园壶　原八八、八九、一一八

各高五寸余，中一器方形者名鈁，两侧园形者名鍾，孟子“见……禄万鍾”者是也（高约七公分余）制作樸素，无花纹，无文字，上各有盖，盖盛五谷之明器也。

飲器类

爵　属

图七八　父辛爵　原五二

器高六寸，口径五寸。（高二一·五公分，口径一七·九公分。）右器依鋬有花紋一列，鋬下有亚形内两豎下有“父辛”二

字，通体泛金色。

图七九　虎林爵　原五八

器高五寸四分，口長五寸，横二寸五分。（高一九·二公分，口长一七·九公分，横九公分。）器光素腰间有三线纹鋬下有文字作虎形下林字，故以虎林名之。

图八〇　雲紋爵　原八〇

器高五寸，连柱高六寸，口長五寸。（高一七·九公分，连柱二一·五公分，口長一七·九公分。）腹上雲紋花一列，无文字。

图八一　素　爵　原一〇二

高底未详。光素无紋，亦无文字，腰间有线三道。

图八二　辛父癸爵　原一一〇

器高六寸三分，口径五寸二分。（高二二·五公分，口径一八·六公分。）腰有三线，别无花紋，鋬下三字曰「辛父癸」。

图八三　素爵三枚　原一〇三

爵三器，均樸素，无紋，无文字，皆寻常也，中一爵半残缺。

角　属

图八四　夔龍角（旧题商弓爵）　原　七

器高六寸，口径横二寸八分，直五寸五分。（高二一·五公分，口径一　公分，直一九·七公分。）有文三字曰「父父乙」通身天鸡夔龙花纹，问细雷紋青录斑烂，且泛金色，其异于爵者爵有两柱，此器无之。

斝属

图八五　父已斝　原一七

器高八寸五分，口径六寸。（高三〇·四公分，口径二一·五公分。）有柄，口上有两柱，似爵而大。通身泥金，上有波纹之线，有文曰「爻父已」端匋斋有一器与此正同。

尊属

图八六　犧首尊　原一三

器高七寸五分，口径五寸八分，底径四寸五分。（高二六·八公分，口径二〇·八公分，底径一六公分。）通身水银沁黑漆骨制作亦精美。

图八七　用征尊　原一六

器高六寸一分，口径五寸五分，底径四寸。（高二一·三公分，口径一九·七公分，底径一四·三公分。）原跋之腰作夔龙纹，今看之不见，而锈色斑烂，古雅绝伦，有文二字曰「用征」在器底。

图八八　饕餮尊　原一八

器高八寸五分，口径六寸二分。（高三〇·四公分，口径二二·二公分。）通身饕餮花纹，四角均有飞鸡（戟）棱，有文在器四字（未详）满身锈色斑烂，甚是美观，为此群之冠。

图八九　父己尊　原二六

器高七寸，口径五寸五分。（高二五公分，口径一九·七公分。）文曰“父己”在器底，腹作夔螭纹，录锈甚厚，内有水银沁。

图九〇　夔纹尊　原三七

器高七寸一分，口径六寸，底径四寸。（高二四·五公分，口径二一·五公分，底径一四·三公分。）腹部有夔龙花纹，无文字。

觯属

图九一　父辛觯　原一二

器高四寸，口径椭圆形，直径二寸一分，横二寸五分。（高一四·三公分，直径七·五公分。）满身夔龙作银青色，或银制也，器底有文三字曰“□父辛”，此器制作精美，亦纣之器也。

图九二　父乙觯　原三八

器高四寸，口径二寸八分。（高一四·三公分，口径一　公分。）胸部及座间各一列雲雷纹，简古异常，一身水银沁漫润如玉，精耀如石，真环宝也，有文三字在器底“　父乙”第一字不可辨，或为宝字之泐。

图九三　父己觯　原三九

器高四寸，口径二寸三分。（高一四·三公分，口径八·二公分。）胸部及座间各一列花纹，与上图相似而略瘦，通身水银沁文在器底曰「口父己」，第一字为锈所蚀，不敢强释。

图九四　素　觶　原一〇六·一〇七

觶六器比世，无紋亦无文字，盖乘陷器也。（误）中为「子形」鼎高四寸二分，口径四寸。（高一五公分，口径一四·三公分。）有口花已半泐，依此可推知觶之大小尺寸。

用器类

匜属

图九五　吉田匜（商虎匜）带盖及座　原一四

器高五寸，带盖九寸五分，口長九寸，座身作虎形，头上有角非虎也。（高一七·九公分，带座三四公分，口長三二公分。）盖器对文曰「吉田」通身泛金色。

盤属

图九六　作彝盤　原四一

器高二寸八分，口径八寸四分。（高一　公分，口径三　公分。）盤下有座，左右两耳，前后两兽面，盤外及座各有蟠龙花紋一列，内有「作彝」二字，与作彝盉同。

图九七　夔龙盤　原二三

器高四寸三分，口径一尺一寸四分，深一寸七分。（高一五·三公分，口径四　·三公分，深九·二公分。）此器通身夭鸡夔龙紋，座上有飞戟棱，无文字。此器较散氏盤略小，制作则一，散氏盤吳硕以为散氏鬲，非盤也，若彼为鬲，此亦一鬲也。

勺属

图九八　酒勺三枚　原二四

第一器長九寸，勺头高一寸九分。（長三二公分勺头高六·九公分。）第二器長六寸五分，勺头高一寸五分。（長二三·二公分，勺头高五·四公分。）第三器長三寸六分，勺头高一寸。（長一二·九公分，勺头高三·九公分。）三器均依次遞小，此为古之量器，闽斋所得禁上器有一勺，以此推之盖勺酒器也，其身柄俱有花紋，照相不清。

杖属

图九九　羊杖头　原一〇〇

長一尺三寸（長四六公分）。此物不知何用，旧釋作羊头杖头前作羊头后穿眼用以接木，与古鳩杖头相类，故从旧釋。

图一　淡禁属

图一〇〇　淡禁（斯禁）　原　一

器高六寸一分，長三尺五寸，宽一尺三寸四分。（高二一·八公分，長一二三·五公分，宽四七·四公分。）通身夔龙天鸡花紋，面有三园孔，相距四寸之谱。淡禁宋明均未出土，至清端方陕时，凤翔人王奎耕地得一器，上載古器数件，均归端有，端没为美帝购去。此器与端器相类，前后有長方形孔十六。端器仅八，此器面上有三园孔，端器无之。按淡禁为祭祀承酒器之物，器上有三孔，各距离四寸之谱，其为承酒器之物无疑也，今闻亦为美帝由宋氏家属盗购云。

车饰属

图一〇一 輂饰品 原四八·四九

此器一寸，高各三寸，连背高六寸，下筒作椭圆形，直径二寸五分，横径二寸五分。（高各一 ·八公分，连背二一·五公分，直径一二·五公分，横径九公分。）此物一对，盖輂上饰也，近代出土者甚多，有极美观者。

图一〇二 輂饰六件

輂饰六件各高四寸余，车輂木制，年久木朽，仅余此饰头耳。

兵器类

兵属

图一〇三 兵器一

右兵器十四件，唯上层第三件柄上有最精之花纹，第六件柄上有文三行行二字，虫篆极精，惜未得拓片，不能明视也。

图一〇四 兵器二 原一二二、一二四、一二六、一二七、一二九、一三

一、弩机。二、戈。三、钩戟。四、舞铃。五、干头。六、不明。以上件唯第三钩戟，从来未见，贾谊过秦论中言「钩戟长铩」，想即此物也

甲属

图一〇五 甲上兽面 原一五一

此古者凯甲上之护饰，河南卫辉山彪镇出土此物甚多。

京，临行时告我："稍加整理即予出版"。之后，郑出国逝世，即由文化部将原件发还。不久，唐兰先生来信又索去，经段绍嘉先生托人口头转告余：此物已全部照了像，出版也不付稿费（？），只送余与薛先生一、二十部图册，当时薛已去世，余亦不多计较。跟着"文化大革命"开始，此议即作罢论。且将图（拓）片还我。不幸的是在"文革"中连同原有的照片被全部"抄"去，后屡经索取，均未发还（侧闻北京有单行出售此拓片与照片者，我亦未过问）。

刻下各地都在编写地方志，一经谈及文物，便以此小册相访（尤以宝鸡地区来函甚多）。余则连此"長编"稿亦无从应命。适由友人处寻得一份，征得省文史館同意付印，并述其经过如此。冀从此可寻得该图（拓）片下落。

一九八三年七月于西安

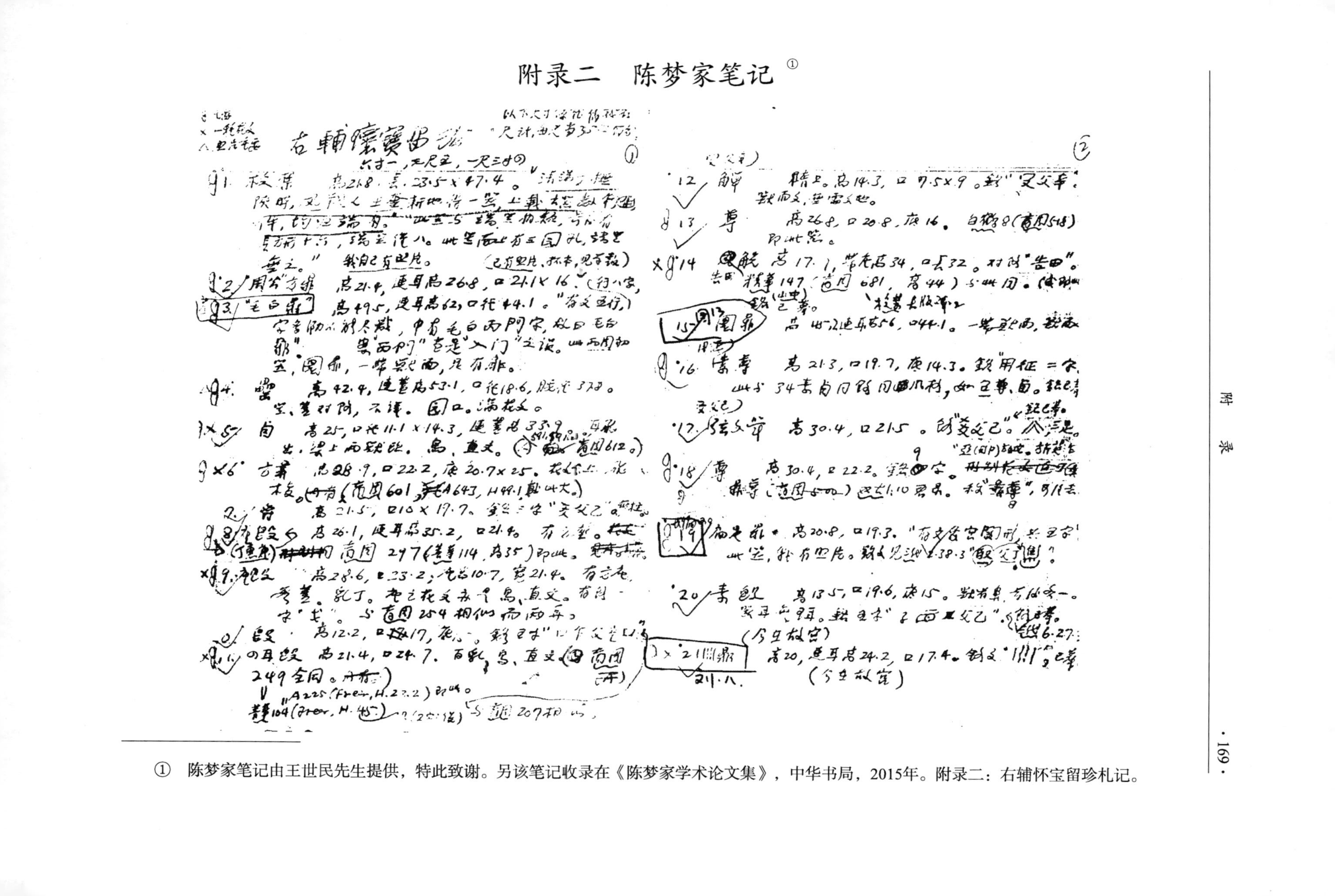

附录二　陈梦家笔记①

① 陈梦家笔记由王世民先生提供，特此致谢。另该笔记收录在《陈梦家学术论文集》，中华书局，2015年。附录二：右辅怀宝留珍札记。

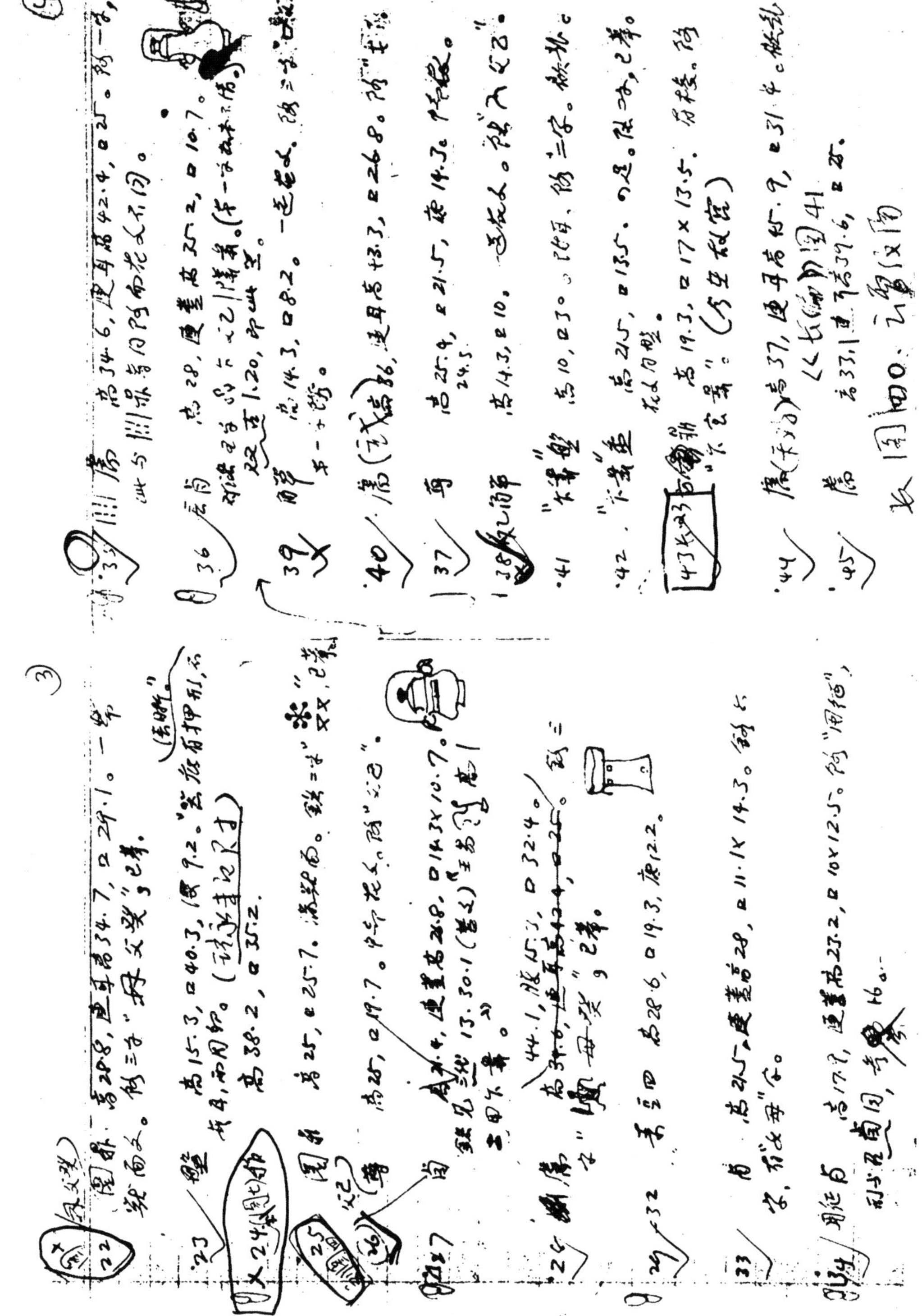

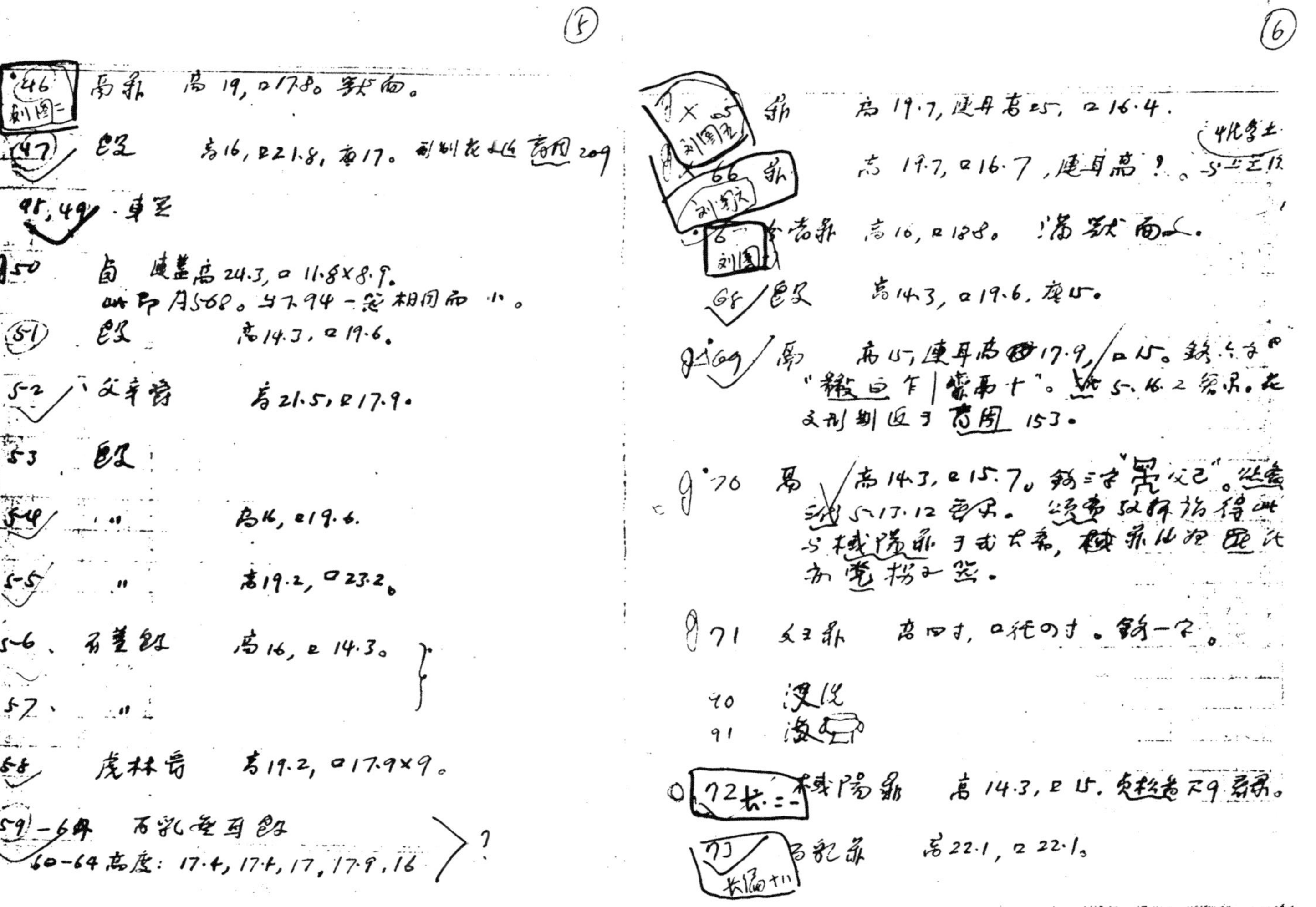
⑤

46 刻图二　鬲鼎　高19，口17.8。兽面。

47　殷　高16，口21.8，底17。刻划花纹 商周209

48，49　车器

50　卣　连盖高24.3，口11.8×8.9。此即A568。与下94一器相同而小。

51　殷　高14.3，口19.6。

52　父辛爵　高21.5，口17.9。

53　殷

54　〃　高16，口19.6。

55　〃　高19.2，口23.2。

56　[illegible]殷　高16，口14.3。

57　〃

58　虎林[illegible]　高19.2，口17.9×9。

59—64　百乳[illegible]殷　60—64高度：17.4，17.4，17，17.9，16 ?

⑥

65 刻图五　鼎　高19.7，连耳高25，口16.4。

66 刻[illegible]　鼎　高17.7，口16.7，连耳高？。[illegible]

67 刻图　[illegible]鼎　高16，口18.8。满兽面[illegible]。

68　殷　高14.3，口19.6，座15。

69　鬲　高15，连耳高17.9，口15。铭六字"[illegible]"。[illegible] 商周 153。

70　[illegible]　高14.3，口15.7。铭三字"[illegible]父己"。[illegible]

71　父[illegible]鼎　高四寸，口径四寸。铭一字。

90　汉[illegible]

91　汉[illegible]

72 长二二　[illegible]阳鼎　高14.3，口15。[illegible]

73 长编十一　[illegible]鼎　高22.1，口22.1。

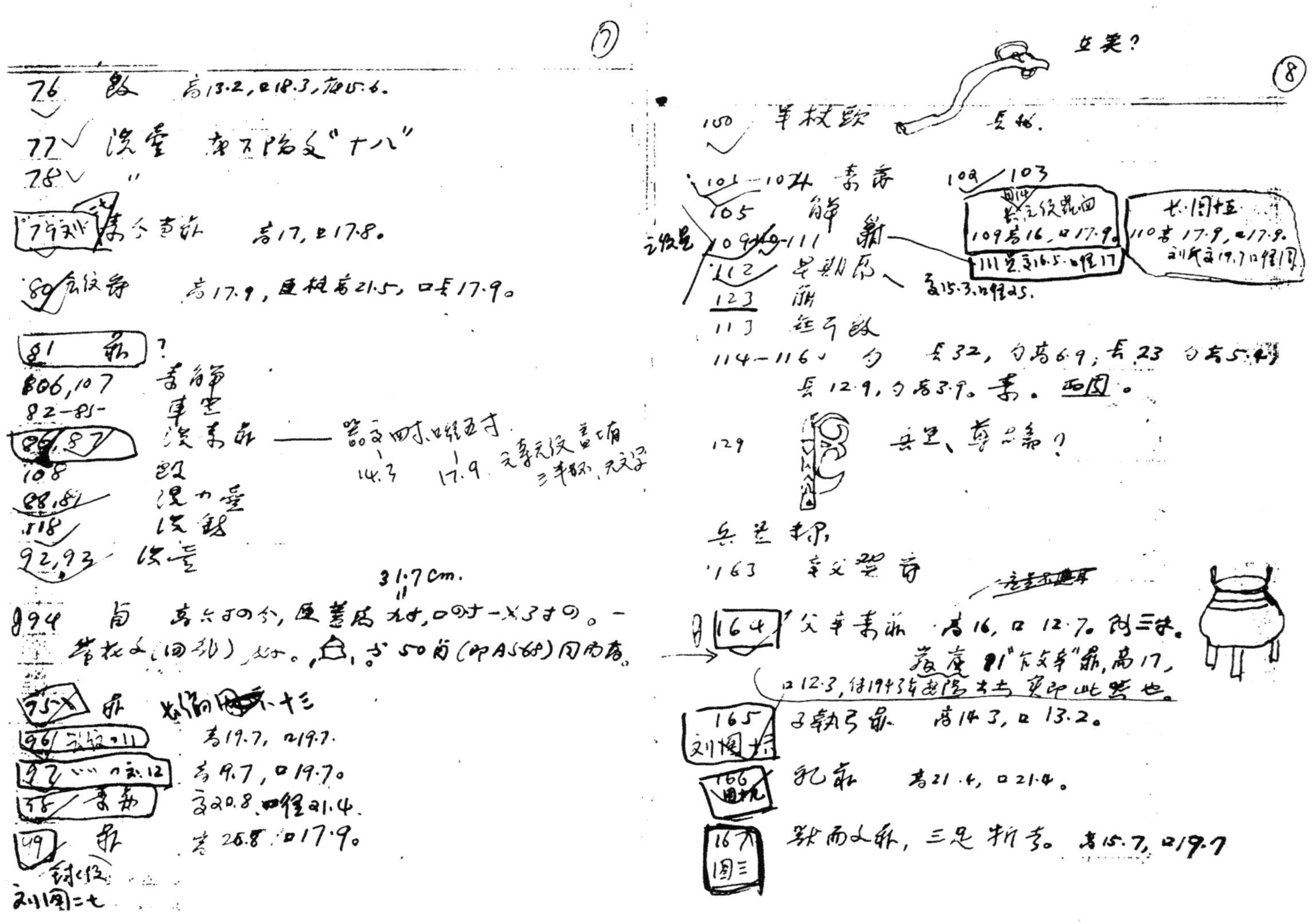

⑦

76 簋 高13.2，口18.3，座15.6.

77 盨 盖内铭文"十八"

78 "

79 高17，口17.8.

80 高17.9，连耳高21.5，口长17.9。

81 鼎？

806,107

82—85—

86,87 ——

108

88,81

118

92,93

31.7cm.

89 高 50 (即A568)

75 鼎

96 高19.7，口19.7.

97 高9.7，口19.7。

98 高20.8，口径21.4.

99 鼎 高25.8，口17.9。

刘图二七

⑧

女类？

100 长46.

101—104

105

109 / 103

109高16，口17.9。

111 高16.5，口径17

110高17.9，口17.9.

高15.3，口径25.

112

123

113

114—116 长32，高6.9；长23 高5.4

长12.9，高3.9。西周。

129

163

164 高16，口12.7。

高17，

口12.3

165 高14.3，口13.2。

刘图十

166 高21.4，口21.4。

167 高15.7，口19.7

图三

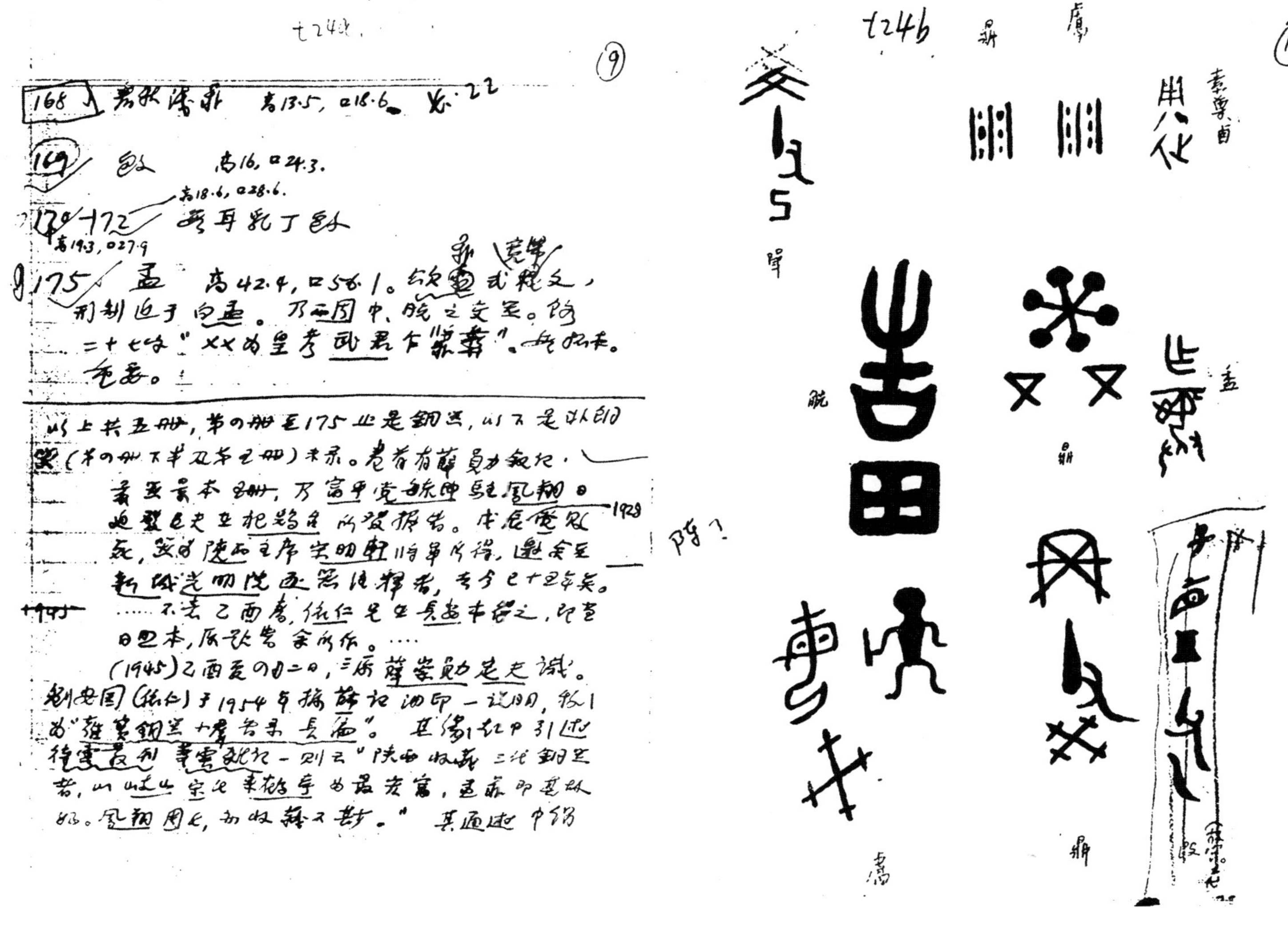

七248.

(9)

168　寿秋滕鼎　高13.5，口18.6。　㐅·22

169　敦　高16，口24.3。

170—172　寿耳乳丁敦　高18.6，口28.6。　高19.3，口27.9

175　盂　高42.4，口56.1。纹饰盘式糕文，形制近于伯盂。乃西周中、晚之交器。铭二十七字"××为皇考武君作（宝）尊彝"。无拓本。毛器。

以上共五册，第四册至175止是铜器，以下是以印泥（第四册下半及第五册）来录。卷首有薛尚功题记：

看完第本五册，乃富平党毓坤盗掘凤翔宝鸡县斗鸡台祀鸡台所发掘者。时值党氏（1928）死，致为陕西主席宋哲元将军所得，遂全至新城光明院西器陈释者，至今已十五年矣。……不意乙酉春，依仁先生来出本示之，犹曾日照本，属题书余所作。……

（1945）乙酉夏四月二日，三原薛崇勋足夫识。

刘安国（依仁）于1954年摘薛记油印一说明，题为"雍宝铜器十券目录长编"。其题记中引述徐重（？）及刘菁雯跋记一则云"陕西收藏三代铜器者，以岐山宋氏，长安福亭为最宏富，近东即觉地好。凤翔周氏，亦收藏不甚多。"其通述中所

隋？

七246

(10

1924年党玉琨军队，盗掘斗鸡台。

(11)

"斗鸡台出土的搜集记录（戴家湾）"。刘氏油印本计一册，全书无序记，仅著录铜器尺寸为34×35.2公分折合而已，且删节不少，存器一〇四。油印本封附录"张鹏一：西周铜器多出于凤翔说"，原载西北史地第一期。油印本未复印此文。

一九五五年，刘氏托石兴邦携来五册全本，嘱为付印，以还回之。一九五六年刘又托郭沫若带所藏并附拓本两四小册，共75器，其中有重复器，实得二十七器。余着录九器，其未著录者

尊二	√见殷文存1.10
卣"	√见三代13.30.1
鼎"	√见三代2.38.3
盘"	本书（共二件，其一不知所属）
方鼎二	[illegible]（故宫）
觯二	[illegible]
△ 卣二	[illegible] ←（[illegible]）√三代6.32.7（误为彝） √殷文存1.20（两件）
不知何器	[illegible]
觯二	[illegible]
簋二	[illegible]
？	[illegible]
？	十
？觯二	[illegible]
爵二	√见三代5.16.2
？	[illegible]（两张）
△簋	√见三代6.27.3（故宫）

△ [illegible]

(12)

号侯照鼎　（上部未拓到）　以上17

文物参考资料1955.11.13记党玉琨盗掘斗鸡台出土铜器，~~两批~~，其中属于党的器：戢父丁鼎至王铭瑞卣。铜柉禁至史喜父鼎；周公鼎至金盘甲。栎阳兴府的柯氏于禁，栎阳鼎下均云"影本，民国乙巳宝鸡斗鸡台出土。"按民国无乙巳，当是乙丑（1925）之误。柯氏所见[illegible]本，故称名及记其铭文多相同。

党所获铜器出土宝鸡者，其中不乏西周初期的重要铜器，今撮述之如次。

(一) 関于𠕋組的，可分為二，

(1) 同一文飾的

1. 鼎 賞24 = A26 薛記高至口38.2，口徑35.1。
A26 通高44.4，口徑35.5。

2. 鼎 賞21 (高通) 24.2，(故宮) 高至口20，口徑17.7

3. 鬲 賞65 通高25.0，高至口19.7，口徑16.4

4. 鬲 賞66 高至口19.7，口徑16.7

以上所謂有揭舉共四器，2—4大小相若，1.則較高大。2.有銘𠕋。

5. 四耳簋 賞11 = A225 薛記高至口21.4，口徑24.7，A225 通高23.2，兩耳間36.6。有長乳。

~~6. 方座簋 賞9=59(惠康)器高28.6，口徑23.2，座高10.7，寬~~

~~7. 甗蓋 賞14(商周297)。此器通高39.3，蓋并記其高35。~~

6. 方彝 賞6 = A643 = 善43 =A643 薛記高28.9，口22.2，底20.7×25。蓋并器共通高52.1。A643 通高49.1，口25.5×21.6，寬47.8×29.8。薛所記未連蓋。

7. 卣 賞5 = A591 薛記高25，口11.1×14.7，連蓋高33.9。A591 通高(至提梁)35.5，寬22.7。

8. 卣 善71 = A591(2) 高50.9

以上除四耳簋(有長乳)外，大約是一時所出的一組。其特色是同一花文，同有扉稜。卣與A588，589(端方舊藏)、590(端方所藏)，與斯石16器曹卣相似，皆較器身無扉稜。A588之卣，與賸器出土。

賞14 = 善彝147 筆座簋，"銘字田"，花文近此組。

(2) 𠕋銘的

1. 鼎 賞21
2. 彝 賞35
3. 盤 A785
4. 卣 博古 9.16

(二) 成組的

(1) 同組尊、卣 與上尊、卣同
(2) 盨 盤、盉
(3) 卣 賞50，94
(4) 乳簋(無耳) 賞59—64，171，172 (以上高16—17，口徑25—28) 113 (較小) 近乎A150。此與乳鼎(賞73，166，高21—22)皆是與乳簋同樣成組的(大小相若的)

(三) 零件器

2.鼎方彝(同出衛組彝)，4.盤，8.花簋，20.簋，27.卣，36.卣，69鬲，175盉。

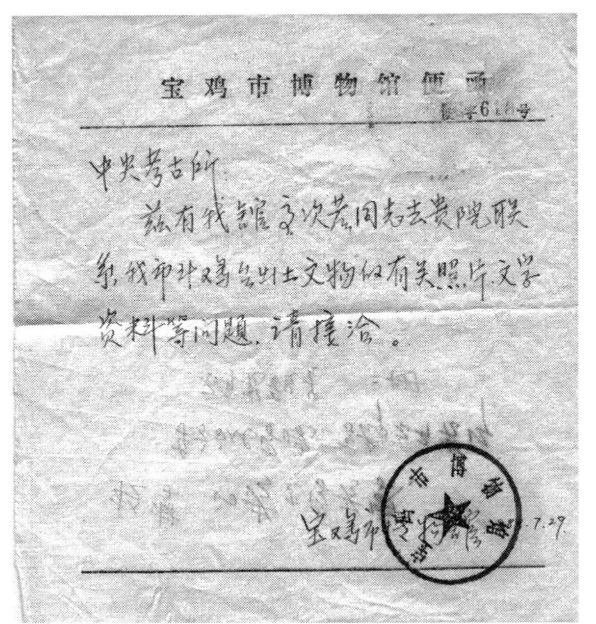

宝鸡市博物馆便函

（宝）字61?号

中央考古所：

兹有我館文次恭同志去贵院联系我市斗鸡台出土文物的有关照片文字资料等问题，请接洽。

宝鸡市博物馆 7.27

今借到

宝鸡斗鸡台出土文物《党玉琨盗掘青铜器》照片底版壹佰贰拾壹张。

宝鸡市博物馆文次恭 1988.8.4.

（四）禁　此四足之鑪形態不同：(1)大，(2)上面有大圓孔三，(3)下面無底，(4)長邊兩排長方形孔，共18，狹邊兩排各2。若與173—175之鑪，在于四边從長方形孔，則此禁似與鑪同其功用，乃是灶之初形。參釋見另一文。

一九七九年十一月七日記于安徽、大風。

附录三　党毓琨盗掘青铜礼器各家统计表

序号	器物名称	编号	《长编》	笔记	《美集录》	《报告 A》	《报告 B》	柉禁2	弗利尔	《赛克勒》	布伦戴奇
1	堊方鼎	D：D02	√	√		√	√				√
2	凤鸟纹方鼎	D：D03				√	√				
3	兽面纹方鼎	D：D04	√	√		√	√				
4	兽面纹分裆鼎	D：D05	√	√		√	√				
5	兽面纹分裆鼎	D：D06	√	√		√	√				
6	分裆鼎	D：D07	√	√		√	√				
7	臤父丁鼎	D：D08	√	√		√	√			√	
8	扁足鼎	D：D09	√	√		√	√				
9	直棱纹鼎	D：D10								√	√
10	直棱纹鼎	D：D11	√		√	√	√				
11	直棱纹鼎	D：D12	√			√	√			√	
12	直棱纹（[illegible]）鼎	D：D13	√	√	√	√	√				
13	直棱纹（[illegible]）鼎	D：D14	√			√	√				
14	毛伯鼎	D：D15	√	√		√	√				
15	[illegible]鼎	D：D16	√	√		√	√				
16	兽面纹鼎	D：D17	√	√		√	√				
17	[illegible]父癸鼎	D：D18	√	√		√	√				
18	兽面纹鼎	D：D19	√	√		√	√				
19	兽面纹鼎	D：D20	√	√		√	√				
20	兽面纹鼎	D：D21	√	√		√	√				
21	云雷纹鼎	D：D22				√	√				
22	兽面纹鼎	D：D23	√	√		√	√				
23	兽面纹鼎	D：D24					√				
24	兽面纹鼎	D：D25	√				√				
25	子执弓鼎	D：D26	√	√		√	√				
26	涡纹鼎	D：D28	√	√			√				
27	乳钉纹鼎	D：D29	√	√		√	√				
28	乳钉纹鼎	D：D30	√	√		√	√				
29	父辛鼎	D：D31	√	√		√	√				
30	涡纹鼎	D：D32									
31	弦纹鼎	D：D33				√	√				

续表

序号	器物名称	编号	《长编》	笔记	《美集录》	《报告 A》	《报告 B》	柉禁2	弗利尔	《赛克勒》	布伦戴奇
32	弦纹鼎	D：D34	√	√		√	√				
33	素面鼎	D：D35	√	√		√	√				
34	[illegible]父己鬲	D：L1	√	√		√	√				
35	鲁侯熙鬲	D：L2			√		√				
36	[illegible]伯鬲	D：L3	√	√		√	√				
37	铜鬲	D：L4	√	√		√	√				
38	[illegible]篡甗	D：Y1	√	√		√	√				
39	[illegible]甗	D：Y2	√	√		√	√			√	
40	戈甗	D：Y3	√	√			√				
41	铜甗	D：Y4	√	√		√	√				
42	回首龙纹甗	D：Y5	√	√		√	√				
43	凤鸟纹方座簋	D：G01	√	√		√	√	√		√	
44	甲簋	D：G02	√	√		√	√				
45	乳钉纹四耳簋	D：G03	√	√	√	√	√	√	√		
46	蜗纹簋	D：G04	√	√		√	√				
47	兽面纹簋	D：G05	√	√		√	√				
48	直棱纹双耳簋	D：G06	√	√		√	√				
49	涡纹双耳簋	D：G07	√	√		√	√				
50	双耳簋	D：G08					√				
51	兽面纹簋	D：G09	√	√		√	√				
52	兽面纹簋	D：G10	√			√	√				
53	父辛簋	D：G11	√	√		√	√				
54	兽面纹簋	D：G12	√	√		√	√				
55	双耳簋	D：G13					√				
56	带盖簋	D：G14		√		√	√				
57	带盖簋	D：G15	√	√		√	√				
58	乳钉纹双耳簋	D：G16	√	√		√	√				
59	父乙簋	D：G17	√	√		√	√				
60	双耳簋	D：G18	√			√	√				
61	乳钉纹簋	D：G19	√	√		√	√				
62	乳钉纹簋	D：G20	√	√		√	√				
63	乳钉纹簋	D：G21	√	√		√	√				

续表

序号	器物名称	编号	《长编》	笔记	《美集录》	《报告 A》	《报告 B》	柉禁2	弗利尔	《赛克勒》	布伦戴奇
64	乳钉纹簋	D：G22	√	√		√	√				
65	乳钉纹簋	D：G23	√			√	√				
66	乳钉纹簋	D：G24	√			√	√				
67	乳钉纹簋	D：G25	√	√		√	√				
68	乳钉纹簋	D：G26	√	√		√	√				
69	乳钉纹簋	D：G27		√			√				
70	乳钉纹簋	D：G28					√				
71	铜豆	D：DO1-4	√	√			√				
72	用征尊	D：ZN1	√	√		√	√				
73	夔纹尊	D：ZN2	√	√		√	√				
74	父己尊	D：ZN3	√	√		√	√				
75	兽面纹尊	D：ZN4	√	√		√	√				
76	乍父辛彝尊	D：ZN5	√	√		√	√				
77	凤鸟纹卣	D：U3			√						
78	凤鸟纹卣	D：U4			√			√	√		
79	凤鸟纹卣	D：U5	√	√	√	√	√	√			
80	用征卣	D：U6	√	√		√	√				
81	[illegible]卣	D：U7	√	√		√	√				
82	[illegible]高卣	D：U8	√	√		√	√				
83	女母卣	D：U9	√	√		√	√				
84	夔纹卣	D：U10	√	√	√	√	√				
85	夔纹卣	D：U11		√		√	√				
86	告田觥	D：K1	√	√		√	√	√		√	
87	中子㠱觥	D：K2								√	√
88	直棱纹方彝	D：F1									
89	直棱纹方彝	D：F2	√	√	√	√	√				
90	兽面纹罍	D：LE1	√	√	√						
91	[illegible]罍	D：LE2				√	√				
92	[illegible]父乙斝	D：JA1	√	√		√	√				
93	父辛爵	D：J2	√	√		√	√				
94	虎林爵	D：J3	√	√		√	√				
95	辛父癸爵	D：J4	√	√		√	√				

续表

序号	器物名称	编号	《长编》	笔记	《美集录》	《报告 A》	《报告 B》	柉禁2	弗利尔	《赛克勒》	布伦戴奇
96	简化兽面纹爵	D：J5	√	√		√	√				
97	素面爵1	D：J6	√	√		√	√				
98	素面爵2	D：J7	√	√		√	√				
99	素面爵3	D：J8	√	√		√	√				
100	素面爵4	D：J9	√	√		√	√				
101	[illegible]父乙角	D：JU2	√	√		√	√				
102	[illegible]父辛觯	D：ZH1	√	√		√	√				
103	[illegible]父乙觯	D：ZH7	√	√		√	√				
104	□父觯	D：ZH8	√	√		√	√				
105	云雷纹觯	D：ZH9		√		√	√				
106	素面觯1	D：ZH10	√	√		√	√				
107	素面觯2	D：ZH11	√	√		√	√				
108	乍彝盉	D：H2	√	√		√	√				
109	夔凤纹盘	D：P1	√	√		√	√				
110	乍彝盘	D：P2	√	√		√	√				
111	铜盘	D：P3				√	√				
112	环带纹盂	D：YU1	√	√		√	√				
113	铜禁	D：JIN2	√	√		√	√				
114	铜斗	D：DU1	√	√		√	√				
115	铜斗	D：DU2	√	√		√	√				
116	铜斗	D：DU3	√	√		√	√				

注：《长编》笔记《报告A》《报告B》所收党毓琨盗掘青铜容器的数目分别是99件、104件、107件和115件。表中统计的数目与实际不符，主要原因是有些青铜器仅有序号，没有形制描述和尺寸说明，因此无法一一对应起来。这种情况主要体现在鼎、簋上。

附录四　《夏鼐日记》1954.10.24[①]

西北文物清理队郑郁文从前为古董商，1927年党玉琨掘宝鸡戴家沟，彼曾参加，大谈当时情况，颇有趣。据云党为土匪出身，匪帮中有一同伙，当过北京古董铺学徒，故叫党玉琨收罗古董，可以换取金钱及军火。宝鸡发掘，由其所委派之钱局局长沪人范某所发动，因为民国初年戴家沟曾发现“太王作宝彝”铜鼎，故于1927年10月开始在其处发掘，至次年5月凤翔将失守时始停止。党共辖五县（凤翔、扶风、岐山、宝鸡等），征集民夫千余人（时已秋收），自带粮食，为之工作，所开之沟，阔达五丈（约十五六尺），长约200余米（在北研发掘区之南的二道原上）。由西向东，开工十余日，深达10米许时，一处地忽下陷，工人2人陷入坑中，加以搜检，取出73件铜器，遂继续大做。共出大件器740余件（至于素鼎、素敦，及兵器、车马器皆不在内，且散失不要），每群少者10余件，普通为40-60件，最多者达200余件，后者有被甲的人骨，人骨两旁有铜虎。古物中较为稀罕者：（1）玉人，高约30厘米，中空，有铜管可旋动，长跪赤足，衣袖有镶金银的花纹；（2）黄金方鼎，器底及四面皆有铭文，字形偏长，末尾为“子子孙孙永宝用”，两耳及四足可以卸下；③又有两件铜器，文字特异，颇似八卦，为前所未见；（3）大铜鼎，矮足，高约一公尺，大方鼎4个，重须五六个人抬，鼎内装有全羊者；（4）有虎彝，有铭文“鲁吉”二大字；（5）又有铜盒，用红、绿、蓝、白等四色绘画；（6）有一个铜器颇怪，作圆形，周有小鸟；（7）有泥塑各种人物及建筑物，以牛角嵌入墙壁；（8）金错花纹的玉璧，普通玉璧、玉璋更多；（9）编钟，每套6件或7件；（10）车器，6车一坑，车轮高约1公尺。凤翔失守，党玉琨自杀，此批古物遂入宋哲元之手，混乱时当已有散失。后来宋哲元携至西安照相，文管会刘安国尚有照片300来张（未必皆为党所掘，但三分之二以上皆见过，无疑），系由照相馆中购到，底片已失。但皆为普通品，上述各器之特殊者皆不在内。党玉琨曾送二卣、一尊与岳维峻，以换取军火。郑郁文又云，党酷嗜，时来工地参观，器物佳者即放在家中寝室内，满室都是，旁边又另有一间专放古物。党为鸦片鬼，以昼作夜，傍晚始起，烟瘾足后，即摩玩古器，甚至后来置军事不管。新出器物，有时自己参加洗刷，冬天穿皮袍，皮袖子甚湿也不管。王冶秋局长谓李德全所捐之3件铜器，即宋哲元就宝鸡铜器中选出，献与冯玉祥者，其余宋哲元死后其妇在天津托萧振瀛介绍出售，流入海外矣。

① 《夏鼐日记》（1954.10.24）由王世民先生提供，特此致谢。

附录五　戴家湾地区出土商周青铜器总表

序号	名称	编号	尺寸（厘米）	铭文	著录	流传及最终收藏地	图版
1	田告方鼎	D：D01	高15.6、宽15	6字：田告乍母辛尊（器、盖同铭）	《故宫》23，《三代》3.3.1-2，《续殷上》22.2-3，《尊古》1.25，《北图拓》50，《集成》02145，《总集》0767，《通鉴》01162	原藏南皮张氏（分域），后藏冯公度，1956年冯先生家属捐献，现藏故宫博物院	图3-1，1 图3-38，1
2	𡍮方鼎	D：D02	通高26.8、口径21.1×16	35字：略	《长编》图24，“笔记”2，《报告》A.D24，《报告》B.D·28M16·024，布伦戴奇B60.B2，《历朔》1.10，《断代》P576.6，《史征》P41，《汇编》190，《铜全》5.6，《陕金》2.71，《集成》02739，《总集》1242，《铭文选》1.26，《通鉴》01756	旧金山亚洲艺术博物院（原为布伦戴奇藏品）	图3-1，2 图3-38，2
3	风鸟纹方鼎	D：D03	通高22.8、口径16×11.9	1字：[illegible]	《考文》1983年第6期P7图4.3，《报告A》D25，《报告B》D·28·021，《集成》01242，《通鉴》00259	宝鸡青铜器博物院（原为宝鸡市政协一委员捐赠）	图3-1，3 图3-38，3
4	兽面纹方鼎	D：D04	通耳高23、高18.3、口径16.5×12.7	3字：乍宝彝	《长编》图23，“笔记”43，《报告A》D26，《报告B》D·28·023，《集成》01793，《通鉴》00810	故宫博物院	图3-1，4 图3-38，4
5	兽面纹分裆鼎	D：D05	高16、口径18.8		《长编》图1，“笔记”67，《报告A》D15，《报告B》D·28·001		图3-2，1
6	兽面纹分裆鼎	D：D06	高19、口径17.8		《长编》图2，“笔记”46，《报告》A.D16，《报告B》D·28·002		图3-2，2

续表

序号	名称	编号	尺寸（厘米）	铭文	著录	流传及最终收藏地	图版
7	分裆鼎	D：D07	高17、口径17.8		《长编》图27，“笔记”79，《报告A》D17，《报告B》D·28·003（尺寸不详）		图3-2，3
8	臤父丁鼎	D：D08	高20.8、口径19.3	4字：臤父丁，族徽1	《长编》图20，“笔记”19，《报告A》D18（未注铭文），《报告B》D·28·020，《赛克勒》ⅡB.2，《三代》2.38.3，《续殷》附录5.7，著录表462，简目0494，《汇编》1676，《综览一》图版扁足鼎28，《陕金》2.7，《集成》01852，《总集》0565，《通鉴》00869	赛克勒美术馆（原为布伦戴奇藏品）	图3-2，4 图3-38，5
9	扁足鼎	D：D09	高13.5、口径18.6		《长编》图22，“笔记”168，《报告A》D19，《报告B》D·28·022		图3-3，1
10	直棱纹鼎	D：D10	高29.2		布伦戴奇B62 B144，《赛克勒》ⅡB.Fig8.4	旧金山亚洲艺术博物馆	图3-3，2
11	直棱纹鼎	D：D11	高44.5、口径35.5		《长编》图7，《报告A》D21，《报告B》D·28·008，《美集录》A26★	美国通运公司姚叔来时藏，现藏何处不清	图3-3，3
12	直棱纹鼎	D：D12	通耳高22.4、器高18.7、口径15.9		《长编》图6，《报告A》D23，《报告B》D·28·007，《赛克勒》ⅡB.8，《综览一》P14.159	赛克勒美术馆	图3-3，4
13	直棱纹[illegible]鼎	D：D13	高23、宽20	1字：[illegible]	《长编》图8，“笔记”21，《报告A》D22，《报告B》D·28·005，《故宫》107，《美集录》A26注释8，《集成》01231，《通鉴》00248	原藏李德全（冯玉祥先生的夫人），现藏故宫博物院	图3-4，1 附1，1
14	直棱纹[illegible]鼎	D：D14	高23、口径15.7	1字：[illegible]	《长编》图5，《报告A》D20，《报告B》D·28·006，《青研》209，《集成》01232，《通鉴》00249	现藏上海博物馆，吴清漪先生捐献	图3-4，2 附1，2

续表

序号	名称	编号	尺寸（厘米）	铭文	著录	流传及最终收藏地	图版
15	毛伯鼎	D：D15	通耳高62、器高49.5、口径44.1	8字：毛伯丙门等	《长编》图9，“笔记”3，《报告A》D1，《报告B》D·28·009		图3-4，3
16	✻鼎	D：D16	高25、口径25.7	3字、✻□□	《长编》图4，“笔记”25，《报告A》D9，《报告B》D·28·016，近出225，《通鉴》02118		图3-4，4 附1，3
17	兽面纹鼎	D：D17	残高15.7、口径19.7		《长编》图3，“笔记”167，《报告A》D8，《报告B》D·28·033。		图3-7，1
18	[illegible]父癸鼎	D：D18	通耳高34.7、器高28.3、口径29.1	3字：[illegible]父癸	《长编》图10，“笔记”22，《报告A》D31，《报告B》D·28·010		图3-7，2 附1，4
19	兽面纹鼎	D：D19	高19.7、口径19.7		《长编》图11，“笔记”96，《报告A》D11，《报告B》D·28·011		图3-7，3
20	兽面纹鼎	D：D20	高16、口径17.9	疑似有铭文	《长编》图14，“笔记”109，《报告A》D4，《报告B》D·28·012		图3-7，4
21	兽面纹鼎	D：D21	通高56、器高45.2、口径44.1		《长编》图13，“笔记”15，《报告A》D2，《报告B》D·28·013		图3-5，1
22	云雷纹鼎	D：D22	高17.9、口径16		《报告A》D10，《报告B》D·28·014		图3-5，2
23	兽面纹鼎	D：D23	高19.7、口径19.7		《长编》图12，“笔记”110，《报告A》D5，《报告B》D·28·015		图3-5，3
24	兽面纹鼎	D：D24	尺寸不详	疑似有铭文	《报告B》D·28·029		图3-5，4

续表

序号	名称	编号	尺寸（厘米）	铭文	著录	流传及最终收藏地	图版
25	兽面纹鼎	D：D25	尺寸不详	疑似有铭文	《长编》图15（？），《报告B》D·28·030		图3-6，1
26	子执弓鼎	D：D26	高14.3、口径13.2	3字：子执弓	《长编》图16，“笔记”165，《报告A》D6，《报告B》D·28·031		图3-6，2
27	简化兽面纹铜鼎	D：D27	高23.6、口径17.4		《斗鸡台》图版6.五		图3-6，3
28	涡纹鼎	D：D28	高20.8、口径17.9		《长编》图17，“笔记”99，《报告B》D·28·017		图3-6，4
29	乳钉纹鼎	D：D29	高22.1、口径22.1		《长编》图18，“笔记”73，《报告A》D13，《报告B》D·28·018		图3-8，1
30	乳钉纹鼎	D：D30	高21.4、口径21.4		《长编》图19，“笔记”166，《报告A》D14，《报告B》D·28·015		图3-8，2
31	父辛鼎	D：D31	高16、口径12.7	3字：乍父辛	《长编》图28，“笔记”164，《报告A》D27，《报告B》D·28·032		图3-8，3 附1，5
32	涡纹鼎	D：D32	尺寸不详		《报告B》D·28·027		图3-8，4
33	弦纹鼎	D：D33	尺寸不详		《报告A》D28，《报告B》D·28·025（报告A，B尺寸有出入）		图3-9，1
34	弦纹鼎	D：D34	高16.5、口径17		《长编》图26，“笔记”111，《报告A》D29，《报告B》D·28·026		图3-9，2
35	素面鼎	D：D35	高20.8、口径21.4		《长编》图25，“笔记”98，《报告A》D30，《报告B》D·28·028		图3-9，3

续表

序号	名称	编号	尺寸（厘米）	铭文	著录	流传及最终收藏地	图版
36	□父已鬲	D：L1	高14.3、口径15.7	3字：□父已	《长编》图31，“笔记”70，《报告A》L2，《报告B》D · 28 · 069，《三代》5.13.12，《贞补上》15.1，《小校》3.53.7，《颂斋》6，《续殷上》14.9，《故宫文物月刊》1993年总118期P40图8，《集成》00481，《总集》1356，《通鉴》02541	原藏容庚颂斋（贞补），后归罗振玉，现藏台北“故宫博物院”	图3-10，1 附1，6
37	鲁侯熙鬲	D：L2	高17.1、宽14.5	13字：鲁侯獄乍彝，用享□厥文考鲁公	《美集录》A123，R442，《报告B》D · 28 · 071，《铜全》6.64，《断代》P647.66，《汇编》414，《三代补》442，《铭文选》1.59，《集成》00648，《总集》1465，《通鉴》02708	原藏美国卢芹斋（美集），现藏美国波士顿美术博物馆	图3-10，2 图3-39，1
38	□伯鬲	D：L3	通高17.9、口径15	6字：□伯乍齋鼎十	《长编》图32，“笔记”69，《报告A》L1，《报告B》D · 28 · 068，《三代》5.16.2（鬲），《贞补上》15.4，《汇编》654，《集成》02109，《总集》1388，近出122 *除《三代》称鬲外，其余称鼎。铭文经陈梦家先生考订。 *《通鉴》02870（鬲）与01126（暂定为鼎）实际上为一器	日本奈良宁乐美术馆	图3-10，3 图3-39，2
39	铜鬲	D：L4	高15.3、口径25	疑似有铭文	《长编》图33，“笔记”112，《报告A》L3，《报告B》D · 28 · 070		图3-10，4
40	母癸甗	D：Y1	通高50.2、口径31.3	3字：□母癸	《长编》图37，“笔记”28，《报告A》Y4，《报告B》D · 28 · 089，《青研》220，《汇编》1138，《三代补》873，《铜全》5.47，《集成》00826，《总集》1580，《通鉴》03066	现藏上海博物馆，宋景文、唐祖诒先生捐赠	图3-11，1 图3-39，3

续表

序号	名称	编号	尺寸（厘米）	铭文	著录	流传及最终收藏地	图版
41	[illegible]甗	D：Y2	通耳高42.4、器高34.5、口径25	1字：[illegible]	《长编》图39，“笔记”35，《报告A》Y1，《报告B》D·28·085，《赛克勒》P248.Fig8.6	Burrell收藏	图3-11，2 图3-39，4
42	戈甗	D：Y3	通耳高43.3、器高36、口径26.8	3字：戈□□	《长编》图38，“笔记”40，《报告B》D·28·088		图3-11，3 图3-39，5
43	铜甗	D：Y4	通耳高39.6、器高33.1、口径25		《长编》图40，“笔记”45，《报告A》Y2，《报告B》D·28·088		图3-11，4
44	回首龙纹甗	D：Y5	通耳高45.9、器高37、口径31.4		《长编》图41，“笔记”44，《报告A》Y3，《报告B》D·28·086		图3-12，1
45	凤鸟纹方座簋	D：G01	通盖高34.6、器高26、口径21.1		《长编》图43，“笔记”8，《报告A》G25，《报告B》D·28·038，《赛克勒》ⅡB.38，杈禁2.图2-2，《通考》2.297，《菁华》114	赛克勒美术馆	图3-12，2
46	甲簋	D：G02	通高29.8、口径22.5、方座边长21.2	1字：甲	《长编》图44，“笔记”9，《报告A》G11，《报告B》D·28·039，《青研》224，《铜全》6.150，《陕金》2.128，《集成》02911，《总集》1760，《通鉴》03301	现藏上海博物馆，宋景文、唐祖诒先生捐赠。	图3-12，3 图3-39，6

续表

序号	名称	编号	尺寸（厘米）	铭文	著录	流传及最终收藏地	图版
47	乳钉纹四耳簋	D：G03	高23.5、宽36.5		《长编》图55，“笔记”11，《报告A》G23，《报告B》D · 28 · 052，弗利尔PLATE66，《通考》249，《菁华》104，《美集录》A225	弗利尔美术馆	图3-12，4
48	蜗纹簋	D：G04	高16、口径19.6		《长编》图46，“笔记”54，《报告A》G16，《报告B》D · 28 · 040		图3-16，1
49	兽面纹簋	D：G05	高19.2、口径23.2		《长编》图47，“笔记”55，《报告A》G15，《报告B》D · 28 · 041		图3-16，2
50	直棱纹双耳簋	D：G06	高16、口径21.8、底径17		《长编》图49，“笔记”47，《报告A》G24，《报告B》D · 28 · 046		图3-16，3
51	涡纹双耳簋	D：G07	高14.3、口径19.6、底径15		《长编》图51，“笔记”68，《报告A》G24，《报告B》D · 28 · 044		图3-16，4
52	双耳簋	D：G08	尺寸不详		《报告B》D · 28 · 042		图3-15，1
53	兽面纹簋	D：G09	高14.3、口径19.6		《长编》图50，“笔记”51，《报告A》G14，《报告B》D · 28 · 043		图3-15，2
54	兽面纹簋	D：G10	高12.5、口径18.6、底径14.3		《长编》图53，《报告A》G13，《报告B》D · 28 · 045		图3-15，3
55	父乙簋	D：G11	高12.2、口径17、底径15	6字：□作父乙尊彝	《长编》图48，“笔记”10，《报告A》G22，《报告B》D · 28 · 047		图3-15，4 附2，1

续表

序号	名称	编号	尺寸（厘米）	铭文	著录	流传及最终收藏地	图版
56	兽面纹簋	D：G12	高13.2、口径18.3、底径15.6		《长编》图52，“笔记”76，《报告A》G17，《报告B》D · 28 · 048		图3-14，1
57	双耳簋	D：G13	尺寸不详		《报告B》D · 28 · 049		图3-14，2
58	带盖簋	D：G14	高16、口径14.3		“笔记”56，《报告A》G27，《报告B》D · 28 · 050		图3-14，3
59	带盖簋	D：G15	高16、口径14.3		《长编》图42，“笔记”57，《报告A》G28，《报告B》D · 28 · 051		图3-14，4
60	乳钉纹双耳簋	D：G16	高16、口径24.3		《长编》图57，“笔记”169，《报告A》G12，《报告B》D · 28 · 055		图3-13，1
61	父乙簋	D：G17	高12.8、口径18.6、底径14.2	5字：子眉壬父乙	《长编》图45，“笔记”20，《报告A》G26，《报告B》D · 28 · 053，《集成》03420，《通鉴》03810与04868实为一器	故宫博物院	图3-13，2 附2，2
62	双耳簋	D：G18	高14.3、口径20、底径16.4		《长编》图54，《报告A》G14，《报告B》D · 28 · 054		图3-13，3
63	乳钉纹簋	D：G19	高19.3、口径27.9		《长编》图65，“笔记”170，《报告A》G10，《报告B》D · 28 · 056		图3-13，4
64	乳钉纹簋	D：G20	高17.4、口径25.4		《长编》图58，“笔记”60？，《报告A》G2，《报告B》D · 28 · 057		图3-17，1

续表

序号	名称	编号	尺寸（厘米）	铭文	著录	流传及最终收藏地	图版
65	乳钉纹簋	D：G21	高18.6、口径28.6		《长编》图63，“笔记”172，《报告A》G8，《报告B》D·28·058		图3-17，2
66	乳钉纹簋	D：G22	高17、口径25.4		《长编》图60，“笔记”62？，《报告A》G9，《报告B》D·28·059		图3-17，3
67	乳钉纹簋	D：G23	高16、口径28.6		《长编》图62，《报告A》G1，《报告B》D·28·060		图3-17，4
68	乳钉纹簋	D：G24	高17.9、口径28.6		《长编》图61，《报告A》G4，《报告B》D·28·061		图3-18，1
69	乳钉纹簋	D：G25	高17.4、口径26.1		《长编》图59，“笔记”61？，《报告A》G3，《报告B》D·28·062		图3-18，2
70	乳钉纹簋	D：G26	高17.9、口径28.6		《长编》图64，“笔记”63？，《报告A》G6，《报告B》D·28·063		图3-18，3
71	乳钉纹簋	D：G27	高16		“笔记”64？，《报告B》D·28·064		图3-18，4
72	乳钉纹簋	D：G28	尺寸不详		《报告B》D·28·065		图3-19，1
73	乳钉纹簋	D：G29	高15.5、口径24.4		《考文》1981年第1期P6图6	宝鸡青铜器博物院	图3-19，2
74	铜豆	D：DO1	高28.6、口径19.3、底径12.2		《长编》图66，“笔记”29～32，《报告B》D·28·117～120		图3-19，3
75	铜豆	D：DO2					
76	铜豆	D：DO3					
77	铜豆	D：DO4					
78	用征尊	D：ZN1	高21.3、口径19.7	2字：用征	《长编》图87，“笔记”16，《报告A》Z5，《报告B》D·28·073，《集成》05591，《通鉴》10561		图3-20，1 附2，3

续表

序号	名称	编号	尺寸（厘米）	铭文	著录	流传及最终收藏地	图版
79	夔纹尊	D：ZN2	高24.5、口径21.5、底径14.3		《长编》图90，“笔记”37，《报告A》Z2，《报告B》D·28·074		图3-20，2
80	父己尊	D：ZN3	高25、口径19.7	2字：父己	《长编》图89，“笔记”26，《报告A》Z3，《报告B》D·28·075		图3-20，3 附2，4
81	兽面纹尊	D：ZN4	高26.8、口径20.8、底径16		《长编》图86，“笔记”13，《报告A》Z4，《报告B》D·28·076		图3-20，4
82	乍父辛彝尊	D：ZN5	高30.4、口径22.2	字数不详：□□乍父辛彝尊。（亚字形族徽1）	《长编》图88，“笔记”18，《报告A》Z1，《报告B》D·28·072，《通鉴》11038		图3-21，1 附2，5
83	鼎尊	D：ZN6	高34.8	1字：鼎	《陶斋》1.6，《菁华》2，《柉禁》4，《欧精华》1.2，《美集录》A418，R276，《综览》一图版觚形尊69，《陕金》2.244，《续殷上》50.6，《汇编》1612，《小校》5.1.1，《三代》11.1.8，《集成》05496，《总集》4464，《通鉴》10466	原藏端方，现藏纽约大都会艺术博物馆	图3-21，2 附2，6
84	鼎卣1	D：U1	高46.4、口17.3×12.9、宽29	1字：鼎	《陶斋》1.3，《三代》12.37.1～2，《三代补》275，《柉禁》6～9，《美集录》A589，R275，《综览》266.94，《通考》607，《陕金》2.249，《续殷上》67.7-8，《小校》4.1.2，《汇编》1611a（盖），《集成》04745，《总集》5001，《通鉴》11655	原藏端方，现藏纽约大都会艺术博物馆	图3-21，3 附3，1

续表

序号	名称	编号	尺寸（厘米）	铭文	著录	流传及最终收藏地	图版
85	鼎卣2	D：U2 D：JIN1	连座高47、器高36、宽25.5、座高11.5、宽20.7	1字：鼎	《陶斋》1.4，《三代》12.37.3～4，《柉禁》10～15，《美集录》A590，R274，《综览》267.95，《通考》608，《陕金》2.250，《续殷上》67.9-10，《小校》4.1.1，《汇编》1613，《三代补》274，《集成》04746，《总集》5001，《通鉴》11656	原藏端方，现藏纽约大都会艺术博物馆	图3-21，4 附3，2
86	凤鸟纹卣	D：U3	高35.5、宽22.8		《美集录》A591，《铜全》6.153	波士顿美术博物馆	图3-22，1
87	凤鸟纹卣	D：U4	高50.9、宽34.8		弗利尔PLATE50，《柉禁》2.图4-2，《美集录》A591（2）	弗利尔美术博物馆	图3-22，2
88	凤鸟纹卣	D：U5	高33.9、口径14.3×11.1		《长编》图72，“笔记”5，《柉禁》2.图4-1，《报告A》I5，《报告B》D·28·077，《美集录》A591注释8，《菁华》71，《通考》612	疑藏日本白鹤美术馆	图3-22，3
89	用征卣	D：U6	通高23.2、器高17.9、口径10×12.5	2字：用征	《长编》图70，“笔记”34，《报告A》I6，《报告B》D·28·080，《汇编》959，《综览》277.168，《集成》04884，《总集》5078，《通鉴》11794	日本兵库县黑川古文化研究所	图3-22，4 附3，3
90	[illegible]卣	D：U7	通高35.2、器高25、口径10.7	6字：[illegible]乍父乙尊彝	《长编》图69，“笔记”36，《报告A》I7，《报告B》D·28·078，《三代》6.32.3（作彝），《续殷下》73.5（入盉），《双古上》19（称壶），《集成》05202，《总集》5366，《通鉴》12112。 除《双古》外，均仅收盖	于省吾旧藏	图3-23，1 附3，4

续表

序号	名称	编号	尺寸（厘米）	铭文	著录	流传及最终收藏地	图版
91	[illegible]高卣	D：U8	通高26.8、口径14.3×10.7	8字：王赐[illegible]高金用作彝	《长编》图68，“笔记”27，《报告A》I3，《报告B》D·28·081，《三代》13.30.1（盖），《汇编》570，《集成》05319，《总集》5419，《通鉴》12229	澳大利亚墨尔本国立维多利亚博物馆	图3-23，2 图4-6，1
92	女母卣	D：U9	通高28、器高21.5、口径11.1×14.3	6字：可辨识者仅“女母”2字	《长编》图71，“笔记”33，《报告A》I1，《报告B》D·28·079		图3-23，3
93	夔纹卣	D：U10	通高24.3、口径11.8×8.9		《长编》图73，“笔记”50，《报告A》I2，《报告B》D·28·082，《美集录》A568		图3-23，4
94	夔纹卣	D：U11	通高29.7、横口径21.2		“笔记”94，《报告A》I4（？），《报告B》D·28·083		图3-24，1
95	告田觥	D：K1 D：JIN2	连禁通高50、觥高31.2、长41	2字：告田	《长编》图95，“笔记”14，《报告A》GU1，B. D·28·110，《欧精华》2.147，《综览》P373觥21，《遗珠》彩图8.图版95，《赛克勒》Fig.8.2，《柉禁》2.图2-1，《通考》681，《集成》09257，《近出》929，《通鉴》12718	哥本哈根国立民族学博物馆	图3-24，2 图4-6，2
96	中子㠱觥	D：K2	高31.8	12字：中子㠱引乍文父丁尊彝，镬釹	《布伦戴奇》P67，P139.Fig.31，《赛克勒》ⅡB，Fig.117.1，《考文》1982年第2期P15，《三代》18`21`3-4，《续殷下》69.5-6，《日精华》3.264，《汇编》443，《综览》P375觥36，《铜全》5.100，《集成》09298，《总集》4925，《通鉴》12759	原藏日本原富太郎氏，后为布伦戴奇藏品，现藏旧金山亚洲艺术博物馆	图3-24，3 图4-6，3

续表

序号	名称	编号	尺寸（厘米）	铭文	著录	流传及最终收藏地	图版
97	文父丁觥	D：K3	通盖高31、口径31.5×10.4	4字：文父丁，冀	《赛克勒》ⅡB.117，《从古堂》11.9.1～2（作卣），《攈古录》1.3.62（从彝），《愙斋》13.21.3-4，《藤田》pl.233，《缀遗斋》14.2.1-2（称匜），《善斋》5.14.1-2，《续殷》1.56.6-7（作尊），《三代》11.14.5-6（作尊），《小校》5.14.1（作尊），《日精华》3.263，《汇编》1150，《集成》09284（05733，05734重出，作尊），《总集》4911（《总集》4658重出，作尊），《考文》1982年第2期P15，《通鉴》12745	原藏郭承勋（郭止亭）、张辛有（攈古录、缀遗）、日本藤田德次郎，后为卡特氏藏品，现藏美国普林斯顿大学美术博物馆	图3-24，4 图4-7，1
98	直棱纹方彝	D：F1	高49.1、口径25.5×21.6、宽47.8×29.8		《菁华》43，《美集录》A643，《通考》601	哈佛大学福格艺术馆	图3-25，1
99	直棱纹方彝	D：F2	高28.9、口径22.2、底20.7×25		《长编》图56，“笔记”6，《美集录》A643注释8,《通考》601，《报告A》YI1，《报告B》D · 28M10 · 113		图3-25，2
100	兽面纹罍	D：LE1	通高53.1、器高42.4、口径18.6	器，盖对铭，铭文不详。	《长编》图67，“笔记”4，《报告A》LU1，《报告B》D · 28 · 082		图3-25，3
101	[illegible]罍	D：LE2	通高62.7、宽37.8	1字：[illegible] 盖器同铭	《美集录》R283ab、A785，《欧精华》47，《综览》292页罍38，《集成》09760，《总集》5523，《通鉴》12815。 *报告B提及，但未正式收录	美国圣路易市美术博物馆	图3-25，4 图4-7，2

续表

序号	名称	编号	尺寸（厘米）	铭文	著录	流传及最终收藏地	图版
102	爻父己斝	D：JA1	高30.4、口径21.5	3字：爻父己	《长编》图85，“笔记”17，《报告B》D·28·115，近出926，《通鉴》10346，《报告B》误为“父乙”		图3-28，1 图4-7，3
103	[illegible]斝	D：JA2	通高32.2、宽26.5	2字：[illegible]	《陶斋》1.9，《菁华》8，《柉禁》20（2），《三代》13.49.3，《陕金》2.243，《续殷下》64.1，《小校》6.84.6，《美集录》R168，A322，《欧精华》1.8，《陕金》2.243，《集成》09191，《总集》4284，《通鉴》10276	原藏端方，现藏纽约大都会艺术博物馆	图3-28，2 图4-7，4
104	妣己觚	D：GU1	通高20.8、口径12.7	4字：亚[illegible]妣己	《三代》14.27.10，《陶斋》1.8，《柉禁》17.1，《续殷下》45.6，《小校》5.62.3，《美集录》A494，R247，《汇编》1098，综览一图版327页觚129，《集成》07219，《总集》6240，《通鉴》09060	原藏端方，现藏纽约大都会艺术博物馆	图3-28，3 附4，1
105	亚[illegible]爵	D：J1	通高24.3、流至尾长22.8	2字：亚[illegible]	《三代》15.33.4，《陶斋》1.11，《菁华》5，《柉禁》16，《续殷下》1.5，《美集录》A347，R135，《集成》07808，《总集》3589，《通鉴》06469	原藏端方，现藏纽约大都会艺术博物馆	图3-28，4 附4，2
106	父辛爵	D：J2	高21.5、口径17.9	3字：亚父辛	《长编》图78，“笔记”52，《报告A》J1，《报告B》D·28·091		图3-27，1
107	虎林爵	D：J3	高19.2、口径17.9×9	字数不详	《长编》图79，“笔记”58，《报告A》J4，《报告B》D·28·092		图3-27，2
108	辛父癸爵	D：J4		3字：辛父癸	《长编》图82，“笔记”163，《报告A》J5，《报告B》D·28·093		图3-27，3

续表

序号	名称	编号	尺寸（厘米）	铭文	著录	流传及最终收藏地	图版
109	简化兽面纹爵	D：J5	连柱高21.5、高17.9、口长17.9		《长编》图80，“笔记”80，《报告A》J2，《报告B》D·28·098		图3-27，4
110	弦纹爵	D：J6			《长编》图81，“笔记”103，《报告A》J6，《报告B》D·28·096		图3-28，1
111	素面爵1	D：J7			《长编》图83，“笔记”101，《报告A》J3（？），《报告B》D·28·094	长编图83中，为三爵合照，本表将其分开	图3-28，2
112	素面爵2	D：J8			《长编》图83，“笔记”102，《报告A》J7，《报告B》D·28·095		图3-28，3
113	素面爵3	D：J9			《长编》图83，“笔记”104，《报告A》J8，《报告B》D·28·097		图3-28，4
114	祖癸角	D：JU1	通高19.8	4字：册竹祖癸	《菁华》6，《校禁》17（2），《三代》16.43.2，《陶斋》1.12，《小校》6.82.1，《美集录》R107，A395，《欧精华》1.6，《集成》08848，《总集》4228，《通鉴》08310	原藏端方，现藏纽约大都会艺术博物馆	图3-29，1 附4，3
115	爻父乙角	D：JU2	高21.5、口径10×19.7	3字：爻父乙	《长编》图84，“笔记”7，《报告A》JI1，《报告B》D·28M10·090		图3-29，2
116	[illegible]父辛觯	D：ZH1	高14.3、口径7.3×8.7	3字：[illegible]父辛	《长编》图91，“笔记”12，《报告A》ZH1，《报告B》D·28·099，《集成》06311，《通鉴》09755		图3-29，3 附4，4

续表

序号	名称	编号	尺寸（厘米）	铭文	著录	流传及最终收藏地	图版
117	天父乙觶	D：ZH2	高14.5	3字：天父乙	《三代》14.40.9，《陶斋》1.10，《贞松》9.17.2，《小校》5.8.1（误为尊），《青华》41，《柉禁》21.1，《美集录》R94，A532，《汇编》1110，综览一图版觶8，《陕金》2.237，《集成》06217，《总集》6426，《通鉴》09661		图3-29，4 附4，5
118	酉父甲觶	D：ZH3	高14.5、口径7	3字：酉父甲	《陶斋》1.13，《青华》4.2，《柉禁》21.2，《美集录》A545，R242，《三代》14.40.7-8，《小校》5.76.6，《小校》5.76.5，《续殷下》55.6，《汇编》1606，综览一图版觶65，《陕金》2.236，《集成》06215，《总集》6421～6422，《通鉴》09659	原藏端方，现藏纽约大都会艺术博物馆	图3-30，1 附4，6
119	中觶	D：ZH4	高12.6	7字：乍妣已彝，中亚址	《三代》14.54.2，《陕金》2.239，《陶斋》3.29，《柉禁》23.4，《续殷下》63.3，《小校》5.94.3，《美集录》A547，R246，《汇编》717，《陕金》2.239，《集成》06482，《总集》6617，《通鉴》09922		图3-30，2 附5，1
120	中觶	D：ZH5	高12.8、口径8	1字：中	《考文》1981年第1期P6图3.5，《集成》06087，《总集》6331，《铭文选》1.109，《通鉴》09531。	宝鸡青铜器博物院	图3-30，3 附5，2
121	雷纹觶	D：ZH6			《陶斋》1.14，《柉禁》23.3，《美集录》A546	原藏端方，现藏纽约大都会艺术博物馆	图3-30，4
122	𠆢父乙觶	D：ZH7	高14.3、口径10	3字：𠆢父乙	《长编》图92，"笔记"38，《报告A》ZH2，《报告B》D·28·100		图3-30，1 附5，3

续表

序号	名称	编号	尺寸（厘米）	铭文	著录	流传及最终收藏地	图版
123	□父觯	D：ZH8	高14.3、口径8.2	2字：□父	《长编》图93，“笔记”39，《报告A》ZH3，《报告B》D · 28 · 101		图3-31，2
124	云雷纹觯	D：ZH9			“笔记”105，《报告A》ZH6，《报告B》D · 28 · 104		图3-31，3
125	素面觯1	D：ZH10			《长编》图94，“笔记”106，《报告A》ZH4，《报告B》D · 28 · 102	长编中，两觯合用一个序号	图3-31，4
126	素面觯2	D：ZH11			《长编》图94，“笔记”107，《报告A》ZH5，《报告B》D · 28 · 103		图3-32，1
127	子父乙盉	D：H1	高28.4、宽22.7	3字：子父乙	《陶斋》1.7，《菁华》7，柉禁20（1），《三代》14.2.5-6，《美集录》A328，R110，《续殷下》70.7-8，《小校》9.45.5，《陕金》2.291，《汇编》1222，《综览》P207盉35，《集成》09338，《总集》4369，《通鉴》13515	原藏端方，现藏纽约大都会艺术博物馆	图3-32，2 附5，4
128	乍彝盉	D：H2	高21.5、口径13.5	2字：乍彝	《长编》图73，“笔记”42，《报告A》H1，《报告B》D · 28 · 114，近出934，《通鉴》13657		图3-31，3 附5，5
129	夔凤纹盘	D：P1	高15.3、口径40.3		《长编》图97，“笔记”23，《报告A》P1，《报告B》D · 28 · 106		图3-32，4
130	乍彝盘	D：P2	高10、口径30	2字：作彝	《长编》图96，“笔记”41，《报告A》P2，《报告B》D · 28 · 107。		图3-33，1 附5，6
131	铜盘	D：P3	高5.4、口径16.8		《报告A》P3，《报告B》D · 28 · 108		图3-33，2

续表

序号	名称	编号	尺寸（厘米）	铭文	著录	流传及最终收藏地	图版
132	环带纹盂	D：YU1	高42.4、口径56.1	27字：……□□为皇考武君乍[illegible]彝	《长编》图30，“笔记”175，《报告A》YU1，《报告B》D・28・111		图3-33，3
133	铜禁	D：JIN3	高18.7、长87.6、宽46		《陶斋》1.2，《美集录》A418注释8	原藏端方，现藏纽约大都会艺术博物馆	图3-33，4
134	铜禁	D：JIN4	高23、长126、宽46.6		《长编》图100，“笔记”1，《报告A》JIN1，《报告B》D・28・109，《文物》1975年3期P47—48	天津历史博物馆	图3-33，5
135	铜匕	D：B1	长31		《陶斋》3.50-51，柉禁26，美集录A291、292，294～297	原藏端方，现藏纽约大都会艺术博物馆	图3-34，1～4
136	铜匕	D：B2					
137	铜匕	D：B3					
138	铜匕	D：B4					
139	铜匕	D：B5					
140	铜匕	D：B6					
141	铜斗	D：DU1	长32、高6.9		长编图98，笔记114～116，报告A.DO1～3，《报告B》D・28・121～123		图3-35，1
142	铜斗	D：DU2	长23、高5.4				图3-35，2
143	铜斗	D：DU3	长12.9、高3.9				图3-35，3

续表

序号	名称	编号	尺寸（厘米）	铭文	著录	流传及最终收藏地	图版
144	铜斗	D：DU4	长18.3		《考文》1981.1，《报告B》D·1980·03	宝鸡青铜器博物院	图3-35，4
145	铜斗	D：DU5	长20.2		《陶斋》1.4，《柉禁》21.3，《报告B》D·1901·03	纽约大都会艺术博物馆	图3-35，5
146	异形兵器	D：S1			★《长编》图103、104，“笔记”129，《报告A》（未编号），《报告B》D·28·138～150，《遗珠》图版97	原藏巴黎雅各布氏，现藏巴黎基美博物馆	图3-36，1
147	戈	D：GE1					图3-36，2
148	戈	D：GE2					图3-36，3
149	戈	D：GE3					图3-36，4
150	戈	D：GE4					图3-36，5
151	戈	D：GE5					图3-36，6
152	戈	D：GE6					图3-36，7
153	戈	D：GE7					图3-36，8
154	戈	D：GE19					图3-36，9
155	戈	D：GE11					图3-36，10
156	戟	D：JI1					图3-36，11
157	戟	D：JI2					图3-36，12
158	剑	D：JIAN1					图3-37，1
159	剑	D：JIAN2					图3-37，2
160	戈	D：GE8	长20.3		《斗鸡台》图版18.5（K3）		图3-37，3
161	戈	D：GE9	内长5、阑长6		《斗鸡台》图版7.1（B3）		图3-37，4
162	戈	D：GE10	长22.7		《斗鸡台》图版7.2（B3）		图3-37，5

续表

序号	名称	编号	尺寸（厘米）	铭文	著录	流传及最终收藏地	图版
163	戈	D：GE12	内长4.2、阑长9		《斗鸡台》图版7.3（B3）		图3-37，6
164	戈	D：GE13	内长6、阑长8.5		《斗鸡台》图版10.7（E4）		图3-37，7
165	戈	D：GE14	内长5、阑长11		《斗鸡台》图版7.4（B3）		图3-37，8
166	戈	D：GE15	全长23		《斗鸡台》图版15.4（E5）		图3-37，9
167	戈	D：GE16	全长22		《斗鸡台》图版11.4（E6）		图3-37，10
168	戈	D：GE17	长23.9		《斗鸡台》图版14.9（A8）		图3-37，11
169	戈	D：GE18	全长20.8		《斗鸡台》图版16.7（H4）		图3-37，12
170	戈	D：GE20	全长23.3		《斗鸡台》图版18.8（N10）		图3-37，13
171	戈	D：GE21			《斗鸡台》图版17.12（H18）	仅剩援部	
172	戟	D：JI3	长22.7		《斗鸡台》图版14.8（A8）		图3-37，14

附录六　书中所引文献简称表

缩写	原文	缩写	原文
长编	《雍宝铜器小群图说长编》	青研	《夏商周青铜器研究》
笔记	陈梦家先生的笔记	近出	《近出殷周金文集录》
报告A	《陕西宝鸡戴家湾出土商周青铜器调查报告》	贞补	《贞松堂集古遗文补遗》
报告B	《党玉琨盗掘斗鸡台（戴家湾）文物的调查报告》	小校	《小校经阁金石文字》
故宫	《故宫青铜器》	颂斋	《颂斋吉金图录》
三代	《三代吉金文存》	柉禁	《柉禁的考古学考察》
续殷	《续殷文存》	通考	《商周彝器通考》
尊古	《尊古斋所见吉金图》	陕铜	《陕西出土商周青铜器》
北图拓	《北京图书馆藏青铜器铭文拓本选编》	弗利尔	《弗利尔美术馆藏中国青铜器》
集成	《殷周金文集成》	斗鸡台	《斗鸡台沟东区墓葬》
总集	《金文总集》	陶斋	《陶斋吉金录》
布伦戴奇	《布伦戴奇收藏的中国古代青铜器》	欧精华	《欧米蒐储支那古铜精华》
历朔	《金文历朔疏证》	双古	《双剑誃古器物图录》
断代	《西周铜器断代》	遗珠	《欧洲所藏中国青铜器遗珠》
史徵	《西周青铜器铭文分代史徵》	日精华	《日本蒐储支那古铜精华》
汇编	《中日欧美澳纽所见所拓所摹金文汇编》	从古堂	《从古堂款识学》
铜全	《中国青铜器全集》	攈古录	《攈古录金文》
陕金	《陕西金文汇编》	愙斋	《愙斋集古录》
铭文选	《商周青铜器铭文选》	藤田	《藤田男爵家蔵品入札目録》
通鉴	《商周金文资料通鉴检索系统》	缀遗斋	《缀遗斋彝器款识考释》
考文	《考古与文物》（杂志）	善斋	《善斋吉金录》
赛克勒	《赛克勒收藏的西周青铜礼器》	奇觚	《奇觚室吉金文述》
著录表	《三代吉金文存著录表》	殷存	《殷文存》
简目	《金文著录简目》	簠斋	《簠斋吉金录》
综览	《殷周青铜器综览》	西乙	《西清续鉴乙编》
美集录	《美帝国主义劫掠的我国殷周铜器集录》	宝蕴	《宝蕴楼彝器图录》
故图	《故宫青铜器图录》	博古	《宣和博古图录》
海外	《海外吉金图录》	薛氏	《历代钟鼎彝器款识法帖》
泉屋	《泉屋清赏》	啸堂	《啸堂集古录》
泉博	《泉屋博古--中国古铜器编》	续考	《续考古图》
周金	《周金文存》	希古	《希古楼金石萃编》
贞松	《贞松堂集古遗文》	贞续	《贞松堂集古遗文续编》

续表

缩写	原文	缩写	原文
贞图	《贞松堂吉金图》	強国	《宝鸡強国墓地》
刘家庄	《安阳殷墟刘家庄北1046号墓》	张家坡	《张家坡西周墓地》
郭家庄	《安阳殷墟郭家庄商代墓葬》	高家堡	《高家堡戈国墓》
陕青	《陕西出土商周青铜器》	白草坡	《甘肃灵台白草坡西周墓》
琉璃河	《琉璃河西周燕国墓地》	长子口	《鹿邑太清宫长子口墓》
北窑墓	《洛阳北窑西周墓》	旌介商墓	《灵石旌介商墓》

附录七　戴家湾青铜器铭文

序号	器名	器铭	盖铭
1	D：D01田告方鼎		
2	D：D03凤鸟纹方鼎		
3	D：D04作宝彝方鼎		
4	D：D02塱方鼎		
5	D：D08臤父丁鼎		
6	D：D13直棱纹鼎		
7	D：D14直棱纹鼎		

续表

序号	器名	器铭	盖铭
8	D：D16[illegible]鼎		
9	D：D18[illegible]父癸鼎		
10	D：D31父辛鼎		
11	D：L1[illegible]父己鬲	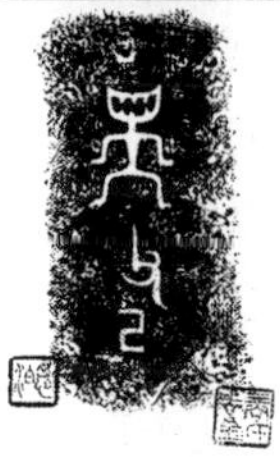	
12	D：L2鲁侯熙鬲		
13	D：L3[illegible]伯鬲		

续表

序号	器名	器铭	盖铭
14	D：Y1母癸甗		
15	D：Y2[illegible]甗		
16	D：Y3戈甗		
17	D：G02甲簋		
18	D：G17父乙簋		
19	D：G11父乙簋		
20	D：ZN5作父辛尊		

续表

序号	器名	器铭	盖铭
21	D：ZN6鼎尊		
22	D：ZN3父己尊		
23	D：ZN1用征尊		
24	D：U1鼎卣		
25	D：U2鼎卣		
26	D：U8[illegible]高卣		

续表

序号	器名	器铭	盖铭
27	D：U6用征卣		
28	D：U7[illegible]卣		
29	D：K1告田觥		
30	D：K2中子㠱觥		
31	D：K3文父丁觥		
32	D：LE2[illegible]罍		

续表

序号	器名	器铭	盖铭
33	D：JA1爻父已斝		
34	D：JA2[illegible]斝		
35	D：GU1妣己觚		
36	D：J1亚盥爵		
37	D：JU1祖癸角	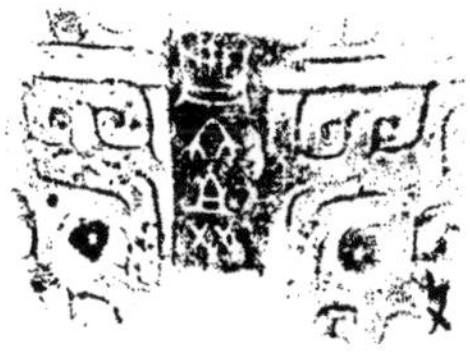	
38	D：ZH2天父乙觶		

续表

序号	器名	器铭	盖铭
39	D：ZH7[illegible]父乙觯		
40	D：ZH1[illegible]父辛觯		
41	D：ZH3酋父甲觯		
42	D：ZH4中觯		
43	D：ZH5中觯		
44	D：H1子父乙盉		

续表

序号	器名	器铭	盖铭
45	D：H2作彝盉		
46	D：P2作彝盘		

后　　记

本书是在我的硕士毕业论文《宝鸡戴家湾地区出土商周青铜器的整理与研究》的基础之上，增补修订而成的。本书的难点首先在于资料的汇集和整理，其次是对那些已经流失散佚的铜器做出综合分析。这其中遇到了种种意想不到的困难。所幸的是，我遇到了很多良师益友，在大家共同的帮助之下，小书最终得以完稿。

在本书出版之时，我要特别感谢我的导师张懋镕先生。先生为人谦和，治学严谨，视域开阔，更兼具敏锐的学术洞察力。对戴家湾铜器的整理和研究即是当年入校时先生建议的题目。在三年的学习生活中，先生言传身教、悉心指导，将半路出家的我逐渐引进学术之门。本书的每一章节，先生都详细批阅，甚至连文中的错别字也一一改出。

我还要感谢原宝鸡考古队书记刘明科先生，他不仅向我介绍了戴家湾的情况，还将当年摘抄的陈梦家先生的笔记等资料转赠于我，并多次带我赴遗址实地考察。罗宏才先生提供了刘安国《雍宝铜器小群图说长编》。曹玮先生、雷兴山先生等诸位老师也在写作过程中给予了我很大的帮助。

最后，我要深深地感谢我的父母、丈夫和女儿，他们是我最强大的后盾，支持并陪伴我一路走来。同时，我还要感谢陕西师范大学在经费方面的大力支持，感谢出版社编辑同志的辛勤劳动使得这本小书能够问世。

2011年9月初稿

2016年4月修改

再版补记

石鼓山的新发现与戴家湾的再思考

一百多年前的清光绪二十七年（1901年），在宝鸡斗鸡台，也就是今天的戴家湾地区，有一座古墓被盗挖，出土铜器20余件，其中包括了著名的“柉禁十三器”。这是一个注定命运多舛的地方，仅仅二十多年后，军阀党毓琨又率部在戴家湾地区大肆盗掘。据参与者回忆，共有50多座墓葬被挖开，出土铜器1500余件。戴家湾青铜器造型奇特、纹饰精美，其重要性不亚于同一时期新郑李家楼、洛阳金村、山西浑源和安徽寿县朱家集等地发现的铜器群。遗憾的是，由于器物流失，资料分散等客观因素，使得戴家湾青铜器未能及时被著录介绍，随着时间的推移，也就逐渐淡出了研究者的视野。

一百多年后，自2012年3月至2014年初，宝鸡石鼓山陆续清理发掘了14座西周墓葬，出土大量的青铜重器。石鼓山，亦称石嘴头，位于宝鸡市东南6千米的渭河南岸，与戴家湾遗址和古陈仓城隔渭河相望，地理位置十分优越。石嘴头遗址上迄新石器时代仰韶、龙山文化，下至明清，文化面貌异常丰富。其中尤以M3和M4西周贵族墓的清理发掘最为震撼。关于石鼓山贵族墓葬的年代、族属、铜器来源等均成为学界热议的话题。实际上，石鼓山铜器群与戴家湾铜器群之间有着密切的联系，二者在器物组合，器形器类，装饰风格等方面都极其相似。张懋镕先生曾经感慨地说：“一百年前的渭河北岸的戴家湾青铜器与一百年后的渭河南岸的石鼓山青铜器终于见面了，牵手在一起了，这将是中国考古学史、中国青铜器史上的一段佳话。”

通过对两地铜器的对比研究，我们发现二者之间有着密切的同源关系。石鼓山铜器在某种程度上为戴家湾铜器群补充了重要的出土背景。而早期戴家湾铜器的出土，又为石鼓山器群的研究做了很好地铺垫。这也是我们一看到M3出土的铜禁就能很快辨识出来，并且对石鼓山墓群出土铜器的组合关系、器形器类就像老朋友一样熟悉的缘故。

一、两地铜器的出土情况

1. 戴家湾铜器

本文对戴家湾铜器进行了详细地梳理，除青铜兵器、工具、车马器的数量无法统计之外，可基本确认的青铜礼器145件，其中炊食器83件，计鼎35、甗5、鬲4、簋29、豆4、匕6；酒器56件，计尊6、卣11、觥3、方彝2、罍2、斝2、觚1、爵9、觯11、角2、禁2、斗5；水器6件，计盘3、盉2、盂1[①]。

2. 石鼓山铜器

石鼓山自二十世纪八十年代就陆续有青铜器出土，现分批介绍如下：

1983年1月4日，出土铜器8件，计涡纹鼎1、当卢2、铜泡4、车饰1。墓葬被破坏。简报定为西周早期遗物[②]。

1992年2月，出土铜器10件，计兽面纹鼎1、史妣庚觯1、銮铃3、车辖3、车軎2件，另有青玉璧1件。简报定为西周早期遗物。以上两批器物现藏宝鸡青铜器博物院。

2012年3月至6月，村民在建房时陆续发现有墓葬，后经抢救发掘，清理了3座，编号分别为石鼓山M1、M2和M3[③]。

M1出土铜器约175件，其中铜礼器5件，计乳钉纹鼎1、乳钉纹盆式簋1（残）、铜罍1、亚共尊1、守卣1，余为车马器、兵器等。

M2出土铜器3件，计乳钉纹鼎1、乳钉纹盆式簋1、直棱纹双耳簋1（残），另有红玛瑙珠1颗，绿松石珠8颗。

M3出土铜礼器31件，计鼎6，簋6，卣6，甗、壶、尊、方彝、爵、觯、罍、盘、盉各1件，禁、斗各2件。玉器2件，陶器1件，另有车马器、兵器等。

2013年下半年至2014年初，石鼓山考古队又清理发掘了11座商周墓葬，其中M4出土器物最为丰富[④]。

M4出土铜礼器50件，计鼎15、簋16、盂2、簠2、甑1、甗4、罍4、壶2、尊1、牺尊2、盘1等。

上述6次发现，共出土青铜礼器92件，其中炊食器60件，计鼎25、簋25、甗5、甑

---

① 详见本书第二章。

② 高次若：《宝鸡市博物馆藏青铜器介绍》，《考古与文物》1991年第5期，11、12页。

③ 石鼓山考古队：《陕西宝鸡石鼓山西周墓葬发掘简报》，《文物》2013年第2期，4～54页。

④ 陕西省考古研究院、宝鸡市考古研究所、宝鸡市渭滨区博物馆：《陕西宝鸡石鼓山商周墓地M4发掘简报》，《文物》2016年第1期，4～52页。

1、簠2、盂2；酒器29件，计卣7、尊5、罍6、觯2、禁2、斗2、壶3、方彝1、爵1；水器3件，计盘2、盉1。

二、两地铜器的相似之处

石鼓山铜器与戴家湾铜器有很多相似之处，具体表现在以下几个方面：

1. 形制纹饰相似

（1）铜禁

禁作为盛放酒器的案几，在宝鸡地区格外流行。戴家湾共出土了大小铜禁6件，其中4件大的用来摆放成套礼器，2件小的分别置于鼎卣和告田觥的圈足下方，以提升酒器高度。大铜禁现存两件，一件藏纽约大都会艺术博物馆，高18.7厘米，长87.6厘米，宽46厘米。另一件藏天津历史博物馆，高23厘米，长126厘米，宽46.6厘米。其余两件下落不明。石鼓山大铜禁高20.5厘米，长94.5厘米，宽45厘米。禁面及禁四壁的边缘均饰有身躯修长的尖角龙纹。两地铜禁在形制上略有不同，戴家湾铜禁四壁都有两排长方形镂孔，石鼓山禁则没有。小禁的禁面均有凸起的子口，略小于器的圈足。小禁四壁的纹饰各不相同。鼎卣下的禁壁四周饰形态各异的鸟纹；告田觥的禁壁饰体躯修长的龙纹；石鼓山㠱卣的禁壁上端为顾首龙纹，下端为鸟纹（图1）。

（2）直棱纹鼎

石鼓山M3：2 直棱纹鼎，附耳，平折沿，厚方唇，深腹，颈部饰两两一组的顾首龙纹，上腹部饰一周较短的直棱纹，下腹部饰一周线条简单的垂叶纹。腹部饰六道钩状扉棱，棱角分明，高凸器表。鼎足上粗下细，足上饰小兽面，仍以钩状短扉棱为间隔。器高44厘米，口径34厘米。石鼓山M4出土的直棱纹鼎，大小、形制、纹饰与M3直棱纹鼎近乎相同①。这种形制的鼎戴家湾共出土5件，可分为两式。Ⅰ式鼎器腹较深，足较短，腹部扉棱的上下两端分别向内卷曲成倒钩状，中间有钩牙状分瓣。棱角遒劲锐利。Ⅱ式鼎器腹相对较浅，足细高。腹部的扉棱简化，中间的钩牙没有分瓣而是向下内钩，棱角相对舒缓。Ⅰ式鼎中最大的一件高44.5厘米，口径35.5厘米，石鼓山夔龙纹鼎与其形制、纹饰及尺寸相仿。然而，石鼓山鼎扉棱相对简化，与Ⅱ式鼎类似。从年代和发展演变的角度看，正好介于戴家湾Ⅰ、Ⅱ式鼎之间（图2）。

（3）尖刺乳钉纹簋

尖刺乳钉纹盆式簋是宝鸡地区的代表器形。戴家湾遗址共出土铜簋29件，其中尖

---

① 图版来源：陕西省考古研究院、宝鸡市考古研究所、宝鸡市渭滨区博物馆：《陕西宝鸡石鼓山商周墓地M4发掘简报》，《文物》2016年第1期，图五二。

图1　石鼓山与戴家湾铜禁

1. 大铜禁（M3：25）　2. 大都会藏柉禁器组　3. 小铜禁（M3：21）　4. 鼎卣下的小铜禁

刺乳钉纹盆式簋11件，另有方座簋（甲簋）和四耳簋各1件。石鼓山M1至M4共出土簋25件，其中尖刺乳钉纹盆式簋15件，另有尖刺乳钉纹双耳簋1件，尖刺乳钉纹四耳簋1件。尖刺乳钉纹盆式簋的铸造水平普遍劣于同墓出土的酒器，均没有日名、族徽等文字。从乳钉纹簋发展的规律来看，早期的乳钉呈细小的尖刺状，微凸器表，排列稀疏，有种发育不良的感觉。颈部多饰相向的夔龙纹以浮雕牺首为间隔，纹饰扁平粗糙，模糊不清。晚期乳钉开始变长，根部粗壮，高凸器表。颈部的纹饰也逐渐精细起来，除夔龙外，还有小鸟纹等，纹饰的浮雕感增强（图3）。

（4）四耳簋

宝鸡是出土四耳簋的主要区域，器物年代较早且型式丰富。戴家湾出土的四耳簋，现藏美国弗里尔美术馆。器高23.5厘米，直口窄沿，深腹直壁，圈足较高。四耳高耸，耳下有长方形垂珥。口沿及下腹部饰尖刺乳钉纹各三排，乳钉粗壮，排列较密。腹部中央饰直棱纹，圈足有一周夔纹，两两相对，张口卷尾。每耳连同垂珥上下有6个大小不同的浮雕牛首，另外，与口沿相接的扉棱顶端亦饰有牛首，整器共计28个浮雕牛首，形制奇特。石鼓山M4出土的四耳簋形制、纹饰与戴家湾四耳簋基本相同，唯尺寸有别。通耳高近30厘米，器高约27厘米，耳间距约52厘米，这也是目前所见体形最

1

2

3

4

图2　石鼓山与戴家湾直棱纹鼎

1. 扉棱鼎（M3：2）　2. 戴家湾Ⅰ式鼎　3. 附耳直棱纹鼎（M4：309）　4. 戴家湾Ⅱ式鼎

大的圈足簋[①]（图4）。

（5）凤鸟纹卣

石鼓山出土铜卣7件，凤鸟纹卣2对4件。戴家湾出土铜卣11件，凤鸟纹卣5件。其中石鼓山的户卣与戴家湾鼎卣除族徽铭文不同外，形制、纹饰和尺寸都基本相同。卣身呈扁圆形，腹部倾垂，提梁与器身相接处有角冠高耸的兽头，角冠呈手掌状，十分奇特。盖缘两侧有犄角状凸起，盖面及器身分饰四道较宽的扉棱。列卣中较小的一件都搭配有小方禁。户卣甲高50厘米，户卣乙高36厘米。鼎卣甲高46.4厘米，鼎卣乙高36厘米（图5）。

（6）方彝

石鼓山M3出土的户方彝，体形巨大，纹饰精美，在酒器组合中占据了重要地位。该彝通高63.7厘米，是现存最大的单体方彝。戴家湾出土了2件方彝，最大一件高约

① 图版来源：陕西省考古研究院、宝鸡市考古研究所、宝鸡市渭滨区博物馆：《陕西宝鸡石鼓山商周墓地M4发掘简报》，《文物》2016年第1期，图五七。

1

2

3

4

图3 石鼓山与戴家湾尖刺乳钉纹簋

1. 簋（M2：1） 2. 戴家湾尖刺乳钉纹簋 3. 簋（M3：10） 4. 戴家湾尖刺乳钉纹簋

1

2

图4 石鼓山与戴家湾四耳簋

1. 四耳簋（M4：208） 2. 戴家湾四耳簋

49.1厘米。方彝盖面和器身有斜出的粗壮棱脊。日彝的盖顶也分饰有四条高耸的棱脊，与戴家湾四出戟直棱纹方彝相似（图6）。

（7）铜斗

铜斗是常见的舀酒器，根据斗首的不同，可以分为卵圆形圜底斗和直腹平底斗。

1

2

图5　石鼓山与戴家湾凤鸟纹卣

1. 大𠂤卣（M3：23）　2. 大鼎卣

1

2

图6　石鼓山与戴家湾方彝

1. 𠂤彝（M3：24）　2. 四出戟方彝

其中，尤以后者比较少见。戴家湾出土了2件平底斗，尺寸都比较大。一件长32厘米，高6.9厘米。另一件长23厘米，高5.4厘米。据我们推测，只有高度在40厘米以上的器物才能够容纳这么长的铜斗。戴家湾遗址出土的符合这一标准的器物有50.9厘米高的凤鸟纹卣和49.1厘米高的直棱纹方彝。石鼓山M3出土了1件平底斗，长32.5厘米，与戴家湾平底斗相仿。巧合的是，石鼓山平底斗出土时正好位于铜禁的旁边，禁上有50厘米高的𠂤卣，还有63.7厘米高的𠂤彝，都能与这件大尺寸的平底斗搭配使用（图7）。

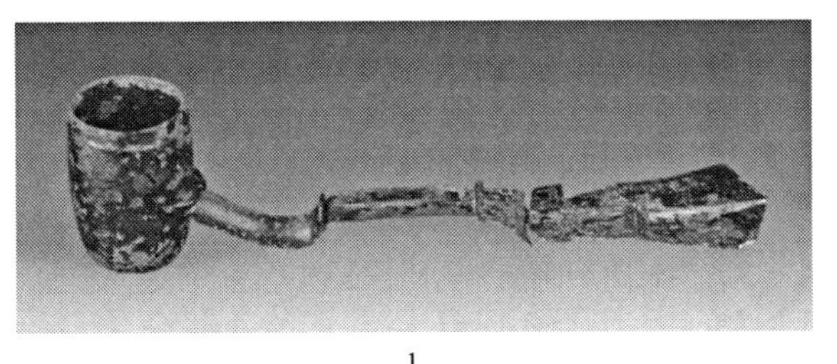

1

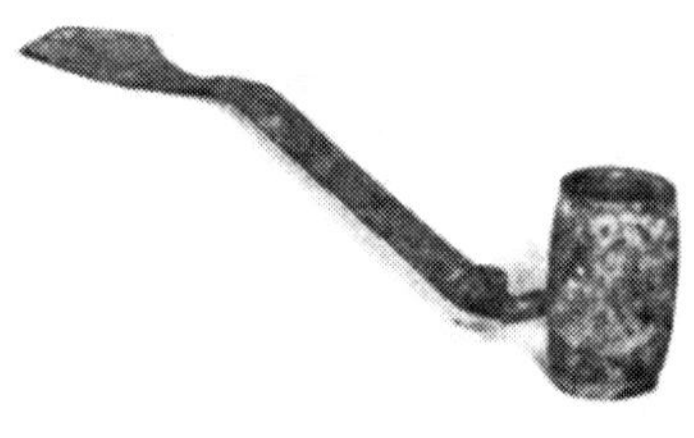

2

图7　石鼓山与戴家湾铜斗

1. 斗（M3：22）　2. 戴家湾Ba型铜斗

（8）凤鸟纹

戴家湾铜器中流行一种大鸟纹，在鼎、簋、觥上均有装饰。石鼓山M4出土的球腹簋上也饰有这种鸟纹。鸟圆睛钩喙，头上饰有长飘带形的羽冠。鸟身较短，尾羽修长，并下垂，末端有分叉。鸟身上的羽毛呈倒刺状，好像要绽开的样子。张懋镕先生认为，“宝鸡戴家湾一带很可能是这种凤鸟纹铜器的原产地。”①

2. 器用组合相似

（1）鼎簋组合

我们认为，鼎簋制度的形成经历了一个较长的发展阶段，在这一过程中，首先是列鼎和列簋的分别成熟和完善。列鼎制度肇始于商代晚期约殷墟四期左右，而列簋形成的时间还要早于列鼎。宝鸡地区的列簋以乳钉纹盆式簋为代表，鼎簋搭配的早期形式则以圆乳钉纹鼎和尖刺乳钉纹簋为主。石鼓山M1出土乳钉纹鼎1、尖刺乳钉纹盆式簋1；M2出土乳钉纹鼎1、尖刺乳钉纹盆式簋1，另有双耳簋1件；M3出土乳钉纹鼎1、尖刺乳钉纹簋4，尖刺乳钉纹双耳簋1。虽然M3出土鼎6件，但是从风格和铭文来看，多为舶来品。M4出土铜鼎15件，包括圆鼎11件，分裆鼎和方鼎各2件。其中乳钉纹鼎2、尖刺乳钉纹簋9件。由此可见，具有浓郁地方色彩的食器组合是圆乳钉纹鼎和尖刺乳钉纹簋，随着墓葬规模的扩大，圆乳钉纹鼎和盆形簋的数量会增加，另外还配有尖刺乳钉纹双耳簋。戴家湾墓地因为盗掘，器物流失严重，随葬品组合关系不明，但从出土的11件尖刺乳钉纹盆式簋，2件圆乳钉纹鼎来看，与石鼓山墓葬的器物组合有相似之处。另外，除尖刺乳钉纹盆式簋和双耳簋外，戴家湾还有尖刺乳钉纹方座簋和四耳簋，列鼎则以5件直棱纹鼎最引人注目，显示出戴家湾在食器组合方面的等级要高于石鼓山墓葬。

① 张懋镕：《上海博物馆藏金读记》，《古文字与青铜器论集》（第二辑），科学出版社，2006年，66、67页。

（2）彝卣组合

我们曾经对列卣进行过专文讨论[①]，列卣常常与尊搭配使用，形成一尊二卣的酒器组合。这种尊卣组合在戴家湾和石鼓山墓葬中都很常见。这里我们要讨论的是另外一种特殊的组合方式，即彝卣组合。戴家湾墓地出土了3件四出戟的凤鸟纹卣和2件四出戟的直棱纹方彝，我们曾经怀疑其有可能作为酒器组合出自一个或两个墓葬。但是由于缺乏充分的证据，不能展开讨论，仅仅在表中列出，作以参考[②]。石鼓山M3户彝和户卣的出土很能说明问题。首先，从器物放置的情况来看，户彝与户尊都是置于铜禁上的，尤其是户彝的圈足正好位于禁面龙纹边框内，说明彝与禁原本就是配套的。其次，户彝和户卣的铭文相同，而戴家湾四出戟彝卣均没有铭文或族徽。再次，卣与彝的装饰风格相近，纹饰互补。户卣饰直棱纹间凤鸟纹，户彝饰兽面纹和龙纹。卣的提梁与器身相接处有兽头装饰，兽角呈掌状。方彝颈部中央也有相同的兽首。戴家湾四出戟卣和方彝也是凤鸟纹和龙纹的搭配。最后，都伴出有形制特殊的长平底斗。相较于尊卣组合而言，酒器中的彝卣组合更加罕见，戴家湾和石鼓山出土的这两对彝卣组合绝不仅仅是巧合这么简单。

3. 铜器年代与文化属性

我们将戴家湾铜器分为四期，一、二期铜器约占总数的88%，一期的年代约在殷墟四期至商末周初之际，二期约为西周初年至康王前期。石鼓山铜器中相当一部分与戴家湾一期相同，如M3户方彝、户卣、尖刺乳钉纹盆式簋、直棱纹鼎等。还有一部分器物要晚至二期，如M1亚共尊[③]，M3乳钉纹双耳簋、方座簋等。

戴家湾一、二期中，商系统的器物共55件，约占铜礼器总数的38%。周系统（包括先周文化）的器物共31件，约占铜礼器总数的21%。混合型文化的7件，约占5%。混合型文化即多种文化相互交融，尚不能区分其具体属性，如直棱纹鼎、告田觥、四出戟彝卣等均属于这一类型。这些器物曾被认为是西周早期初现的风格，然而从安阳孝民屯出土的陶范来看，它们应该是在殷墟四期偏晚时候在当地铸造的[④]。当地生产的器物却未见于殷墟的墓葬或窖藏，而是出现了千里之外的关中腹地，并且是以一种密集的形式出现，这其中的缘由值得深思。

---

① 陕西师范大学中国青铜文化研究中心：《关于对扶风红卫村出土“列卣”的思考》，《周秦文明论丛》（第二辑），三秦出版社，2009年，124～129页。

② 任雪莉：《宝鸡戴家湾商周铜器群的整理与研究》。

③ 任雪莉：《从宝鸡新出亚共尊看西周特殊的具鋬铜器》，《文物世界》2013年第2期。

④ 中国社会科学院考古研究所安阳工作队：《2000～2001年安阳孝民屯东南地殷代铸铜遗址发掘报告》，《考古学报》2006年第3期。李永迪、岳占伟、刘煜：《从孝民屯东南地出土陶范谈对殷墟青铜器的几点新认识》，《考古》2007年第3期。任雪莉：《宝鸡戴家湾商周铜器群的整理与研究》。

石鼓山铜器中，属于商系统的约18件，即鸟父甲鼎、冄父丁鼎、子父丁鼎、韦亚乙鼎、父辛甗、父乙卣、单父丁卣、父甲壶、史母庚壶、臣晨父乙壶、父癸爵、父乙罍、天罍、先癸盘、冈盉等。约占铜礼器总数的20%。周系统（包括先周文化）的器物15件，约占16%。M1：4、M3：10双耳簋乳钉已经变粗变长，颈部纹饰细腻，其年代已经进入西周早期。混合型文化的5件，即户方彝卣器组和球腹簋，约占5%。这个比例与戴家湾一期铜器中，各文化因素所占比例大略相同。

以上选取的均为形制少见或极富地方色彩的器物。我们将戴家湾铜器群的艺术风格归纳为新器型的出现，发达的扉棱装饰，个别器物体量巨大，以及鸟纹、尖刺乳钉纹、直棱纹等纹饰的充分运用等几个方面①。石鼓山铜器群中约三分之一的器物与戴家湾铜器风格近乎一致。据此我们推测，这些器物的来源与传播途径也大略相同。

三、两地铜器的互补之处

除了两地铜器形制纹饰相近外，在器形器类等方面也多有互补。

1. 戴家湾出，石鼓山未出的器物

（1）鬲

戴家湾墓地出土了4件铜鬲，其中一件鲁侯熙鬲被认为是周公的孙子鲁炀公为其父鲁公伯禽所作，制作精良，纹饰优美。虽然石鼓山墓地出土的陶制的高领袋足鬲为墓葬族属的判定提供了重要的线索，但是尚未见到铜鬲出土。

（2）豆

戴家湾墓地中出土了4件铜豆，高度接近30厘米。这种铜豆在石鼓山墓地尚未发现。

（3）觥

戴家湾墓地出土了3件觥。告田觥下有独立的小铜禁承接。中子㠱觥和文父丁觥大小、形制、纹饰基本相同，虽然铭文中的族徽相异，但是均为“文父丁”所作，可视为一组2件的成套酒器。这种精美的青铜觥在石鼓山也没有发现。

（4）角和觚

戴家湾墓地出土2件角，分别是祖癸角和亥父乙角，另外还有妣己觚1件。觚和角在石鼓山墓地未发现。

① 任雪莉：《宝鸡戴家湾铜器的艺术风格》，《宝鸡文理学院学报》（社会科学版）2012年第3期，26～32页。

2. 石鼓山出土，戴家湾未见的器物

（1）簠

石鼓山出土铜簠2件，形制、纹饰近同，唯大小有别。M4：808簠体形较大，通高34.5厘米，口横45.4厘米，口纵34.8厘米。M4：803簠体形较小，通高19.5厘米，口横25.6厘米，口纵18.8厘米①（图8）。

1

2

图8　石鼓山铜簠与故宫藏铜簠

1. 铜簠（M4：808）　2. 故宫藏铜簠

北京故宫博物院收藏有一件方形铜器，1957年由国家文物局调拨并入藏故宫，出土地点不明。该器呈长方形，具盖，盖与器身大小，形制基本相同，可却置②。器壁倾斜如斗，表面饰有直棱纹，和两两相对的长尾夔龙纹。在石鼓山M4未被科学发掘之前，这种体量巨大、来源不清、用途不明的器物是一件孤品，有学者甚至认为它是模仿当时竹筐等竹制品而成的，年代也有商代晚期、西周早期，甚至西周中晚期等多种看法。

直到石鼓山M4出土了两件铜簠，长久以来悬而未决的问题终于得到了解决。M4：808簠与故宫铜簠的尺寸相仿，形制和纹饰也大致雷同。稍有区别的是M4：808簠的短边两侧铸有一对附耳，故宫铜簠没有。8号龛内与M4：808簠同出的还有几件铜簋。可见，这些方形铜器和圆形的铜簋一样，都是用来盛放黍稷稻粱等，是盛食器的一种。M4的年代不晚于西周康王时期，这也为故宫铜簠的断代提供了科学的依据。

关中地区“重食”文化盛行，与殷墟地区“重酒”的礼制不同。从M4出土的两件

① 图版来源：陕西省考古研究院、宝鸡市考古研究所、宝鸡市渭滨区博物馆：《陕西宝鸡石鼓山商周墓地M4发掘简报》，《文物》2016年第1期，图六一。

② 《故宫》124。

图9 石鼓山凤鸟纹球腹簋

铜簠来看，这种方形盛食器在宝鸡地区应该是较为流行的。这种形制的器物尚未在其他地区见到，据此，我们猜测故宫铜簠有可能也是出自宝鸡地区，或许就在戴家湾。

（2）球腹簋

石鼓山出土的盛食器种类繁多，球腹簋是其中较有特色的。具盖，盖较小，略呈浅盘状，上有圈状捉手。器腹呈圆球状，圈足低矮，足壁斜直切地。腹部两侧分置兽首环耳①。该器通高21.7厘米，口径16厘米（图9）。

在对青铜簋的整理与研究过程中，我们发现，这种腹部呈圆球状的铜簋数量较少②。目前所见最早的球腹簋年代在商代晚期约殷墟四期左右。考古发掘品以小屯西地的大亥簋③为代表。传世品如保父丁簋④、天己丁簋⑤、牛簋⑥、亚醜父丁簋⑦等。大亥簋出自小屯西地，这里是商文化重要的遗址区。其余铜簋均有族徽或日名。由此可知，这种形制的簋是商人的作品，主要流行于安阳殷墟一带。

球腹簋最大的特点是在初现伊始就具盖，盖呈浅盘状，直径较短，上有圈状捉手，与器身扣合后，整器呈圆球状。其他形制的簋鲜有具盖者。遗憾的是，在这种簋内尚未发现食物的残迹，因此很难判断这种弇口具盖的簋与当时流行的大敞口、无盖簋在功能上是否有区别。因为球腹、具盖的缘故，这种簋的体形都比较大，一般均在20厘米以上，保父丁簋失盖，器身高度在17.6厘米。同一时期的敞口双耳簋，高度基本上在15厘米左右，超过20厘米的很少。石鼓山球腹簋通高21.7厘米，也在这一范围之内。

虽然戴家湾没有出土球腹簋，但是也出土有类似的铜簋。只不过簋的腹部弧曲开始变小，腹部纵剖面由圆形变为椭圆形。盖面由浅盘状逐渐变为覆碗状，盖的直径扩大。由于器腹变浅，整器向宽侈发展，因而器身高度普遍降至20厘米以下。

① 图版来源：陕西省考古研究院、宝鸡市考古研究所、宝鸡市渭滨区博物馆：《陕西宝鸡石鼓山商周墓地M4发掘简报》，《文物》2016年第1期，图五九。

② 任雪莉：《商周青铜簋的整理与研究》，陕西师范大学博士论文，2014年。

③ 中国科学院考古研究所：《1958～1959年殷墟发掘简报》，《考古》1961年第2期，74页。

④ 《通鉴》03799、03800。

⑤ 《通鉴》03743。

⑥ 《通鉴》03422。

⑦ 《故宫》80。

需要说明的是，球腹簋上装饰有羽毛散开的凤鸟纹。戴家湾出土的中子㠱觥和文父丁觥器身也饰有这种鸟纹。这件球腹簋也属于混合型文化，即器物形制为商系统所有，纹饰却极富当地特色。戴家湾遗址出土的这种鸟纹铜器共有4件，石鼓山仅此1件。

（3）盂形簋

石鼓山M4出土两件盂形铜器，简报称为铜盂。两器大小、形制、纹饰基本相同。敞口、尖唇、颈部微束、腹壁斜直，近底处圜收。圈足，足壁斜直切地。器腹两侧有附耳。颈部饰四瓣目纹，间有涡纹。器腹中部饰兽面纹，圈足饰一周夔凤纹。

石鼓山出土的盂形器和铜盂相比，尺寸较小，因此我们称其为盂形簋。盂形簋与盂的主要区别在尺寸，前者的高度约在30厘米以上，后者则在30厘米以下。这种盂形簋西周早期即已出现，在西周中期较为流行。这种形制的粢盛器不见于戴家湾器群。

（4）犧尊

石鼓山墓地M4出土鹿形犧尊2件。鹿的体态优美，器身纹饰繁缛华丽。

通过对比，我们发现两地铜器在器类分布上略有不同。戴家湾铜器中酒器如觥、觚、角等在石鼓山墓地没有发现。另外，鬲和豆也不见于石鼓山。石鼓山铜器中，有一些形制特殊的食器不见于戴家湾，如铜簠、球腹簋、犧尊等。即便如此，在装饰风格，如直棱纹与夔龙纹的搭配使用、羽毛散开的凤鸟纹等方面依然与戴家湾铜器保持高度的一致性。

四、几点认识

石鼓山与戴家湾两地隔渭水相望，直线距离约5千米左右。通过以上比较，我们能够感受到两地铜器从装饰风格到器用组合都极其相似。这种强烈的同源关系显示出这两块墓葬有可能是同一族属。实际上，同一族属隔河分布的情况在宝鸡并非孤例。八十年代清理发掘的𢐗国墓地分为纸坊头、竹园沟和茹家庄三地，布局规整，墓葬保存完整，发展序列清晰。其中，纸坊头就处于渭河北岸，年代约在商末周初之际。后来𢐗国势力逐渐发展至渭河南岸，西周中期以降不见其活动踪迹①。从戴家湾墓地的规模、出土铜器的数量、器物组合所见等级，以及石鼓山铜器装饰风格的趋同性来看，戴家湾墓地要大于石鼓山墓地。石鼓山墓群的主人有可能是从戴家湾分出去的一支，在渭河南岸定居。

以往关于戴家湾墓地有若干的推测和假设，如李学勤先生的“西虢说”②，卢连

① 卢连成、胡智生：《宝鸡𢐗国墓地》，文物出版社，1988年，415页。

② 李学勤：《郭家庄与斗鸡台——从卣的关联看殷周文化异同》，《学习与探索》1999年第3期，129页。

成先生的“夨国说”①，高次若、刘明科先生的“周公家族说”等②，张懋镕先生认为是“同时受到殷商与姬周文化影响的土著部族”③，笔者拙见，曾认为商末周初之际，周人与羌人是混合居住在戴家湾一带的。后来部分殷移民可能在灭商的过程中发挥了积极作用，因此获准迁到了戴家湾地区。由此可见，这种分歧更多源于墓葬中商式铜器与本土铜器风格的强烈对比。石鼓山M3出土了一件高领袋足鬲，据此简报认为墓主是姜姓羌族后裔户氏家族墓地。M4也出土有高领袋足鬲，简报作者提出：“M4具备竖穴土坑、壁龛（多个）且无腰坑、殉人等特征，这些也正是刘家文化墓葬的特征。刘家文化是商周时期生活在宝鸡地区的姜戎族群的文化，因此M4的主人当属于姜戎族群。”④这一认识为戴家湾墓葬族属的判定提供了新思路，同样也带来了新问题。

首先，从石鼓山墓葬的形制来看，M3几乎所有精美的酒器被陈放于最大的壁龛内，一字排开，颇有气势。鼎、簋、甗等被分别叠放在东边的两个小壁龛里，与西壁龛的水器遥相对应。这种陈列方式很明显将酒器置于整个礼器组合的中心，与关中地区“重食”的文化传统不相符。

其次，两地墓葬中出土的酒器基本上都是外来的，铸造精美，大多有族徽和日名。而真正具有地域特色的恰恰是那些没有族徽和日名的尖刺乳钉纹盆形簋和方座簋。我们知道，戴家湾墓地中出现次数较多的族徽有鼎族和[illegible]族。他们也是作为器物组合的形式出现，与石鼓山M3情况相同。如果能够根据外来铜器的铭文判断墓主，那么戴家湾遗址则是姜戎鼎族和[illegible]族的墓地。戴家湾遗址的墓葬主要集中在戴家沟东侧的台地上，这么小的范围可以容纳两个支族值得怀疑。

最后，关于石鼓山墓葬族属的判定仍有很多不同意见。张懋镕先生认为是宝鸡本地的土著部落，彭曦先生认为是虢仲，刘明科先生认为是冉族，康少峰先生认为是有扈氏，还有学者坚持认为是姬姓周人⑤。不论哪种说法，都有其合理的地方。张懋镕先生说：“石鼓山墓地族属的推定，对于戴家湾墓地族属的推定具有重要意义。戴家湾墓地被盗掘，具有文化性质指示作用的葬制、日用陶器等荡然无存，使族属的判断难

---

① 卢连成：《西周夨国史迹考略及相关问题》，《西周史研究》（人文杂志丛刊第二辑），1984年8月，234页。

② 高次若、刘明科：《斗鸡台出土青铜器与周公家族问题的思考——兼谈何尊原始出土地》，《宝鸡社会科学》2006年第1期，42页。

③ 见本书《戴家湾铜器的历史地位》（代序）。

④ 陕西省考古研究院、宝鸡市考古研究所、宝鸡市渭滨区博物馆：《陕西宝鸡石鼓山商周墓地M4发掘简报》，《文物》2016年第1期，51页。

⑤ 以上观点均出自2013年9月，在宝鸡召开的“石鼓山西周墓葬与青铜文化学术研讨会”上，诸位专家学者的大会发言。张懋镕：《宝鸡石鼓山墓地文化因素分析》；彭曦：《蠡测石鼓山西周早期M3主人》；刘莉、刘明科：《也谈石鼓山西周M3墓主及相关问题》；康少峰：《石鼓山M3墓葬墓主及其族属管见》。

上加难。如今石鼓山墓葬没有腰坑却有陶器，至少可以对戴家湾墓地族属的推定起到一定的限制作用，用排除法来缩小范围，庶几可以得到较有可信度的结论。”[①]由此可见，对于石鼓山铜器族属等问题还是有很大的研究空间。

总而言之，石鼓山铜器与戴家湾铜器具有强烈的同源关系，这种同源关系与部族之间铜器风格的相互影响或器物的相互交流不同，它充分标明两地应该是同一族属，同一人群。石鼓山墓葬的族属问题看起来似乎已经明朗，可实际上还有很多疑问和矛盾之处无法解决。例如商式铜器的来源问题，究竟是掠夺分器，还是安阳铸造，或在本地生产？既然关中地区有“重食”的文化传统，为什么M3成组的酒器会置于墓葬中最显眼的位置？不论是姬姓贵族还是姜姓贵族，宝鸡地区都是他们的势力范围，那么这样一支人群为什么在西周早中期之际会在渭河南北两岸同时消失？他们迁移到什么地方去了？石鼓山墓地不仅有南北向墓葬，还分布有东西向的墓葬，这些墓主属于同一族群吗？如果不是同一族群，他们又有着怎样的关系？

戴家湾铜器群是宝鸡地区最富特色，也是最大的青铜器群。然而，由于其早年间被盗掘，器物流失严重，资料分散，因此对它们的研究也一直没有突破性进展。渭水南岸石鼓山的考古发掘为对比研究戴家湾铜器提供了可靠的背景。相反，戴家湾铜器独特的形制风格也为石鼓山铜器的研究提供了丰富的资料。百年牵手，同气连枝。宝鸡戴家湾-石鼓山墓葬群的发现，以及大批青铜器的出土，再次向世人展示了“青铜器之乡”——宝鸡在引领青铜文化潮流方面所做出的贡献。

---

① 张懋镕：《宝鸡石鼓山墓地文化因素分析》，石鼓山西周墓葬与青铜文化学术研讨会，2013年9月。